Artes Visuais na Educação Infantil

a partir da Abordagem Triangular

Dados Internacionais de Catalogação na Publicação (CIP)
(Câmara Brasileira do Livro, SP, Brasil)

Artes visuais na educação infantil a partir da abordagem triangular / Ana Mae Barbosa e Sidiney Peterson F. de Lima (org.). -- 1. ed. -- São Paulo : Cortez, 2024.

Vários autores.
Bibliografia.
ISBN 978-65-5555-480-9

1. Arte - Estudo e ensino 2. Arte na educação 3. Artes visuais 4. Educação infantil I. Barbosa, Ana Mae. II. Lima, Sidiney Peterson F. de.

24-220989 CDD-372.5

Índices para catálogo sistemático:

1. Arte na educação infantil 372.5

Cibele Maria Dias – Bibliotecária – CRB-8/9427

Artes Visuais na Educação Infantil
a partir da Abordagem Triangular

Ana Mae Barbosa
Sidiney Peterson F. de Lima
(Org.)

CORTEZ EDITORA

Direção editorial: Miriam Cortez
Coordenação editorial: Danilo A. Q. Morales
Assistente editorial: Gabriela Orlando Zeppone
Preparação de originais: Agnaldo Alves
Revisão: Ana Paula Luccisano
Tuca Dantas
Diagramação: Mauricio Rindeika Seolin
Capa: de Sign Arte Visual

Direitos para esta edição
CORTEZ EDITORA
R. Monte Alegre, 1074 – Perdizes
05014-001 – São Paulo-SP
Tel.: +55 11 3864 0111
editorial@cortezeditora.com.br
www.cortezeditora.com.br

Impresso no Brasil – outubro de 2024

Sumário

Carta às(aos) professoras(es) de Educação Infantil

Isabel Marques[1]
Instituto Caleidos – São Paulo/SP

Prezadas professoras (e professores).

Minha última carta dedicada a vocês foi um posfácio ao livro que escrevi sobre dança na Educação Infantil a convite da querida Joska Baroukh[2], dez anos atrás. Mas o tempo não nos afasta, ao contrário: soma alguns anos mais de experiência nesse nosso *dançar ensinando e ensinar dançando* que tanto nos aproxima. Aliás, muitas de vocês sabem, há mais de 25 anos este é como se fosse um "lema" e uma busca, minha e do Caleidos[3]. Hoje escrevo a convite da também querida Fernanda Cunha, que sempre me estimula a refletir e a escrever. Nesta carta, achei que seria importante revisitar alguns assuntos sobre os quais escrevi em 2012, mas trazendo-os para o contexto atual.

1 Este texto foi inicialmente apresentado no Congreso Internacional de Investigación en Arte y Educación (Escuela de Bellas Artes, Universidad Tecnológica de Pereira, Colombia) organizado por Fernanda Pereira da Cunha. Agradeço a Fábio Brazil pela leitura crítica do original deste artigo.

2 Refiro-me ao livro *Interações: criança, dança, escola*. 1. ed. São Paulo: Blucher, 2012.

3 O Instituto Caleidos e a Caleidos Cia. de Dança, dirigidos por Isabel Marques e Fábio Brazil, localizam-se em São Paulo, Brasil. Para saber mais, veja: www.institutocaleidos.com, www.formacaocaleidos.com.br, Instagram @caleidos_cia, YouTube caleidosdanca.

Para quem me lê pela primeira vez, gostaria que soubesse que sou pedagoga, finalizei minha graduação no ano de 1987, na Universidade de São Paulo (USP). Sou também artista da dança, nascida e crescida em uma época em que aprender dança formalmente só era possível a poucos, e tive esse privilégio. Agradeço a todos que estiveram nessa trajetória inicial.

Mas minha dança mesmo, na que acredito e que compartilho, nasceu na escola e da escola pública, muitos anos depois de meus primeiros passos, quando tive outro privilégio: ser assessora da Secretaria Municipal de Educação de São Paulo (SME/SP) na gestão Paulo Freire e conhecer de perto as propostas de Ana Mae Barbosa, pensando-as para o universo da dança[4]. Nessa época, nós todos(as) éramos de certa forma iniciantes na jornada de inclusão das diferentes linguagens da Arte na escola pública de São Paulo. Foi um período de muito diálogo e construção de futuros.

Revisitando minha formação como pedagoga, me dou conta do quanto o currículo em nível superior menosprezou qualquer tipo de educação ligada às Artes. Não tive na faculdade disciplinas ligadas à Dança – nem Arte em geral. Mas nesse mesmo período, ainda aluna da USP, conheci Mariazinha Fusari, e desde então entendi que deveríamos lutar incessantemente para que a Arte fizesse parte do currículo escolar. A ausência de Arte em minha formação superior acabou sendo um impulso para que eu fizesse um mestrado – e posteriormente um doutorado – em Dança e começasse a compreender alguns caminhos para sua inserção nos currículos escolares, mas lá em 1988 essa trajetória teve que se dar fora do Brasil.

Tampouco a mesma faculdade, naquela época, propôs qualquer estudo, crítica, prática ou leitura que fosse sobre o corpo, o corpo do pedagogo, os corpos dos estudantes, as relações entre esses corpos e os processos de ensino e aprendizagem em contextos sociais. Em suma, só quero dizer que, desde que me formei pedagoga, sinto falta da dança nas escolas, e não entendo por que ela ainda é tão

4 Esse projeto se deu durante a gestão de Luiza Erundina, de 1989-1992. Para saber mais sobre a Abordagem Triangular e o ensino de dança, vide MARQUES, Isabel. *Linguagem da dança*: arte e ensino. 1. ed. São Paulo: Digitexto, 2010; e MARQUES, Isabel. De tripé em tripé: o caleidoscópio do ensino de dança. *In*: BARBOSA, Ana Mae; CUNHA, Fernanda (org.). *Abordagem triangular no ensino das artes e cultura visuais*. 1. ed. São Paulo: Cortez Editora, 2010.

ausente em muitos territórios do país – e do mundo.

Mas aqui, escrevendo agora, não posso deixar de lembrar que esta situação de penúria completa já não existe mais, e com muito orgulho faço parte da geração de educadores que, seguindo a trilha de Ana Mae Barbosa, lançou as primeiras pontes e travessias entre a dança e a escola. Hoje, não só os documentos oficiais reconhecem a Dança no currículo escolar[5], mas também grande parte das escolas brasileiras já entende que a Arte as constitui e, com ela, constroem mundos capazes de esperançar[6].

Desde que me formei, entender-me como educadora não foi um trajeto fácil, pois a dança, que sempre atravessou meu caminho pessoal, não fazia parte dos currículos escolares. Do mesmo modo, foi um longo trajeto para que o "mundo da dança" reconhecesse a existência e os atravessamentos da educação nos fazeres artísticos. Hoje tenho clareza de que tanto a arte traz contribuições para o fazer pedagógico quanto a educação pode, de fato, movimentar e alterar os processos de criação artística[7].

É nessa interface que me encontro hoje, e por isso é como pedagoga e artista da dança, ou como artista/docente[8], que me dirijo novamente a vocês, retomando alguns assuntos de minha última carta para que aqui possa revisitar a Abordagem

5 Refiro-me principalmente aos Parâmetros Curriculares Nacionais (PCN), publicados em 1997, e à Base Nacional Comum Curricular (BNCC), de 2018.

6 Importante lembrar que desde 1987 cresceu substancialmente o número de cursos de Licenciatura em Dança no país, assim como os grupos de pesquisa e a literatura especializada em Dança e Ensino de Dança. Do mesmo modo, já são muitos os cursos de Pedagogia que incluem o ensino de Arte em seus currículos.

7 *In:* CONGRESSO INTERNACIONAL SESC ARTE/EDUCAÇÃO. VIDA DE ARTISTA: DIÁLOGOS ENTRE ARTE/EDUCAÇÃO, FILOSOFIA, 5., 2016, Recife. *Anais* [...]. Recife: Sesc, 2016. Escrevi mais sobre esse tema em MARQUES, Isabel. O que a arte pode aprender com a educação (4). MARQUES, Isabel. O artista/docente: ou o que a arte pode aprender com a educação? *Ouvirouver* (on-line), v. 10, p. 230-239, 2014; MARQUES, Isabel. Artista às avessas, ou: o que a Arte pode aprender com a Educação? *In*: PRIMO, Rosa; PARRA, Denise (org.). *Invenções do ensino em Arte*. Fortaleza: Expressão Gráfica e Editora, 2014.

8 Sobre o conceito de artista/docente, vide MARQUES, Isabel. *Ensino de dança hoje*. 1. ed. São Paulo: Cortez Editora, 1999; MARQUES, Isabel. O artista/docente: ou o que a arte pode aprender com a educação? *Ouvirouver* (on-line), v. 10, p. 230-239, 2014.

Triangular de Ana Mae Barbosa. O trabalho de Ana Mae, vocês sabem, foi – e é – crucial para reviravoltar o ensino de Arte não só nas escolas, mas também nas práticas educativas e pedagógicas de modo geral. Entendo hoje que seus ensinamentos vão além das salas de aula, eles sugerem visões de mundo que engendram ações políticas, no sentido que sempre nos ensinou Paulo Freire. Aliás, vocês sabiam que Paulo Freire foi professor de Ana Mae? Mas esse é assunto para outra carta.

Acredito que vocês já devem ter ouvido e estudado – discutido e até mesmo trabalhado – com a Abordagem Triangular. A triangulação do saber em Arte, as relações entre o fazer, ler e contextualizar arte; sei que isso já deve fazer parte da grande maioria das aulas das leitoras desta carta. Eu pessoalmente adoro como a abordagem de Ana Mae expande o conceito de arte na escola, desdobra possibilidades de conhecer arte e abre portas para uma imensa gama de fazeres diferenciados, compromissados e críticos, artísticos ou não.

Mas vocês já repararam como muita coisa que cai nas redes de relações escolares acaba virando listagem de procedimentos ou receitas de atividades? Então... um dia, lá nos anos 1990, a proposta de Ana Mae foi batizada pelos professores de "metodologia", e uma metodologia, a meu ver, bem estreita, como se fosse sequência de fazeres a serem ticados: primeiro apreciar a obra, depois contextualizá-la (contar as histórias dos pintores) e, em seguida, "relê-la", fazendo outra pintura. Muita gente já escreveu sobre isso, incluindo a própria Ana Mae, que resolveu mudar o nome de sua proposta[9]. Nesse movimento saudável de entendimento da escola entre o que se escreve e o que se faz, a então metodologia foi renomeada para "abordagem", a Abordagem Triangular como hoje conhecemos.

Nessa perspectiva, confesso que ainda entendo pouco as professoras que renunciam a seu direito de criar, de inventar, de elaborar e de se apropriar, enfim, das aulas, de seu fazer pedagógico, preferindo as ditas metodologias e procedimentos prontos. Nunca fui, e acho que continuo não sendo, capaz de compreender por que as atividades prontas – sequências didáticas – para serem "aplicadas" são tão requisitadas em cursos de formação.

No entanto, até certo ponto, compreendo perfeitamente professoras que não sabem sobre seus corpos, que não veem seus próprios corpos nem prestam

9 Vide BARBOSA, Ana Mae. *Tópicos utópicos*. Belo Horizonte: C/Arte, 1998.

atenção aos corpos das crianças, que têm receio (e medo) de trabalhar com qualquer tipo de dança na escola que exija um pouco mais do que ensaios ou repetições de repertórios prontos. A falta de formação/experiência nos endurece, nos intimida, nos traz insegurança, resistência. Pode parecer mais fácil e mais seguro "aplicar" o que já está pronto e confirmado pela internet.

Mesmo sendo em princípio contra sequências didáticas, concordo, no entanto, que referenciais são absolutamente necessários para que se estabeleçam processos significativos de ensino e aprendizagem, e foi isso, creio, que Ana Mae sugeriu já na década de 1980: uma nova forma, outro referencial para pensar/fazer Arte nas escolas[10], bem diferente de uma receita de procedimentos.

Acho que Ana Mae concorda comigo: o direito de criar sua própria aula/projeto não pode ser tirado das professoras! Retomo aqui uma "súplica" que fiz quando primeiro escrevi a vocês: criem danças dançando com as crianças, sejam coprotagonistas da elaboração das proposições de dança em suas salas de aula! E, claro, citar as fontes de onde aprenderam ou se basearam para elaborar suas atividades e propostas práticas não é apenas digno, mas também ético.

Assim como penso que docentes não podem abdicar de seu direito de criar, de compor, de elaborar seus projetos/aulas, creio que tampouco podem abdicar de seus corpos. Vi, e ainda tenho visto, muitas professoras que, com o passar dos anos, não se sentam mais no chão, não se abaixam para conversar com as crianças, não correm, olham as crianças de longe no parque, sentem preguiça de se movimentar, não se movem mais! As crianças ficam corporalmente abandonadas na escola, sem referências adultas de movimento, de corpos no tempo e no espaço, de dançares distintos dos delas. Mas, antes de abandonarem as crianças, quantas professoras estão abandonando seus próprios corpos. Aliás, estas duas coisas, a meu ver, caminham absolutamente juntas.

Ao abandonarem seus corpos, professoras abandonam também suas próprias possibilidades e potências de dança. Consequentemente, abandonam as possibili-

10 Vide também SILVA, Everson. Formação continuada de professores e a Abordagem Triangular de ensino da Arte. *In*: BARBOSA, Ana Mae; CUNHA, Fernanda Pereira da (org.). *Abordagem triangular no ensino das artes e culturas visuais*. 1. ed. São Paulo: Cortez Editora, 2010, sobre a Abordagem Triangular e epistemologia da Arte.

dades e potenciais de as crianças dançarem. Compreender a importância do corpo, e da dança na educação só acontece de um jeito: in*corpo*rando a dança, permitindo e estimulando experiências da dança como linguagem e conhecimento. Sabemos que docentes que não têm dança no corpo ou não colocam seus corpos como estímulo lúdico em aula dificilmente lograrão experiências significativas com as crianças.

Com isso, não quero dizer que vocês devem, necessariamente, conhecer múltiplas técnicas de dança, ter corpos "altamente sarados", serem vocês mesmas ideais de corpos de bailarinas ditas "padrão". Quero dizer e sugerir exatamente o que disse: que professoras tenham dança no corpo, *as suas* danças, em *seus* corpos... Deixo aqui minha segunda "súplica": professoras, não deixem seus corpos de lado, dancem mais! Aquilo que é bom para as crianças é também bom para vocês, para nós, para o mundo.

Hoje entendo uma das pilastras da Abordagem Triangular, o "fazer", não somente conectado à produção de arte das crianças. Ou seja, fazer dança não é apenas propor que estudantes dancem em diferentes formas: improvisando, compondo ou realizando repertórios.

Os corpos vivos e dançantes de vocês, professoras, também são em si um "fazer", fazer que está intimamente ligado ao fazer artístico das crianças; só que esse é um fazer artístico/pedagógico, ou o que chamei de *proposição cênica* em minha pesquisa de doutorado[11]. Explico-me: vejo o vértice do "fazer" da Abordagem Triangular também como um chamamento ao fazer dos docentes, fazer esse direcionado e com os estudantes; uma maneira viva e artística de vocês estruturarem propostas pedagógicas e de se comprometerem com a ação, com a participação em situações de ensino e aprendizagem.

Se puder fazer um pedido como formadora, peço que vocês façam, façam arte, ensinem dança dançando e, assim, comprometam-se em seus corpos com as mudanças necessárias para que outra sociedade seja possível: uma sociedade pautada pelas ações relacionais, com compromisso e dialogicidade. É preciso repetir e repetir isto: as danças e corpos dos docentes, ao se relacionarem com

11 Veja MARQUES, Isabel. *Ensino de dança hoje*. São Paulo: Cortez Editora, 1999.

as danças e corpos dos discentes, não podem ensinar apenas passividade e distanciamento do adulto em relação às crianças. Infelizmente, isso ainda é muito comum. Em vez de passividade e distanciamento, proponho dança e relação.

Os fazeres dançantes de vocês como propositoras de dança, a meu ver, devem compartilhar e ensinar vida, ação, participação e compromisso. Em última instância, acredito que o "fazer" de vocês como propositoras é também um "fazer" político, pois altera relações, engendra valores e delineia atitudes e posturas diante das diferentes realidades vividas, percebidas e imaginadas pelas crianças. Vamos sair do muro para entrar na dança? Dança é movimento, transformação contínua.

Fazer, em seu sentido mais estrito, é "colocar a mão na massa", o pé no chão e o corpo na dança, participar e agir na possibilidade e intenção de transformar. Sei que estamos cansadas, mais que isso, exaustas. Enfrentamos uma pandemia sem recursos ou políticas públicas. As lutas parecem ser as mesmas de antes, porém mais graves. Para os pequenos, no entanto, o fazer parece ser tão "natural". Ana Mae nos ajuda a compreender, no entanto, que fazer não pode ser sinônimo de "fazeção": na Abordagem Triangular, o vértice do fazer, como vocês sabem, está conectado à leitura e à contextualização dos trabalhos artísticos.

E vocês são especialistas em leituras: ler e ensinar a ler! Há muitos anos, estudamos Paulo Freire e sabemos que a leitura da palavra é também – ou deveria ser – uma leitura de mundo[12]. Parafraseando o autor, proponho em meu trabalho que as leituras da dança também sejam e proporcionem diferentes leituras de mundo; e lemos a dança de diferentes formas: o dançarino lê a dança que pratica, o coreógrafo lê a dança que compõe, o diretor lê a dança que coordena e o público lê a dança a que assiste[13]. Vocês já experimentaram trabalhar com todas essas leituras?

O mais importante, quando trabalhamos com leituras das danças, acredito, é gerar diálogos entre o que se vê e o que se sente, ou seja, não ignorar os referenciais corporais de quem dança, trocando-os apenas pelos olhares externos, geralmente de adultos sobre as crianças. Aliás, todo cuidado é pouco quando falamos de

12 Vide FREIRE, Paulo; MACEDO, Donaldo. *Alfabetização*: leitura do mundo, leitura da palavra. 4. ed. Rio de Janeiro: Paz e Terra, 1990.

13 Vide MARQUES, Isabel. *Linguagem da dança*: arte e ensino. São Paulo: Digitexto, 2010.

olhares externos sobre os corpos das crianças, principalmente se estamos tratando de leituras que podem facilmente se transformar em juízos de valor – bom, ruim, adequado, bonito, escandaloso etc. A leitura da dança precisa também ser atravessada pela ética!

Por isso, tomemos cuidado com essas leituras das danças produzidas pelas crianças em sala de aula. Em primeiro lugar, distinguindo o corpo da criança em seu perfil cotidiano (alto, baixo, magro, pernas longas etc.) de seu corpo dançante. Entendo que a leitura proposta por Ana Mae, quando trazida para a linguagem da dança, deve ser sobre o movimento, o movimento no tempo e no espaço, sobre a própria dança, o dançar. Em segundo, praticar a leitura da dança ouvindo as crianças sobre suas experiências/leituras em seus dançares: perguntar a elas o que sentem ao dançar, como percebem seus deslocamentos no tempo e no espaço; se figurino ajuda ou não a dançar, como é se mover com diferentes músicas etc.: essas também são leituras das danças que nos conectam com leituras de mundo.

Hoje em dia, as leituras de obra sugeridas por Ana Mae na Abordagem Triangular estão extremamente facilitadas pela presença da internet, pois trabalhos artísticos estão nas redes sociais, nos canais do YouTube, na Netflix etc. Ou seja, as crianças de hoje têm, a rigor, mais acesso a diferentes formas de dançar. E não só as crianças, vocês também. A internet é uma fonte importante de repertórios diversos e variados.

Mesmo assim, tenho um sonho antigo: encontrar metros e metros de filas formadas por professoras nas portas dos teatros; não por estarem cumprindo tarefas de seus coordenadores ou alguma avaliação de cursos de formação. Sonho com filas de professoras instigadas pelo puro gosto de fruir dança, de estar na presença da arte. São tantos os espetáculos gratuitos atualmente e de boa qualidade! Por que será que tão poucas professoras aproveitam essas oportunidades?

Penso que, se não nos tornarmos, nós mesmas, leitoras de dança, tornaremos nossas aulas de apreciação/leitura uma farsa. Mais do que isso: se não percebermos o quanto as diferentes leituras da dança modificam e adensam nossos próprios fazeres artísticos e pedagógicos, elas também perderão o sentido. Se me permitem mais uma sugestão, aproveitem em seus corpos/olhos essas oportunidades do prazer da fruição da dança, de suas múltiplas leituras, não só "pelas crianças", mas também por vocês mesmas.

Ao longo dos anos, tenho percebido que esse olhar crítico e problematizador para trabalhos de arte, sugerido por Ana Mae Barbosa a partir do vértice da leitura da Abordagem Triangular, pode também ser deslocado e ser um importante referencial para que nós, professoras, possamos também "ler" diferentes situações, espaços e relações na escola. Ou seja, quando aprendemos a ler criticamente as danças e seus movimentos a partir de trabalhos artísticos – nossos e dos outros –, também estamos aprendendo a ler movimentos, corporeidades e relações do/no coletivo em outros tempos e espaços que não os delimitados pela arte.

A relação que se estabelece entre a leitura e o fazer proposta pela Abordagem Triangular pode ser também uma rica fonte de criação de relações interpessoais e pedagógicas no ambiente escolar. O olhar atento e ético (leitura) para as crianças em seus movimentos, corpos e corporeidades – e para essa movimentação no espaço – nos permite estabelecer e criar outros fazeres artístico-pedagógicos. A leitura modifica o fazer e vice-versa e, por isso, nossas diferentes leituras das relações pedagógicas estabelecidas em sala de aula podem ganhar outras conexões e sentidos. Em última instância, se nos tornamos melhores leitoras, também poderemos aprimorar nosso fazer, e, consequentemente, nossa ação no mundo.

Adoro dançar com as professoras de Educação Infantil: vocês são em geral muito alegres, sabem rir, são buscadoras, brincalhonas. Adoro quando os corpos suados em cursos me dizem "agora compreendi", "agora sei no corpo do que você está falando". O melhor ainda é quando, confiantes, apostam no trabalho com seus alunos e me dizem: "deu certo!".

Mas adoro também conversar: prática sem teoria, sabemos, se perde em si mesma. O fazer desenfreado combinando uma atividade após a outra logo cai em um buraco sem fundo. Assim como mente/corpo caminham juntos, prática e teoria são indissociáveis. Aceitam mais uma "súplica"? Leiam, leiam muito. Estudem, conversem, leiam mais ainda. Façam dos livros interlocutores de suas práticas artístico-pedagógicos de dança, isso fará toda diferença do mundo para as crianças, e para vocês também, espero.

Com essa, vamos dizer, "teorização" como embasamento e interlocutora das propostas artístico-pedagógicas, acredito estarmos agregando ao ler/fazer do ensino de arte uma dimensão contextual. Na Abordagem Triangular, a contextualização proposta por Ana Mae permite nossa inserção no mundo, traçar redes de relações entre a arte e a sociedade, entre a arte que lemos/fazemos e o mundo em que vivemos. Como boa freiriana, esta é a parte que mais aprecio do trabalho proposto por Ana Mae: a possibilidade de nos conectarmos com o mundo e de agirmos sobre ele.

Vejo sempre os três vértices do triângulo (e seus desdobramentos) da Abordagem Triangular relacionando-se entre si, de forma não hierárquica, indeterminada e singular. Já usei várias vezes a metáfora do caleidoscópio para trazer a imagem da interdependência e da interconexão entre os diferentes saberes da arte que, no meu entender, Ana Mae propõe.

A relação entre teoria (contextualização) e prática (leitura e fazer) não fica fora dessa construção caleidoscópica. Gosto de pensar que esse caleidoscópio também faz girar nossas posturas e atitudes diante do ensino de dança: o vértice da contextualização proposto por Ana Mae é uma peça que se liga ao ler/fazer de nossas práticas artístico-pedagógicos. A contextualização é para mim um convite à pesquisa que me permite não só ler mais, mas também fazer dessa leitura pontes para encontros, entrevistas, novos fazeres e outras leituras de obra e de mundo. A contextualização invoca a reflexão, a problematização, a crítica. Acima de tudo, ela faz o caleidoscópio girar, articulando saberes e posturas. Fica então minha última súplica: girem muito e deixem girar esses caleidoscópios do ensino de dança!

Minhas "súplicas" aqui expressas, que na verdade são desejos, exigem coragem para dançar, ousadia para criar, vontade de compartilhar, humildade para aprender, perseverança para ensinar, entusiasmo para conviver, compromisso para educar. Desejo a vocês muita coragem, vontade, humildade, perseveranças, entusiasmo e compromisso.

Insisto em dizer que a questão política do corpo e da dança não é necessariamente uma questão partidária; que o simples não é necessariamente simplório; que a ludicidade da dança não diz respeito somente às crianças; e que, finalmente, não podemos confundir projeto pedagógico com um rol de atividades despolitizadas. Creio que compreender o corpo na dança e o corpo que dança de forma politizada, compromissada, lúdica, simples e conectada é um dos maiores desafios para nós, pedagogas, professoras de Educação Infantil.

A Abordagem Triangular de Ana Mae Barbosa, se também compreendida como posturas diante dos processos de ensino e aprendizagem, da vida e do mundo, pode estar ao nosso lado para que abracemos com mais propriedade e compromisso essa árdua tarefa que se coloca novamente diante de nós no período pós-pandemia: reconstruir o Brasil com arte. Com arte que faz, que lê e que compreende, problematizando as novas redes de relações.

Não poderia terminar uma carta como esta sem *agradecer imensamente* aos milhares de professoras(es) das cidades de São Paulo, Jacareí, Americana, São Carlos, Santo André, São Caetano do Sul, Ribeirão Pires, Bauru, Campinas, Jundiaí, Nazaré Paulista, Sorocaba, Araraquara, Taubaté, Caieiras, São José dos Campos, Itaquaquecetuba, Curitiba, Faxinal do Céu, São José, Florianópolis, Chapecó, Joinville, Jaraguá do Sul, Porto Alegre, Montenegro, Lajeado, Santa Maria, Belo Horizonte, Nova Lima, Viçosa, Rio de Janeiro, Vitória, Salvador, Aracaju, Maceió, Recife, João Pessoa, Natal, Fortaleza, Juazeiro do Norte, Itapipoca, Trairi, Petrolina, São Luís do Maranhão, Teresina, Belém, Manaus, Porto Velho, Macapá, Boa Vista, Campo Grande, Goiânia, Caldas Novas, Goiás Velho e Brasília pela vontade política, pelo entusiasmo corporal e pela ousadia de aprender e ensinar com que estiveram presentes nos cursos e palestras que ministrei nessas cidades. São a vontade, o entusiasmo e a ousadia de vocês que me fazem continuar acreditando e trabalhando por um país mais justo, mais ético e mais dançante!

Muito obrigada, de corpo todo.
Isabel Marques

Apresentação

Abordagem Triangular e Educação Infantil: possibilidades e desafios

Quais são as possibilidades da Abordagem Triangular para o ensino de Artes Visuais no contexto da Educação Infantil? A pergunta foi disparadora para este projeto, assim como foi também para o curso, com mesmo título, pensado e elaborado para o Sesc, em 2021[1].

No contexto do curso, marcado por diálogos entre especialistas da Arte--Educação, defendemos a ideia de interculturalidade, educação antirracista (com a especial participação do arte-educador e artista Moacir Simplício, como consultor de culturas afro-brasileiras), inclusiva e crítica, aqui também assumidas como marcas da publicação que estamos apresentando. A publicação também se inscreve como uma possibilidade de continuidade e desdobramento do curso, como outro modo a alcançar, por outras vias, educadores(as), em geral, arte-educadores(as), famílias e pessoas interessadas pela problemática abordada.

O livro é composto por um conjunto de dez textos/reflexões elaboradas por arte-educadores(as) de diferentes regiões geopolíticas, formação e experiências com Artes Visuais na Educação Infantil do Brasil e de outros países. Algumas autoras participaram do curso oferecido pelo Sesc, outras foram convidadas especialmente para contribuir com suas pesquisas/experiências, desde seus lugares de atuação e de sua prática, que não necessariamente passa pela Abordagem Triangular.

1 O curso pode ser acessado pelo *link*: https://ead.sesc.digital/cursos/course-v1:sescsaopaulo+c009+2022_abordagemtriangular/sobre.

Sobre o conjunto de reflexões que formam o livro: desde Buenos Aires (Argentina), *Gabriela Augustowsky* escreve sobre Audiovisual e Educação Infantil... De Nova York (Estados Unidos), *Marta Cabral* compartilha experiências de ensino/aprendizagem de Artes Visuais com crianças da Educação Infantil no Teachers College... De Madri (Espanha), *Rita Noguera* escreve sobre o fazer artístico no contexto da Abordagem Triangular. Como contribuições brasileiras, contamos com experiências realizadas em diferentes regiões, entre as quais, Rio Grande do Sul (*Maria Helena, Analice*), Rio Grande do Norte (*Gilvânia Pontes e Natália Medeiros*), de Minas Gerais *(Márcia Dárquia, Juliana Gothier Macedo, Iza Rodrigues da Luz*), de São Paulo (*Ana Mae, Sidiney Peterson, Valeria Alencar*).

Ana Mae Barbosa e Sidiney Peterson F. de Lima

1

Abordagem Triangular: leitura e contexto

Ana Mae Barbosa

Embora este livro seja sobre Artes Visuais na Educação Infantil, pela Abordagem Triangular, primeiro vou mostrar, através de uma experiência com crianças de várias idades, o que é a Abordagem Triangular. Trata-se de um processo de trabalho sistematizado 30 anos atrás, e que inclui:

- o fazer arte como construção pessoal para desenvolver a criatividade e a imaginação;
- a leitura da imagem, da obra ou do campo do sentido da arte para desenvolver a percepção visual e a capacidade crítica;
- a contextualização do que você faz e do que você vê, como um meio de ler a si mesmo e o mundo ao seu redor.

Vou mostrar cada momento deste processo através de uma experiência feita no Educativo do Museu de Arte Contemporânea de São Paulo (MAC/USP, 1992), num projeto maior que incluiu exposição, simpósio, publicação, acerca da Arte e o Meio Ambiente. O MAC ficava no terceiro andar do prédio da bienal de São Paulo, no Parque Ibirapuera.

Contextualização

Vocês podem começar por qualquer um dos três processos: o fazer, o ler a obra ou a contextualização. Nesse caso, o trabalho começou pela contextualização científica, e, portanto, interdisciplinar.

Figura 1: Crianças no Parque Ibirapuera.

Fonte: Acervo de Ana Mae Barbosa.

Os botânicos do Parque Ibirapuera receberam as crianças e com elas discutiram a importância da preservação do meio ambiente. Exploraram os diversos tipos de árvores, textura do tronco, formato de folhas, discutiram as diferenças no cuidado com as plantas, mostrando que umas necessitam de muita água e outras de menos etc.; falaram das classificações de plantas e desenvolveram jogos táteis para inter-relação com a árvore.

Fazer artístico

Os grupos subiram para o museu e lá encontraram o artista Otávio Roth, que havia preparado uma enorme árvore desenhando apenas os galhos, e os convidou para, em colaboração com ele, preencher esta árvore de folhas.

Figura 2: Otávio Roth em montagem de A Árvore.

Fonte: Acervo de Ana Mae Barbosa.

Em roda, conversavam com o artista sobre a experiência do parque e a importância das árvores para a ecologia.

Figura 3: Crianças conversando com o artista.

Fonte: Acervo de Ana Mae Barbosa.

Recebiam em papel autocolante folhas com o corte predelineado para pintarem como quisessem e com elas comporiam a árvore.

Figura 4: Algumas crianças repetem o esquema que estavam acostumadas a desenhar.

Fonte: Acervo de Ana Mae Barbosa.

Figura 5: Produção feita por crianças.

Fonte: Acervo de Ana Mae Barbosa.

O artista colocava as folhas na árvore e cada um assinava seu nome em uma etiqueta autocolante, que também era colocada na base da árvore.

Figura 6: Otávio Roth em montagem da obra.

Fonte: Acervo de Ana Mae Barbosa.

E assim a árvore foi crescendo.

Figura 7: Otávio Roth em montagem da obra.

Fonte: Acervo de Ana Mae Barbosa.

Temos, assim, uma experiência com a representação figurativa da árvore e um fazer artístico colaborativo.

Figura 8: Otávio Roth em montagem da obra.

Fonte: Acervo de Ana Mae Barbosa.

Leitura da obra de arte

Daí passamos para ver e analisar uma representação abstrata de árvores numa instalação de um cafezal em diversas fases de maturação: desde o cafezal ainda verde até a cor amarelada da colheita. Para nós, eram importantes a representação figurativa e a representação abstrata, para mostrar que a abstração também é processo de pensamento.

Figura 9: Crianças no MAC realizando leitura de uma instalação abstrata de cafezais.

Fonte: Acervo de Ana Mae Barbosa.

Leitura individual de obra de arte

A partir daí, as crianças saíam pelo museu vendo sozinhas as obras de arte para escolher uma para ser lida coletivamente, com a ajuda de um monitor ou de uma professora do museu. Eles tinham lápis e papel para anotar as dúvidas que lhes viessem à cabeça e as perguntas que queriam fazer.

Figura 10: Criança buscando, no MAC, as obras que lhe interessavam e fazendo anotações para conversar com os professores.

Fonte: Acervo de Ana Mae Barbosa.

Leitura coletiva da obra de arte

Figura 11: Crianças no MAC realizando leituras de uma obra escolhida pelo grupo e auxiliadas pelo monitor (denominação usada na época, hoje falamos de educador/mediador).

Fonte: Acervo Ana Mae Barbosa.

Este grupo escolheu a obra de Flávio de Carvalho e a está comentando com o educador.

A Árvore (2018/2020)

Depois de 26 anos, o Projeto Árvore foi reeditado no Sesc Bom Retiro em 2018 pela filha do artista Otávio Roth, Isabel Roth, formada em Relações Internacionais e que tinha 3 anos quando o pai morreu prematuramente aos 41 anos, pouco depois da experiência que estamos relatando. Esta montagem fotográfica mostra o artista com a filha Isabel, de 3 anos de idade.

Figura 12: Folder Sesc Bom Retiro.

Isabel Roth deu sequência ao trabalho do pai adaptando-o a novos tempos, novos espaços e novos objetivos, com a ajuda de novas tecnologias. Seccionou a árvore, que se transformou em uma espécie de móbile, como pode ser visto na imagem a seguir. Mas o trabalho de fazê-la crescer continuou com as escolas que visitaram o Sesc e com as professoras que se integraram a esta releitura do projeto dos anos 1990, quando foi sistematizada a Abordagem Triangular.

Figura 13: Fotomontagem do artista em frente à instalação "A Árvore", NY/EUA, 1992. Imagem do folder distribuído pelo Sesc Bom Retiro. Imagem cedida por Isabel Roth.

Fonte: Acervo de Ana Mae Barbosa.

Figura 14: Reprodução de detalhe do folder da instalação "A Árvore", de Otávio Roth, na sequência realizada por Isabel Roth.
Fonte: Acervo Ana Mae Barbosa.

Como vocês veem, estou dando um exemplo de Abordagem Triangular para crianças em geral, e não apenas para crianças de 3 a 5 anos, mas crianças da Educação Infantil também participaram desse projeto.

2

Ver, conversar e criar: propostas de aulas de Artes Visuais na Educação Infantil

Sidiney Peterson F. de Lima

A relação entre o que vemos e o que sabemos está sempre aberta.
John Berger, *Modos de ver*, 2022.

"Um livro escrito na companhia de crianças." Assim a filósofa e escritora argelina Marie-José Mondzain define o seu livro *O que você vê? Uma conversa filosófica*, publicado pela editora Yellowfante[1] em 2020. Peço licença a você, cara leitora e caro leitor, para compartilhar um trecho de uma das conversas entre Mondzain e uma criança[2] chamada Emma.

> *Emma: [...] para compreender o que vemos, não bastam imagens, precisamos também das palavras?*
>
> *Marie-José: Sim.*
>
> *Emma: Mas as palavras nem sempre dizem a verdade.*

1 Neste trabalho, utilizamos a segunda edição, publicada em 2020. A primeira edição brasileira da obra foi lançada pela Autêntica Editora em 2012.

2 No livro não é apresentada a idade da criança.

Marie-José: Realmente.

Emma: Então, é preciso que aqueles que falam não sejam mentirosos nem alterem as imagens.

Marie-José: Hum, a gente ainda não tinha falado sobre isso!

Emma: Pensei nisso porque lá em casa compramos uma câmera digital e meu pai me disse que a gente podia mudar as cores e fazer outras coisas. Você pode mudar tudo, e sua foto acaba mostrando algo completamente inventado por você!

Marie-José: Talvez por isso que seus pais acham que só tem mentira na televisão.

Emma: É, talvez seja por isso, e também porque eles leram umas reportagens sobre imagens alteradas.

Marie-José: Imagens que mentem?

Emma: Não, pessoas que mentem com imagens.

Marie-José: Você está certa sobre essa diferença, as imagens não mentem sozinhas!

Emma: Não, é claro, já que elas não falam sozinhas.

Marie-José: Muito bem.

[...]

Marie-José: Na sua opinião, como deveria ser uma imagem que ajude a refletir?

Emma: É como dissemos antes: uma imagem que ajude a compreender o que está ao lado.

Marie-José: O que está invisível?

Emma: Isso mesmo, e também uma imagem que dê tempo explicar. Eu gostaria que me explicassem uma coisa de cada vez, com tempo para eu ver, e que não fosse muito depressa, assim eu poderia compreender e elaborar minha própria ideia.

O trecho reproduzido integra a parte do livro denominada de "Como ver a realidade?" (MONDZAIN, 2020, p. 125-130). Nesta, como em outras partes da obra, somos apresentados(as) a algumas ideias e reflexões que a criança realiza sobre como as imagens podem produzir discursos e como podemos "compreender e elaborar" nossas próprias ideias, sobre nós e sobre o mundo, desde e com as imagens. Para tanto, alerta a criança Emma, precisamos ver imagens, ter "tempo com as imagens".

As conversas apresentadas no livro me chamaram atenção desde a primeira vez que as li e se desdobraram em perguntas que colocam em questão algumas ideias que temos sobre as crianças e suas relações com as imagens, sejam quais forem essas imagens, obras de arte e/ou imagens das culturas visuais[3]. Como as crianças se relacionam com as imagens? Que formas de fruição e expressão podem emergir? Estas perguntas me impulsionaram a realizar práticas artístico-pedagógicas, com imagens, na Educação Infantil, fundamentadas na Abordagem Triangular e que aqui busco apresentar de modo (auto)crítico/reflexivo.

Abordagem Triangular, um "sistema experimental-epistêmico"[4] decolonial

Ler, contextualizar e fazer. "Três signos verbais", conforme argumenta Afonso Medeiros (2021), que "denotam ação e agenciamento" e formam a chamada Abordagem Triangular, uma teoria da área de Arte-Educação sistematizada pela pesquisadora e arte-educadora Ana Mae Barbosa, por muito tempo entendida, equivocadamente, como uma metodologia.

A minha reflexão sobre a Abordagem Triangular segue a ideia dessa "teoria" (AZEVEDO, 2016) como possibilidade de articulação entre as imagens de artes, das culturas visuais e os modos como nos relacionamos com as imagens. Em outras

3 Neste trabalho, grafamos "culturas visuais", concordando com Ana Mae Barbosa (2011, p. 293), sobre a utilização dessa nomenclatura no plural, quando a autora afirma que "[...] tanto em educação como em arte, pluralizar é preciso, se pensamos dialeticamente e operamos multiculturalmente" .

4 Medeiros (2021).

palavras, como arte-educador e como pessoa que produz e consome imagens, estudo e trabalho com as múltiplas leituras, o fazer artístico (crítico/reflexivo) e a contextualização dessas leituras e desses fazeres como possibilidades de compreender as imagens – que consumimos e que produzimos –, elas próprias como discursos e como potencializadoras na construção de outros discursos, aqueles que nós elaboramos no trabalho com as imagens.

No texto "Ana, Paulo e John" (2021), o pesquisador e arte-educador Afonso Medeiros, ao refletir sobre a "[...] arte como potência desestruturante do pensamento dualístico que impregna certa perspectiva epistemológica que ainda anima as práticas educacionais no Brasil" (p. 143), destaca a Abordagem Triangular como uma "[...] proposição de caráter não só pedagógico para o campo da arte-educação, mas também um conceito estético-filosófico claramente triádico, aberto e dinâmico, igualmente profícuo para o campo da pesquisa em arte e da sua história" (p. 143). Análise que vai na contramão, portanto, de leituras que resumiam a Abordagem Triangular ora à metodologia, ora à releitura (e esta entendida como cópia), ora a uma ideia de abordagem "trazida" dos EUA.

Trago aqui, para participar das ponderações, a pesquisadora e arte-educadora Rejane Galvão Coutinho (2009), para quem a Abordagem Triangular pode ser compreendida como "[...] uma proposta flexível que não envolve uma hierarquia entre as três dimensões" que a compõem, quais sejam, leitura, contextualização e o fazer, "[...] deixando a cargo do educador a construção de seu método de ensino" (COUTINHO, 2009, p. 173), o que irá "[...] determinar a articulação e as possíveis relações entre as três dimensões é, em parte, o próprio conteúdo selecionado pelo educador e, essencialmente, suas próprias concepções de educação", "de arte" (COUTINHO, 2009, p. 173), de Arte-Educação e de culturas visuais.

Não há, como mencionado, um modo único, fixo e, tampouco, "hierárquico" para se trabalhar a Abordagem Triangular no ensino de artes, ou melhor, com as dimensões que a compõem. Ana Mae Barbosa afirma que o trabalho fundamentado na Abordagem pode ser pensado desde a "figura do zigue-zague", que foi apresentada pela autora a partir das respostas de professores e professoras sobre os modos como eles e elas vinham trabalhando a Abordagem em suas aulas de artes. Valorizando as respostas recebidas, Ana Mae (2009, p. XXXIII) afirma que

"[...] os professores têm nos ensinado o valor da contextualização tanto para o fazer como para o ver", assim "[...] o processo pode tomar diferentes caminhos /CONTEXTO\FAZER/CONTEXTO\VER ou VER/CONTEXTUALIZAR\FAZER/CONTEXTUALIZAR\ ou ainda FAZER/CONTEXTUALIZAR\VER/CONTEXTUALIZAR". Desse modo, o contexto se torna mediador e propositor, dependendo da natureza das imagens com que se trabalha, assim como do tempo/espaço da leitura e/ou do fazer.

Mas, afinal, o que neste "sistema experimental-epistêmico" (MEDEIROS, 2021) denominado Abordagem Triangular significa ler, contextualizar e fazer? Para responder a esta pergunta, Afonso Medeiros chama atenção para a necessidade de se compreender, antes, a abordagem como "[...] um sistema aberto em que a ordem dos termos altera o produto, mas essa alteração sempre é imposta pela variabilidade das feituras, das leituras e dos contextos" (MEDEIROS, 2021, p. 150). Sobre o fazer, o autor defende a ideia de "fazer/experimentar" de estudantes, de professores(as), de artistas, ou seja, um "[...] fazer/experimentar com potencialidade de sentido estético para quaisquer pessoas envolvidas no processo de ensino/aprendizagem" (MEDEIROS, 2021, p. 150).

A leitura de imagens, na acepção de Afonso Medeiros e com a qual concordamos, se refere "[...] às possibilidades de perceber, decodificar, entender e interpretar as manifestações artístico-simbólicas em chaves sociais, culturais e estéticas" (MEDEIROS, 2021, p. 150). É importante, em uma prática de leitura de imagens, ler criticamente para questionar a imagem, seus fluxos e modos de produção e, nesse sentido, os contextos de produção e de recepção da imagem como "[...] contextos exploráveis em várias dimensões: a histórica, a social, a psicológica, a antropológica, a geográfica, a ecológica, a biológica, etc." (MEDEIROS, 2021, p. 150), que podem possibilitar a ampliação das leituras de modo a problematizar, por exemplo, certas categorias que são configuradas no interior do sistema das artes, como a valoração e legitimação de certas obras/imagens em relação a outras, as relações de poder, as visibilidades que podem abrir caminhos para tensionamentos que são de total interesse no trabalho de ensino de artes, com imagens de artes e culturas visuais, esteado pela Abordagem Triangular.

Ao inscrever a Abordagem Triangular como uma episteme decolonial[5], Ramón C. Salort o faz pela via de entendimento da Abordagem como um sistema que não se limita "ao discurso da arte", pois integra também os "[...] diversos componentes da cultura visual contemporânea, na medida em que a própria arte os vem integrando desde a arte pop", assim como através do "[...] reconhecimento dos significados que os meios de comunicação de massa assumem nos processos de mediação da cultura popular em nosso continente" (SALORT, 2017, p. 184, tradução do autor[6]) latino-americano. Sobre o aqui defendido, Ana Mae Barbosa argumenta que, no ensino de artes, imagens da arte e das culturas visuais "[...] devem coexistir nos currículos e nas salas de aula, suas imagens devem ser analisadas com o mesmo rigor crítico para combater formas colonizadoras de mente e comportamento" (BARBOSA; CUNHA, 2010, p. 22).

Como arte-educadores(as), sabemos que, ao elaborar nossas aulas, algumas questões estão implícitas como, por exemplo, "O que vou ensinar? Por que vou ensinar? Como vou ensinar? Quando?". As três primeiras, afirma Maria Helena W. Rossi, "[...] já são velhas conhecidas do arte-educador brasileiro, pois correspondem a conteúdos, metodologias e objetivos didáticos". No entanto, afirma a autora, "[...] a questão 'quando' é tão importante quanto as outras, pois corresponde à adequação das propostas aos interesses e necessidades do aluno" (ROSSI, 2003, p. 29, aspas simples da autora). Em que momento – quando – trabalhar com leitura de imagens na escola? A partir de que idade as crianças podem começar a ler imagens? A criança lê imagens? Quais as implicações dessas ações na formação da criança?

As imagens são presenças. São histórias dentro das histórias (MITCHEL, 2014) que contamos e que nos contamos sobre os modos como habitamos, convivemos e transformamos o mundo. Em nosso tempo atual, o poder das imagens

5 O conceito de decolonial é entendido aqui como uma referência ao posicionamento político-epistemológico defendido por intelectuais como Silvia Rivera Cusicanqui, Catherine Walsh, Anibal Quijano, Maria Lugones, Nelson Maldonado-Torres, entre outras(os), ao pensar a América Latina e o Caribe.

6 "[...] el abordaje no lo circunscribe al discurso del arte y cómo integra también a los variados componentes de la cultura visual contemporánea, en tanto el propio arte desde el pop los venía integrando, y también por el reconocimiento de los significados que cobran los medios masivos en los procesos de mediación de la cultura popular en nuestro continente" (SALORT, 2017, p. 26).

fica evidente quando compreendemos os modos como operam sobre a imaginação das pessoas, configurando imaginários e identidades individuais e coletivas. Nesse sentido, as crianças também são alvos da sedução e do poder das imagens. Com imagens, as crianças podem configurar seus modos de ser, apreender e experimentar o mundo. Portanto, faz-se urgente em nossas ações como arte-educadores(as) prestar atenção aos modos como as crianças se relacionam com as imagens, reconhecer as diferentes maneiras de "ver" e "produzir" imagens, mudar o foco do olhar disciplinado para uma leitura contextualizada que possa questionar as imagens percebendo os efeitos que elas têm sobre quem as vê/lê e interpreta, inclusive as crianças.

de leituras de imagens e invenções de mundos na Educação Infantil

Trabalho como arte-educador há dois anos em uma escola privada. O Instituto Ieda Picon, localizado na cidade de Embu das Artes, na Região Metropolitana de São Paulo (SP), é uma instituição de referência no trabalho pedagógico com crianças neurodivergentes que dividem os espaços da escola com crianças neurotípicas. Inclusão é a base do projeto pedagógico da escola.

Dentro da proposta de educação inclusiva, orientada pelo projeto da instituição em que cada criança é percebida desde a sua particularidade, interesses e necessidades, tenho buscado realizar ações arte-educativas/inclusivas das quais todas as crianças possam participar. Para tanto tenho a ajuda, no caso da Educação Infantil, da professora de cada turma da Educação Infantil; e do Ensino Fundamental I, das ajudantes de sala, de outras(os) docentes do Ensino Fundamental II e Médio e da própria gestora da escola com quem converso, compartilho questões e experiências vivenciadas em sala de aula para, juntos(as), pensarmos a educação, o espaço educativo, as propostas e ações, assim como os materiais estruturados que podem possibilitar um trabalho inclusivo.

Com isso desejo expressar que, no contexto da escola, o meu trabalho não é realizado de modo individual, mas coletivo, pois sempre encontro espaço de acolhimento nas conversas sobre minha prática. É um lugar em que posso contar com ideias de outras profissionais da escola e, importante, nesses movimentos de compartilhamento, as(os) estudantes também precisam ser mencionadas(os) aqui como provocadoras(es) de ideias, ações e experiências.

Desde a minha chegada à escola, tenho procurado conhecer os interesses das crianças, suas vivências e ideias acerca da escola, do lugar onde moram, assim como busco conversar sobre e desde aspectos artístico-culturais, o que muitas vezes tem nos possibilitado a construção de espaços de diálogo sobre e com imagens em sala de aula. Em 2022, assumi as aulas de artes – visuais – em turmas da Educação Infantil, e é sobre algumas experiências vividas nessas turmas que escrevo agora.

Na sala de aula, com as crianças sentadas em roda, apresento as imagens pré-selecionadas para a aula. Para cada encontro, trabalho com duas imagens diferentes, que podem ser de arte contemporânea ou duas imagens de culturas visuais, ou ainda diferentes imagens das artes e das culturas visuais de épocas distintas. Ao escolher uma imagem de arte e uma das culturas visuais, tenho como finalidade colocar à disposição da turma diferentes imagens que, de algum modo, podem ser relacionadas ou não, podem provocar leituras comparativas ou não, cada aula e cada turma ocorrem de modo diverso.

Ao mostrar as imagens, uma de cada vez, peço para as crianças falarem sobre suas impressões sobre cada uma delas; na sequência, passo a imagem para cada criança, assim, ao seu tempo e modo, falam sobre a imagem que têm em mãos, que observam, algumas vezes com espanto, surpresa, admiração, com "cara de quem não gostou".

Ao planejar essas aulas, tenho como finalidade proporcionar o contato das crianças com as imagens; geralmente são utilizadas reproduções de obras de arte, assim como imagens das culturas visuais apresentadas na forma de impressão que cada criança pode ver, questionar, falar sobre, interpretar e, com isso, entendo que podemos criar possibilidades de compreensão e avaliação das imagens, mas além disso, posso, como arte-educador, acompanhar os modos como cada criança se relaciona com as imagens apresentadas.

Destacarei agora algumas experiências de leitura de imagens com crianças da Educação Infantil. Entre as aulas de artes, destaco uma em que trabalhamos com uma reprodução da pintura *Mulher e criança*, 1936, de Candido Portinari. Ao mostrar a imagem (Figuras 1 e 2), perguntei o que as crianças estavam vendo. Pedi ainda para falarem sobre as pessoas que aparecem na imagem e sobre o lugar onde as pessoas estão.

Durante aqueles instantes, em roda, falas como: "É uma mulher e seu filho!", "Ela tem os pés e as mãos muito grandes, ela é forte!", "Ela e o filho são da cor da terra" e "Parece que as casas lá de cima vão cair!" são mencionadas pelas crianças. Durante a prática de leitura, percebo que as crianças expressam um desejo por conversar com quem está ao lado, comigo. O diálogo, frente a uma imagem, como afirma John Berger (2022, p. 18), é "[...] uma tentativa de verbalizar [...] o modo como vemos as coisas", ou, ainda, pode ser compreendido como "[...] uma tentativa de descobrir como 'se veem as coisas'", portanto, ao olhar para quem está ao seu lado ou à sua frente, a criança busca compartilhar ideias, entender como estamos vendo as coisas, as imagens. Isso abre possibilidades para pensar que a leitura é individual, pois a criança sabe de si, mas ela requer algo mais, deseja saber o que quem está ao seu lado pensa sobre o que estão vendo. As diferentes camadas de leituras expostas em momentos de leituras coletivas são importantes para aprender algo que não se sabe, para ampliação de repertório verbal sobre a imagem, sobre si e sobre o mundo.

Sobre as falas das crianças, destacadas anteriormente, uma delas considera que a mulher é "mãe da criança", e ao ser questionada sobre sua leitura, a criança fala sobre a mão da mulher sobre a cabeça da criança, "minha mãe coloca a mão na minha cabeça, então ela é mãe dele", ou seja, ela realiza a leitura considerando a sua própria realidade, suas vivências com a mãe. As relações pessoais – familiares principalmente – são muito consideradas nas leituras das crianças; ao falar sobre a imagem, outra criança da turma ressaltou como "os pés e as mãos" são grandes, e ao apontar essas características da mulher e da criança na obra, ela o fez com espanto, quase como desejando perguntar se seria possível alguém ter pés e mãos daquele tamanho! Na continuação da conversa, a criança afirma que "parece até com pessoas que vão para academia". É interessante pensar na relação que ela faz entre os corpos representados na pintura e os corpos que são construídos a partir de exercícios de malhação: são corpos que, na leitura da criança, demonstram "força".

Figura 1: Leitura de imagens, em aula de artes, com crianças da Educação Infantil.

Fonte: Arquivo do autor.

Em outra leitura, a mulher e a criança apresentam cor da pele igual à cor da terra. Uma bonita leitura relacionar pessoas à terra. Naquele momento, perguntei para a criança se existia terra de uma cor somente. Ela disse que não, mas que as pessoas na pintura eram da "mesma cor da terra que pisavam". "O que isso quer dizer para você?", eu perguntei. "Ela e o filho são negros", respondeu outra criança. "E são pobres", acrescentou outra criança do grupo. "Por você diz que são pobres?", questionei. "Porque eles moram naquele lugar cheio de casas, no alto, não sei o nome." "Chama-se favela", disse a criança que estava ao seu lado. "Isso mesmo, mas também pode chamar de comunidade", frase que eu disse querendo trazer outra forma de se referir ao lugar apresentado na pintura.

Seguimos em nossa roda de conversa a partir de palavras e frases que emergiam das leituras, das interpretações. Aproveitando aquele momento em que o termo "favela" foi mencionado, perguntei se as crianças já tinham visto, se conheciam alguma "favela". Todas responderam que não. Algumas perguntaram como era uma favela. Através de imagens da internet, que eu busquei naquele momento em um notebook disponível em sala de aula, mostrei algumas imagens de comunidades de São Paulo e de outras cidades do Brasil. A cada imagem, perguntas seguiam sendo realizadas: "Quem são as pessoas que moram nesses lugares?". As crianças retomaram aquele movimento de se olhar, até que uma delas respondeu: "São pessoas pobres que não têm uma casa grande para viver". Pedi que observassem as imagens, no notebook, outra vez, e depois retomamos a pintura. "Como são as casas da pintura? Elas se parecem com as casas que vimos nas imagens da internet? Parecem com as casas que vocês conhecem?" "Não. Elas parecem bem pequenas", "Quantas pessoas moram aí?", "Eu acho que são casas de papel". Depois desse comentário, um longo momento de silêncio tomou a sala. Por um lado, queria que as crianças falassem mais sobre o que estavam vendo, mas, por outro, pensava que naquele encontro elas haviam tido contato com diferentes imagens, por isso não fiz mais perguntas.

Figura 2: Leitura de imagens, em aula de artes, com crianças da Educação Infantil.

Fonte: Arquivo do autor.

O olhar de cada pessoa, afirma Analice Dutra Pillar (2001, p. 13), "[...] está impregnado com experiências anteriores, associações, lembranças, fantasias". No momento em que conversamos sobre as comunidades, as crianças não tinham conhecimento sobre esses lugares, por isso, talvez, silenciaram. O silêncio, contudo, não é aqui entendido como um momento de "vazio", mas como instante de reflexão, de pensamento e de abertura para criar possíveis respostas a partir do que imaginam sobre o que estão vendo.

Assim como as vivências e lembranças, os elementos presentes na imagem, produzida por Portinari, foram fundamentais para a construção de significados que emergem, conforme aponta Maria Helena W. Rossi (2003, p. 19), do "[...] mundo do leitor, pois não existe interpretação desconectada do mundo que se vive". Cada pessoa realiza sua leitura sobre a imagem, junto a outras pessoas é possível não só rever, mas também ampliar e ressignificar o pensado anteriormente sobre a imagem. Os sentidos e significados sobre as imagens ocorrem desde as relações entre imagem e leitor(a) e, como possível implicação, percebemos que essas relações são da ordem da cultura de cada pessoa. A cultura de um adulto é diferente da cultura das infâncias. Nessa perspectiva, "[...] o sentido não está nos objetos, mas na relação que o leitor estabelece com eles", o que nos possibilita compreender que "[...] o significado de determinado objeto ou imagem dificilmente será o mesmo para duas pessoas" (MEDEIROS, 2010, p. 293).

Ao levar imagens para a sala de aula, tenho como finalidade criar momentos em que as crianças se expressem, apresentem suas leituras sobre o que veem, assim como busco provocar as crianças a falar desde o lugar sociocultural de cada uma. Com isso, acredito, é possível abrir espaços para cada criança se conhecer e construir sua identidade pessoal. Parafraseando Nilma Lino Gomes e Marlene de Araújo (2023, p. 18), a "[...] educação, de maneira geral, e a Educação Infantil, em específico, têm um papel relevante nesse processo".

Como arte-educador, entendo, defendo e busco colocar em prática que o respeito a cada leitura realizada pelas crianças é necessário em sala de aula. Enquanto conversávamos sobre a mulher, a criança e a paisagem, presentes na imagem, as crianças da turma da Educação Infantil aprendiam sobre diversidade, sobre os diferentes lugares que as pessoas habitam na cidade, aprendiam sobre a cidade e que não se resume à rua em que moramos ou à escola que frequentamos, pois é possível que existam muitas cidades em uma cidade. Suas leituras demonstram as relações que elas criam no contato com a imagem em sintonia com suas lembranças, vivências e fantasias. Um mundo que elas desconhecem lhes é apresentado, elas descobrem outras formas de conhecer e viver nesse mesmo mundo que pode ser, por elas, descoberto, mas também narrado e (re)inventado.

Referências

AZEVEDO, Fernando Antonio G. Abordagem triangular como teoria hiante: o agora-já é história. *ANPAP*. *In*: ANPAP – SIMPÓSIO 4 – HISTÓRIA DO ENSINO DA ARTE, SEU ESPAÇO E/EM NOSSO TEMPO: O AGORA JÁ É HISTÓRIA, 4., 2016, Porto Alegre. *Anais* [...]. Porto Alegre: ANPAP, 2016. p. 2560-2574. Disponível em: https://anpap.org.br/anais/2016/simposios/s4/fernando_antonio_goncalves_azevedo.pdf. Acesso em: 20 maio 2023.

BARBOSA, Ana Mae. *A imagem no ensino da arte*: anos 1980 e novos tempos. 7. ed. São Paulo: Perspectiva, 2009.

BARBOSA, Ana Mae. A cultura visual antes da cultura visual. *Revista Educação*, Porto Alegre, v. 34, n. 3, p. 293-301, set./dez. 2011. Disponível em: https://revistaseletronicas.pucrs.br/ojs/index.php/faced/article/view/9288/6778 . Acesso em: 20 maio 2023.

BARBOSA, Ana Mae; CUNHA, Fernanda Pereira (org.). *Abordagem Triangular no ensino das artes e culturas visuais*. São Paulo: Cortez Editora, 2010.

BERGER, John. *Modos de ver*. São Paulo: Fósforo, 2022.

COUTINHO, Rejane G. Estratégias de mediação e a abordagem triangular. *In*: BARBOSA, Ana Mae; COUTINHO, Rejane G. (org.). *Arte/Educação como mediação cultural e social*. São Paulo: Editora Unesp, 2009, p. 171-186.

GOMES, Nilma Lino; ARAÚJO, Marlene de. *Infâncias negras*: vivências e lutas por uma vida justa. Petrópolis: Vozes, 2023, p. 15-24.

MEDEIROS, Afonso. Ana, Paulo e John: apontamentos para uma filosofia multiplanar da arte através da educação. *In:* LIMA, Sidiney Peterson F.; MIDORI, Amanda (org.). *O ensino artístico que temos e o que queremos*: posturas, histórias e experiências no Brasil e em Portugal. Porto: i2ADS, 2021. p. 143-155.

MEDEIROS, Rosana F. Leitura de imagens na Educação Infantil: imagens de arte em sala de aula. *In:* BARBOSA, Ana Mae; CUNHA, Fernanda Pereira (org.). *Abordagem Triangular no ensino das artes e culturas visuais*. São Paulo: Cortez, 2010. p. 285-295.

MITCHEL, William John Thomas. La plusvalía de las imágenes. *In*: AGUIRRE, Ander Gondra; MUNAIN, Gorka López de. Estudios de la imagen: experiencia, percepción, sentido(s). *Revista Sans Soleil:* Estudios de la Imagen. The Searchers 3. Santander: Shangrila Textos Aparte, 2014. p. 82-119.

MONDZAIN, Marie-José. *O que você vê?* Uma conversa filosófica. 2. ed. Belo Horizonte: Yellowfante, 2020.

PILLAR, Analice D. *A educação do olhar no ensino das artes*. Porto Alegre: Mediação, 2001.

ROSSI, Maria Helena W. *Imagens que falam*: leitura da arte na escrita. Porto Alegre: Mediação, 2003.

SALORT, Ramón Cabrera. Abordaje Triangular desde un episteme decolonial. *Revista Gearte*, Porto Alegre, v. 4, n. 2, p. 181-191, maio/ago. 2017. Disponível em: http://seer.ufrgs.br/gearte. Acesso em: 14 jun. 2023.

3

Criação audiovisual na Educação Infantil: cinema, experimentação e jogo

Gabriela Augustowsky
Universidad Nacional de las Artes (UNA, Buenos Aires)

Crianças espectadoras e criadoras

Nos últimos anos, a América Latina assistiu ao surgimento e ao desenvolvimento de inúmeras propostas educativas nas quais meninos e meninas – desde muito cedo – realizam curtas-metragens de animação, documentários e peças audiovisuais ficcionais. São oferecidas oficinas de criação audiovisual em escolas, municípios, espaços lúdicos, áreas de intervenção comunitária; a educação audiovisual está se expandindo e configurando seu próprio campo de conhecimento e pesquisa.

Assim, nesse contexto, as crianças passam de espectadoras a produtoras/criadoras de material audiovisual[1].

1 Para ampliar este tópico, veja a seção "Abecedários" no CINEAD – UFRJ. Disponível em: https://cinead.org/abecedarios/.

Isso se deve, em parte, à disponibilidade e acessibilidade tecnológica contemporânea. Meninas e meninos convivem (em maior ou menor grau) com dispositivos móveis que oferecem a possibilidade de fazer gravações de vídeo, editá-las e incluí-las nos canais de circulação com relativa facilidade. Muitas práticas em relação ao audiovisual são transmitidas na socialização primária; adultos ou irmãos mais velhos mostram – mais ou menos conscientemente – quando os vídeos são feitos, por quê, para quem, o que merece ser gravado e exibido. Hoje, além disso, programas e aplicativos, como o TikTok, estão cada vez mais intuitivos e fáceis de usar.

No entanto, do ponto de vista educacional, a tecnologia é apenas parte do assunto. Não é novidade que a criação audiovisual infantil encontra algumas de suas raízes no passado, é uma atividade herdeira de outras práticas de educação artística e relacionada a campos do conhecimento que possuem séculos de tradição, como filosofia, didática, teoria e história da arte, entre outros.

Na Educação Infantil, olhar, fazer e exibir audiovisuais recuperam e revivem o interesse já existente para a imagem em movimento, para o universo sonoro, para as histórias, jogos e fantasia. A partir das possibilidades técnicas, em um cenário social complexo e rico, os professores podem estabelecer propósitos de formação, estratégias de ensino, formas de trabalho colaborativo em grupo, ampliar olhares e explorar outros caminhos para a criação infantil.

Ao longo destas páginas, propõe-se transitar por algumas questões: Quais são as finalidades e os significados da criação audiovisual na Educação Infantil? Que saberes e práticas culturais são postos em jogo? Que atividades e estratégias são desenvolvidas com meninos e meninas de 3 a 6 anos? Como são as criações audiovisuais feitas por meninos e meninas? Como ela está ligada à formação de espectadores críticos? O que se ensina e o que se aprende ao fazer audiovisuais?

Cinema e linguagem audiovisual nas infâncias: algumas finalidades

A criação audiovisual na Educação Infantil tem finalidades individuais e sociais, expressivas e receptivas. Algumas delas são:

– Fazer valer o direito à autoexpressão, à fala social, à poesia e à criação.

Com atividades ligadas ao cinema e ao universo audiovisual, os adultos dão às crianças um lugar no mundo e oferecem a elas a possibilidade de autorrepresentação. A criação audiovisual possibilita o desdobramento de um universo poético particular – que é o da infância – e também ajuda a criança a construir sua própria visão subjetiva do mundo.

Nesse sentido, Pablo Boido (2010) ressalta que o cinema combina dois direitos das infâncias: o direito de ser visível, de ser ouvido, e também o direito à poesia; coloca à disposição das crianças uma ferramenta de expressão do próprio olhar, mais um instrumento de descoberta de si e do mundo para afirmar o que sentem, pensam, imaginam.

– Promover o encontro com a "alteridade".

Para Alain Bergala (2007), a questão do cinema na escola está diretamente ligada à arte na escola. A arte é definida como a experiência do encontro com a alteridade, ou seja, como algo diferente de si mesmo, como o "radicalmente outro".

Numa dinâmica de mão dupla, o cinema permite que meninos e meninas se encontrem com os seus e com a "alteridade", com a diferença no mais amplo de seus sentidos.

– Olhar a partir de outros pontos de vista, que questionam o consumo audiovisual vinculado ao estritamente comercial e seus produtos associados.

A produção, a criação audiovisual, faz a ponte entre os cineastas do campo da indústria audiovisual e os espectadores (as crianças e todos nós também). Fazer cinema é uma forma de diminuir a distância entre quem tem a possibilidade de fazê-lo – em termos da indústria cinematográfica – e quem o consome. Da mesma forma, a criação audiovisual oferece às crianças a possibilidade de experimentar outras formas de ver e abordar o seu próprio consumo audiovisual.

Para Cezar Migliorin e Isaac Pipano (2014), quando uma criança começa a pensar o "fora do quadro" (o que foi deixado de fora da tela), tem "uma dimensão ética radical", é como se ela se abrisse para muitas reflexões reflexivas e inventivas, possibilidades que vão além do cinema.

– Valorizar a própria cultura e território.

As criações audiovisuais que se realizam nas áreas de formação nos oferecem uma oportunidade de "territorializar" as produções, ou seja, pensar nelas e fazê-las a partir dos territórios que habitamos em busca de uma construção identitária local, pessoal e comunitária. Trata-se de desmontar estereótipos, lugares-comuns, e construir formas críticas e não hegemônicas de criação audiovisual. O cinema entendido como arte não é só um instrumento do desenvolvimento das crianças, mas principalmente um componente de sua herança cultural (BARBOSA, 2007; 2022).

– *Trabalhar e criar coletivamente.*

Ao contrário de outras práticas artísticas na infância, a criação audiovisual é necessariamente uma prática compartilhada, grupal, que envolve e ensina processos de diálogo, negociação e consenso.

Estratégias de experimentação e criação

Como todo trabalho educativo, não é possível compreender as atividades do universo audiovisual fora dos contextos institucionais, políticos e culturais em que são desenvolvidas e sustentadas. Todo o ensino é por definição situado e, nesse sentido, cada projeto forma um universo único com componentes únicos. No entanto, a revisão transversal de propostas contemporâneas[2] permite reconhecer algumas práticas – que fazem parte de perspectivas criativas e inclusivas – que podem funcionar como "faróis" para educadores inquietos.

A estratégia de abordar a história do cinema e os elementos envolvidos na realização e na visualização de um filme permite que as crianças comecem a "desnaturalizar" o que assistem no dia a dia. Para isso, a história do cinema não é assumida como um *continuum* ou um processo linear, mas sim como fragmentos de buscas e práticas culturais que ocorrem muito antes de sua invenção "oficial" (em 1895 com o cinematógrafo Lumière). Tomar os seus períodos germinativos permite-nos desdobrar a ligação entre estas fases experimentais iniciais e a infância das crianças, ambas caracterizadas como momentos de exploração, curiosidade, brincadeira e experimentação.

2 Estudo de caso realizado no âmbito da tese de doutoramento de Gabriela Augustowsky, *La creación audiovisual infantil como práctica educativa. Estudio de experiencias y discursos en contexto*, UCM, 2015. Disponível em: https://eprints.ucm.es/id/eprint/38971/1/T37739.pdf.

Olhar filmes como prática social coletiva

Lembra-se da primeira vez em que foi ao cinema? Para muitos de nós, aquela saída significou pegar um ônibus para o centro da cidade, comprar doces, ir com a família, fazer fila para entrar na sala e participar com os outros de uma experiência física, poderosa em termos sensoriais e afetivos, simbólicos e materiais.

Atualmente, as crianças veem normalmente filmes e outros produtos audiovisuais através da televisão, telas de computador, dispositivos móveis; a visualização é mais individual e envolve um fenômeno de percepção mais lábil. Esta é uma importante mudança cultural na experiência do cinema para as novas gerações (LA FERLA, 2009).

Numerosos projetos educativos (por exemplo, festivais de cinema infantil) propõem recuperar a atividade de "assistir a filmes/ir ao cinema" como prática pública e compartilhada, como ritual cultural que implica certas diretrizes de atenção e convivência para os jovens espectadores. Trata-se de desfrutar do cinema como faziam os seus avós ou bisavós, numa experiência social que se enriquece e ganha novos significados ao fazê-lo com os outros.

Propostas para projetar atividades:

- Inquirir e falar sobre as ideias das crianças sobre o cinema, se alguma vez lá estiveram, se sabem como funciona, quem trabalha lá e que tarefas são realizadas lá. Formular perguntas a consultar em casa com adultos.

- Montar um cinema na sala de aula ou em outro espaço na escola. Alterar a disposição das cadeiras, construir uma bilheteira, desenhar bilhetes e cartazes publicitários de filmes.

- Jogar "ir ao cinema" no espaço e com os elementos que conceberam. Esta é uma boa oportunidade para exibir (se possível em uma grande tela ou na parede) filmes dos primeiros tempos do cinema ou outros que normalmente não têm a oportunidade de ver, por exemplo, *O regador regado*, Irmãos Lumière, 1895; *Os acrobatas japoneses Kiri Kiri*, Segundo de Chomón, 1907; *Viagem à lua*, Georges Méliès, 1902.

O cinema antes do cinema. Fascinação pelo movimento

A busca e o interesse da humanidade em dar movimento às imagens remontam a práticas culturais muito antigas, tais como sombras feitas com as mãos (jogo de sombras chinês) ou teatro de sombras criado com silhuetas planas (feitas de couro, cartão ou papel) manipuladas com varetas.

Durante o século XIX, os estudos sobre o movimento foram promovidos ou acompanhados pelos chamados *philosophical toys* (brinquedos filosóficos) ou brinquedos ópticos. Estes eram artefatos lúdicos e científicos que iam desde a mera curiosidade sobre os seus efeitos ópticos até uma discussão fisiológica sobre os mecanismos do funcionamento da visão. A sugestiva definição inglesa de "brinquedo filosófico" propunha a ideia de que um brinquedo poderia coincidir ou promover a reflexão; era uma atividade em que a dimensão do brincar e a do pensamento ainda se mantinham juntas (OUBIÑA, 2009).

A noção de "persistência da retina" foi utilizada para explicar a impressão de movimento e a ilusão de continuidade: onde o olho deve notar uma interrupção, o olhar esconde o momento ausente. A teoria da "persistência da retina" foi mais tarde desacreditada pela investigação da psicologia cognitiva no início do século XX; em 1916, Hugo Münsterberg postulou que é o espectador, na tentativa de colmatar a lacuna entre duas imagens fixas, quem acrescenta a ilusão de movimento. Ou seja, não se trata de uma deficiência do olho, mas de uma síntese mental que une dois momentos e os constrói como um movimento contínuo.

Nos brinquedos ópticos, podem ser observadas as duas dimensões que passaram pela pesquisa sobre o movimento ao longo do século XIX: 1) a finalidade de produzir a ilusão de movimento a partir de imagens estáticas; e 2) a ilusão é visível e permite ser analisada. Isso implica que, no exato momento em que ocorre o engano, o mesmo dispositivo deixa claro que é isso que é uma ilusão. É uma máquina que, em vez de esconder seu mecanismo, revela-o, mostrando as operações que realiza para obter seus resultados.

Para saber mais sobre essas invenções, sugiro que assista ao documentário *Film before film* (Alemanha, 1986), do cineasta experimental e colecionador de artefatos Werner Nekes[3]. Os brinquedos ópticos em funcionamento são mostrados em detalhes. Esses artefatos têm nomes que incluem sufixos de origem grega: "tropo" significa movimento e "scopio", um instrumento para olhar. Alguns deles são:

- **Taumatrópio** ou maravilha giratória (inventado em 1824 pelo inglês John Ayrton). Consiste num círculo de cartão com uma ilustração em cada uma das suas faces que, quando rodado manualmente por dois fios nas suas extremidades, gera uma ilusão de movimento ou desenho animado. Por exemplo, um lado mostra uma gaiola vazia e o outro lado mostra uma ave; ao enrolar e desenrolar os fios, o movimento permite que a ave seja vista dentro da gaiola.

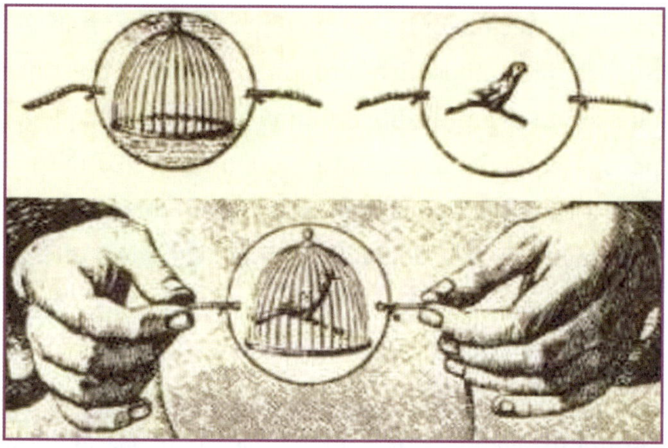

Figura 1: Ilustração do funcionamento de um taumatrópio.
Fonte: Projeto IDIS-UBA.

- **Fenacistoscópio** (inventado em 1829, por Joseph Antoine Ferdinand Plateau, na Bélgica). Consiste em vários desenhos do mesmo objeto, em posições ligeiramente diferentes, dispostos numa placa circular, rodados em frente de um espelho para criar a ilusão de uma imagem em movimento. Pouco depois da sua invenção, Plateau descobriu que o número de imagens para alcançar uma ilusão de movimento ideal era de dezesseis por segundo, o número de *frames* utilizados pelos primeiros cineastas nos seus filmes.

3 Disponível em: https://youtu.be/fKTvEsvH59g.

Figura 2: Disco de fenacistoscópio, 1833.

Fonte: disponível em: https://publicdomainreview.org/collection/phenakistoscopes-1833/.

– **Zootropo,** também conhecido como “roda da vida” (inventado por William Horner e patenteado em 1834). Consiste num tambor rotativo com ranhuras no seu interior, em que são colocadas tiras de papel com imagens que recriam uma ação. Cada imagem representa uma imagem independente do movimento das figuras e, quando o aparelho é rodado, as imagens são vistas em rápida sucessão.

Figura 3: Publicidade para o zootropo ou “roda da vida”.

Fonte: Catálogo de Milton Bradly & Co., Estados Unidos, 1889.

Figura 4: Fragmento de faixa de imagem de um zootropo. C. 1860.

Fonte: Wikimedia Commons – Auckland Museum.

– **Folioscópio** (patenteado em 1868 por John Barnes Linnett na Inglaterra sob o nome de kineógrafo). Trata-se de um folheto retangular com fotografias ou desenhos que, em cada uma das suas páginas, representam uma fase de movimento; ao virar as páginas com o polegar, o efeito do movimento é produzido. Este sistema é também chamado "finger cinema" ou "flip book".

Propostas para projetar atividades:

Devido à sua estreita ligação com o jogo, com os brinquedos, com a experimentação e, fundamentalmente, com o prazer de olhar, estes artefatos visuais tornam-se uma pedreira de ideias para a concepção de atividades de ensino. Assim, a fim de investigar com as crianças como os desenhos são colocados em movimento, propõe-se que elas façam os seus próprios taumatrópios para brincar e experimentar o movimento.

Luzes e sombras

A luz é um dos componentes fundamentais do cinema, pois ativa o fenômeno sensorial da visão e também permite que as imagens sejam "transportadas" pelo espaço para a tela. Ao longo da história, inúmeros dispositivos foram projetados, como a câmera obscura e a lanterna mágica, para investigar efeitos ópticos e projetar diferentes tipos de imagens. Graças à luz, também existem sombras, próximas ao território do fantástico e do onírico, usado no antigo Oriente, com o teatro de sombras e silhuetas, como uma das primeiras formas de projetar imagens. Hoje continuamos a usá-lo para contar histórias, desdobrar fantasias e brincar (HEIMANN; FRADKIN; BOIDO, 2012).

Propostas para projetar atividades:

- Explorar e brincar com lanternas na sala escura. Criar filtros diferentes com texturas distintas, cores, papéis recortados, tecidos com tramas abertas, como serapilheira, redes, tule. Folhas impressas em papel acetato (filmes) também podem ser utilizadas para projetar na parede, piso, teto e corpos. Observar as alterações que ocorrem com a utilização de diferentes materiais que filtram a luz emitida pelo maçarico. Testar o tamanho das sombras à medida que se afastam da luz e se dirigem para a luz. Onde a lanterna deve ser colocada para projetar um objeto?
- Desenhar com luzes LED no espaço escuro.
- Construir projetores caseiros a partir de caixas de sapatos e tochas para projetar os seus próprios desenhos.
- Montagem de projetores artesanais. Usando uma caixa de sapatos, ou similar, fazer uma abertura em um dos lados mais estreitos do prisma retangular, de modo que uma moldura seja deixada; a borda oposta é completamente aberta. As crianças desenham quadros com marcador numa folha de acetato, que é depois colada à "janela" da caixa com fita adesiva de papel. Em seguida, introduzir a tocha para projetar no espaço escuro.

Figura 5: Menina de 5 anos fazendo desenhos em folhas de acetato. Jardim de infância Las Flores, província de Buenos Aires.

Foto: cortesia da Prof. Luciana Aguilar.

Figura 6: As meninas do grupo de 5 anos brincam com seus projetores caseiros. Jardim da infância Las Flores, província de Buenos Aires.

Foto cortesia da Prof. Luciana Aguilar.

Poéticas do som

Uma das características do filme é sua condição de representação sonora. O cinema foi som desde suas origens. Edison inventou o cinetógrafo para acompanhar seu fonógrafo e, assim, os primeiros filmes foram acompanhamentos visuais para gravações sonoras. Então, o sucesso internacional dos irmãos Lumière, com suas visões silenciosas e o desenvolvimento maciço dos filmes mudos de Charles Phaté, atrasou a incorporação generalizada do som. Nestes, o cinema existia sem a gravação de um som; o único som que às vezes acompanhava a projeção era a música tocada ao vivo por um pianista, um violinista ou uma pequena orquestra.

Os primeiros filmes sonoros eram pequenos motivos, canções gravadas, esboços de comédia, discursos e sermões. Os longa-metragens de ficção com som gravado apareceram em 1926, *Don Juan*, e 1927, *The jazz singer*, e o som rapidamente se tornou um elemento fundamental da representação cinematográfica.

Hoje o som é uma parte constituinte da linguagem audiovisual, e de uma perspectiva criativa é importante abordá-lo com as crianças nas suas formas "poéticas". Não se trata apenas de representar o mundo de modo realista, mas também de imaginá-lo, reinventá-lo.

Propostas para projetar atividades:

– Ver filmes mudos com as crianças, por exemplo de Charles Chaplin; o que acontece se não houver som? As histórias são compreendidas?

- Fazer ou selecionar imagens fixas (fotografias ou desenhos) e inventar sons para essas imagens (estes podem ser selecionados a partir de ficheiros de som descarregados da Internet ou de qualquer outra fonte, ou criar novos a partir de instrumentos ou partes do corpo).
- Inventar novas bandas sonoras para um desenho animado que conheçam e vejam regularmente. Baixe o volume do som original e veja o desenho animado com a nova banda sonora.
- Sair para capturar e gravar sons, criar bibliotecas ou arquivos de sons, revisitar a escola e os locais do dia a dia prestando atenção e gravando os seus sons. Em seguida, criar imagens para esses sons.

A animação quadro a quadro ou *stop motion*

Ainda para a exploração da história e dos componentes do cinema, há muitas propostas para a educação das crianças com filmes de animação, em particular utilizando a técnica conhecida como *stop motion*. Essa forma de fazer cinema está em sintonia com os universos poéticos e criativos da infância. O animador Luis Brás explicou assim:

> Os animais falam, os carros riem, choram, estremecem, coram, enrugam, voam, arranham, espirram, etc. O animador entra no mundo do absurdo. Quanto mais absurdo, melhor. Vamos entrar na poesia da imaginação, da cor que não é assim, das árvores que não são assim, dos seres que não são assim. São como os imaginou o animador, que ao inventar suas criaturas lhes impôs uma experiência diferente da obediência às leis da natureza. Nessa impertinência reside o verdadeiro encanto do desenho animado. Alguém disse que foi a maior descoberta poética do século XX (BRAS, 1990, p. 18).

Em termos didáticos, essa técnica permite aproveitar a bagagem de criatividade e experiência no campo das artes plásticas típicas da infância, e aproveitar a facilidade (das crianças) de antecipar e imaginar movimentos e ações quando desenham e modelam. Além disso, possibilita compreender o funcionamento básico do movimento no cinema. Embora a animação quadro a quadro tenha componentes tradicionais, ela serve para entender o lugar da tecnologia na produção audiovisual. É uma experiência criativa que estimula novas formas de olhar (por exemplo, reconhecer o uso de animação em anúncios ou anúncios de televisão).

A animação quadro a quadro, também conhecida como imagem por imagem, *frame to frame* ou animação *stop motion*, é uma técnica de simulação de movimento a partir de uma sucessão de imagens paradas de objetos estáticos. Bonecos articulados de plasticina, figuras de papel ou outros elementos são manipulados fisicamente para simular os seus próprios movimentos.

Um dos primeiros a fazer gravações quadro a quadro foi James Stuart Blackton (um inglês que emigrou para os Estados Unidos) que, num filme de 1898, deu vida aos acrobatas de brinquedo e, em 1907, realizou *The haunted hotel*, um pequeno filme mostrando uma mesa bem servida, onde talheres, louça e comida se moviam sozinhos. O cineasta espanhol Segundo de Chomón contribuiu para o desenvolvimento dessa técnica ao inventar o mecanismo do "passo da manivela", e também dirigiu filmes de sucesso comercial, como *The Electric Hotel* (1908).

No Leste Europeu, seguindo uma longa tradição de marionetes, desenvolveram-se e continuam a se desenvolver filmes de animação de marionetes. Entre os seus criadores, encontra-se o artista checo Jan Švankmajer, autor de *Alice* (1988), *Little Otik* (2000), *Insetos* (2018) e outros.

Em 1939, a National Film Board (NFB) foi estabelecida no Canadá como uma organização pública para produzir e distribuir filmes para promover o país em todo o mundo. Ao longo da sua rica história, fomentou o desenvolvimento de técnicas de animação alternativas em colaboração com animadores convidados de todo o mundo, estando entre os mais conhecidos Norman McLaren. Também trabalhou na organização Caroline Leaf, uma criadora que contou histórias nativas e canadenses em areia ou óleo: *Le mariage du hibou* (1974), *La rue* (1976). Além disso, o NFB experimentou o uso de novas tecnologias e produziu alguns dos primeiros curtas de animação feitos com a intervenção de um computador: *Metadata* (1971) e *La faim* (1974), indicado ao Oscar, do diretor húngaro Peter Foldès.

No Reino Unido, os estúdios Aardman Animations desenvolveram numerosos trabalhos de animação de marionetes, incluindo as conhecidas aventuras de *Wallace e Gromit*, do realizador Nick Park. Em 1993, *Nightmare before Christmas [Jack's Strange World]* foi lançado nos Estados Unidos, dirigido por Henry Selik e produzido por Tim Burton, que promoveu e deu um enorme reconhecimento a esta técnica artesanal.

Minhocas (2013), dirigido por Paolo Conti e Arthur Nunes, é o primeiro longa-metragem realizado com a técnica *stop motion* no Brasil; o filme foi feito com 600 mil fotos! Na Argentina, destaca-se nesta técnica o trabalho do animador Juan Pablo Zaramella[4].

É extremamente difícil descrever todas as formas e procedimentos utilizados na animação quadro a quadro. Quase tudo pode ser animado com essa técnica: alimentos, brinquedos, materiais sólidos, líquidos, tecidos, plantas, lápis, obras de arte e até pessoas. Um critério para classificar as criações em *stop motion* é ter em conta a utilização da dimensão na produção de plástico. Assim, é possível estabelecer dois grupos principais: 1) animações artísticas planas; e 2) animações artísticas corpóreas ou tridimensionais. Algumas dessas técnicas são apresentadas a seguir.

1) As animações de arte plana são as feitas a partir de:

- Cortes opacos e articulados. *La gazza ladra* [A pega ladra], de Giulio Gianini e Emanuele Luzzatti, 1964.
- Silhuetas ou recortes iluminados a partir de baixo. *O cavalo mágico*, de Lotte Reiniger, 1953.
- Materiais de formação de textura, tais como areia, pó, sementes. *Siena*, de Lynn Smith, 1999.
- Gotas de água. *Cachoeira*, de Rodrigo Eba, 2011[5].
- *Chalk* no quadro-negro. *História de outono*, de Lucinda Schreiber, 2009.

4 Ver https://www.zaramella.com.ar/.

5 Neste vídeo, Rodrigo Eba explica como fez Cachoeira: https://youtu.be/PpaQhpVwJ7A.

Além disso, todas as animações quadro a quadro de imagens, feitas com diferentes técnicas plásticas, como traçado de uma ação ao vivo (rotoscopia), desenhos pintados em papel, pintura em vidro com iluminação por baixo, animação do processo de uma pintura ou desenho, são consideradas arte plana.

2) As animações artísticas corporais ou tridimensionais são as feitas a partir de:

- Objeto animação: *Game over*, de PES, 2008.
- Animados: *Dojoji de Kihachiro Kawamoto*, 1976; e *Opera Rigoletto*, de Barry Purves, 1993.
- Bonecas de argila ou plasticina: *Adam*, de Peter Lord, 1991; *A close shave*, de Nick Park, 1995; *Brother*, de Adam Elliot, 2000; *Hasta los huesos*, de René Castillo, 2001; e *Viaje a Marte*, de Juan Pablo Zaramella, 2004.
- Bonecas de pano: *All the rage*, de Alexandra Lemay, 2014, e *Get well soon*, de Asa Lucander, 2011.
- Cardboard Dolls: *From father to son*, de Nils Knoblich, 2012.
- Pessoas reais, pixilização: *Luminaris*, de Juan Pablo Zaramella, 2011.
- Papel dobrado: *Osogami*, de Ariel Gómez Parra e Giselle Imboden, 2013.
- Outros materiais; fio: *Moving on*, de Ainslie Henderson. 2014.

História de uma experiência: a inspiração de Lotte Reiniger no bairro de San Cayetano

Ao criar audiovisuais, as crianças colocam em jogo seus conhecimentos, suas formas de olhar e compreender o mundo e sua cultura. Nesse sentido, e a partir de uma Abordagem Triangular, o encontro com obras de artistas de outros tempos e lugares motiva e propõe novas formas de expressão. A seguir, apresenta-se uma experiência que ilustra essa perspectiva em ação no Programa *Juegotecas Barriales* (ludotecas do bairro) da Cidade Autônoma de Buenos Aires. A ludoteca do bairro San Cayetano está localizada em uma área periférica da cidade; é um bairro de casas baixas e precárias, cuja população é majoritariamente migrante de países vizinhos, Bolívia e Paraguai. As crianças a frequentam após o horário escolar enquanto seus familiares trabalham – em geral, empregadas domésticas e trabalhadores da construção civil. Na jogoteca, eles recebem um lanche e participam de uma série de oficinas, entre elas a oficina de cinema, que acontece uma vez por semana.

O grupo de crianças de 4 e 5 anos é composto por 12 crianças. A oficina de cinema é dirigida por um líder da equipe *Cine + Chicos* e dois professores que trabalham permanentemente na ludoteca. Nos primeiros encontros, os pequenos brincavam de "ir ao cinema" e assistiam a dois episódios de *Abelardo e a linha* (série animada italiana da 1960), brincavam com lanternas, construíam projetores com caixas de sapato, brincavam com taumatrópios e zootropos.

Nesta área, a questão organizadora da oficina de cinema é: "De que é feito o cinema?".

Para explorar a luz e a sombra, as crianças assistiram a vários curtas-metragens da pioneira alemã do cinema de animação, Lotte Reiniger (1899-1981). Estes são curtas-metragens feitos utilizando a técnica de silhuetas recortadas opacas numa caixa de luz.

Os meninos e as meninas deste grupo gostaram muito do trabalho dessa artista, aplaudiram e pediram "Outro, outro!". Assim, depois de assistirem com entusiasmo a *Papageno* (1935) e *O cavalo mágico* (1953), os meninos discutiram como achavam que tinham sido feitos. Eles discutiram luz e sombra e o que acontece quando um elemento opaco fica no caminho da luz.

Depois, em pequenos grupos, inventaram uma história que desenharam e escreveram (com a ajuda dos adultos), e fizeram os personagens recortados em cartolina e pedaços de madeira que foram colados em cada uma das silhuetas para segurá-la. Talvez inspirados no tema e na estética da obra de Lotte Reiniger, os grupos criaram as seguintes histórias: *O crocodilo que se torna humano*, *Chiqui, a princesa*, *O confronto maravilhoso*, *A bruxa dos feitiços*.

No encontro seguinte, voltaram às histórias escritas e seus personagens, ensaiaram os movimentos e fizeram um teatro de sombras. Na sala, foi colocada a tela do teatro de sombras feita com um lençol branco. No início, eles brincaram com as sombras de seus próprios corpos, depois dançaram com suas figuras de varas em turnos de três meninos. Para finalizar, cada grupo executou sua história duas vezes. Em todos os casos, o grupo recebeu o trabalho de seus pares com aplausos e atenção respeitosa. Ao final, comentaram como a imagem é gerada nos dois lados da tela. As apresentações foram gravadas em vídeo e projetadas no início do encontro seguinte.

Figura 7: As crianças realizam um teatro de sombras.

Fotografia de Gabriela Augustowsky.

Após seis reuniões de trabalho, as crianças conversam sentadas em roda sobre tudo o que fizeram até agora, do que mais gostaram e o que aprenderam. A professora explica que, nesse caso, elas farão um curta de animação. Todos discutem as formas de animação que veem na televisão e também o material exibido na oficina. Todas as crianças do grupo concordaram que gostaram mais dos desenhos de Lotte Reiniger. Todos concordam em fazer curtas-metragens usando essa técnica.

Realização

As crianças são organizadas em três pequenos grupos. Para fazer os curtas, elas primeiro recuperam os bonecos de vara e as histórias escritas para a encenação do teatro de sombras. Em seguida, cada grupo retoma o que foi feito naquela ocasião e reescreve sua história. As crianças fazem os personagens novamente em cartolina preta e a professora monta a caixa de luz na qual testam como ficam suas figuras opacas com a iluminação.

Animação e edição

Uma vez feitas as figuras, as crianças reveem-nas e chegam a um acordo sobre as histórias no pequeno grupo. Depois tiram as fotografias (de cima) usando um tripé, movem as suas personagens quadro a quadro na caixa de luz e, assim, completam o processo de animação. Os movimentos são deslocamentos em diferentes direções, aparências e desaparecimentos. A gravação da câmara é feita com uma câmara ligada a um computador com o programa Dragon Stop Motion. Isto permite às crianças observar os resultados na tela e "controlar a distância" a câmera, ou seja, definir as posições a distância para impedir que a câmera se mova quando é ativada. Utilizam 12 fotografias para gerar cada segundo do audiovisual.

Som

Uma vez terminada a animação, as crianças gravam o áudio, narrando o que observam com as suas próprias vozes. Depois, o professor inclui a banda sonora das vozes, música e créditos institucionais na edição final. As crianças escolheram (entre várias opções oferecidas pela sua professora) canções da cantora brasileira Adriana Calcanhotto.

Os curtas-metragens de animação feitos. Maneiras de contar o cotidiano

Ficha técnica

Título: *O carro que voa.*

Duração: 38 segundos.

Técnica: Animação quadro a quadro de arte plana, recortes de caixa de luz.

Autores: Grupo de 4 e 5 anos (três crianças).

Professora: Marián Milberg e Julia Martínez Heimann.

Sinopse: Um caminhão está estacionado, um jato (ladrão) vem e joga uma bomba nele. O caminhão voa pelo ar.

Figura 8: Quadro de *O carro que voa.*

Ficha técnica

Título: *O palhaço distraído.*

Duração: 30 segundos.

Técnica: Animação quadro a quadro de arte plana, recortes de caixa de luz.

Autores: Grupo de 4 e 5 anos (dois meninos e uma menina).

Professora: Marián Milberg e Julia Martínez Heimann.

Sinopse: Um palhaço distraído está andando e tropeça em uma pedra, a ambulância chega e o leva embora. A rocha fica sozinha.

Figura 9: Quadro de *O palhaço distraído.*

Ficha técnica

Título: *A princesa e o sapo.*

Duração: 50 segundos.

Técnica: Animação quadro a quadro de arte plana, recortes de caixa de luz.

Autores: Grupo de 4 e 5 anos (duas meninas e dois meninos).

Professora: Marián Milberg e Julia Martínez Heimann.

Sinopse: Uma princesa encontra um sapo que a beija e nada acontece. A princesa chama sua mãe, que é uma boa bruxa, que lança um feitiço para que, ao se beijarem, os dois se tornem humanos. Então, no final feliz, eles montam um restaurante e comem arroz e batatas.

Figura 10: Quadro de *A princesa e o sapo.*

O carro que voa conta uma situação, um tanto violenta, gerada por um ladrão. *O palhaço distraído* tropeça em uma enorme pedra e é atendido por uma ambulância, a pedra finalmente permanece como protagonista da história. Embora assaltos e ambulâncias façam parte da mensagem contínua da mídia e da realidade dos bairros, nesse caso as intervenções do professor (com *slogans* como "imagine se...", "o que aconteceria se.. . ?", "e a pedra...?") ajudam e incentivam as crianças a recriar esses eventos e incorporar elementos de fantasia, como carros voadores e palhaços andando na rua. Os personagens de Lotte Reiniger são uma referência poética e enriquecedora. *A princesa e o sapo* ironicamente condensa vários estereótipos do gênero: princesa, encantamento, bruxas, mas as coisas nunca acontecem como o esperado. O final feliz em um restaurante e o cardápio de arroz com batatas mostram o cenário de uma cidade sem castelos e um bairro onde os meninos, além de quererem sair para comer em um restaurante, querem montar um para trabalhar.

Por outro lado, destacam-se estas animações, como outras feitas por crianças da mesma idade (AUGUSTOWSKY, 2017):

- O uso adequado da técnica de animação de arte plana (recortes) com crianças de 3 a 6 anos. Mesmo quando as crianças dessa idade são solicitadas a usar plasticina ou outro material corpóreo, elas o "achatam" no processo de animação.
- O uso do "curto tempo" do curta-metragem. A maioria das obras conta um episódio, evento ou história em minutos; os meninos conseguem contar "algo" mesmo em segundos e dispensam as cenas em que "nada acontece".
- As trilhas sonoras feitas com as vozes das crianças nas histórias e efeitos que geram climas e texturas sonoras infantis, tão distintos e únicos quanto seus desenhos. Essa característica é realmente única e típica da criação audiovisual infantil: pequenos ruídos, gatos que cantam uivando, vozes de monstros, zumbis, vozes anasaladas e respiração propõem um clima de brincadeira, de infância, difícil de explicar com palavras. É semelhante, talvez, à trilha sonora de seus jogos, solilóquios, segredos que são sussurrados ao ouvido de um amigo.
- Estruturas narrativas lineares, em muitos casos, apoiadas em canções, histórias, adaptações literárias. Esse recurso é, em grande parte, produto da ação dos professores; em geral, trata-se de um professor que escuta, valoriza e acompanha as ideias das crianças.

Criações, produtos e processos audiovisuais infantis

As peças de animação são apenas uma parte da vasta viagem de jogo e experimentação de que as crianças participam, a fim de se aproximarem do rico universo audiovisual.

Como professores, ao observar obras audiovisuais feitas por crianças, é essencial ter em mente que elas são compreendidas e fazem sentido – tanto na sua dimensão estética como pedagógica – quando colocadas no contexto em que foram criadas.

As criações audiovisuais infantis requerem um andaime adulto que não limite ou censure suas ideias e suas necessidades expressivas. A escolha dos temas, o que se escolhe contar, do que tratam as obras, tudo isso é uma instância de especial interesse e a ser definida no processo de ensino audiovisual. Quando as crianças propõem tópicos, surgem frequentemente estereótipos sociais ou de mídia. Os professores pegam, registram o interesse dos meninos e das meninas, mas, a partir desse interesse, questionam, mostram outras opções, convidam-nos a experimentar novas formas expressivas, novos caminhos, propõem percorrer caminhos metafóricos, poéticos. Os filmes de diferentes criadores, épocas e países constituem um universo inesgotável de temas e formas de abordá-los artisticamente que todo professor deve explorar.

Para os professores, a realização dessas atividades é um desafio muito importante. Os resultados não são obras perfeitas, apresentam descontinuidades, saltos, imperfeições. Exibir a criação audiovisual para o público adulto (famílias, outros professores) não significa mostrar um espetáculo acabado, mas principalmente comunicar as etapas de um processo criativo e o valioso aprendizado envolvido (BERGALA, 2007).

Gatos pulando, dançando, marcianos procurando amigos em uma praça de bairro terrestre, carros voadores dão conta do universo de fantasia, jogo e humor de seus cineastas. No âmbito da Educação Infantil, essas peças audiovisuais também nos dizem algo sobre os adultos responsáveis que assumem seu trabalho pedagógico como uma aventura criativa.

Assim como há décadas nos dedicávamos à compreensão dos desenhos infantis, hoje estamos aprendendo a olhar e apreciar a poesia que vive nas criações audiovisuais infantis. Espero que você seja encorajado a participar desta aventura.

Referências

AUGUSTOWSKY, Gabriela. *La creación audiovisual en la infancia:* de espectadores a productores. Buenos Aires: Paidós, 2017.

AUGUSTOWSKY, Gabriela. La creación audiovisual en la infancia. Estudio de experiencias en contextos educativos. Eari, Universidad de Valencia, n. 10, 2019. Disponível em: https://ojs.uv.es/index.php/eari/article/view/13922. Acesso em: 20 jan. 2024.

BARBOSA, Ana Mae. *Textos reunidos*. Buenos Aires: UNA-Clacso, 2022.

BARBOSA, Ana Mae. *A imagem no ensino da arte*. São Paulo: Perspectiva, 2007.

BERGALA, Alain. *La hipótesis del cine.* Pequeño tratado sobre la transmisión del cine en la escuela y fuera de ella. Barcelona: Leartes Educación, 2007.

BOIDO, Pablo. Juegos y juguetes: entre la literatura y el cine. *In*: SEMINÁRIO INTERNACIONAL: LA INFANCIA, EL JUEGO E LOS JUGUETES, 1., 2010, Buenos Aires. *Anais* [...]. Buenos Aires: Clacso, 2010.

BRAS, Luis. *Formas de hacer cine animación.* Rosario: Universidad Nacional de Rosario, 1990.

ELDUQUE, Albert. El amateur necesario. Cine, educación y política. Entrevista con Cezar Migliorin. *Comparative Cinema*, n. 9, p. 38-44, 2016.

FRESQUET, Adriana. *Cine y educación:* la potencia del gesto creativo. Santiago de Chile: Ocho Libros, 2014

HEIMANN, J.; FRADKIN, Julieta; BOIDO, Pablo. *Cine + chicos y JTK.* Imágenes y juego en movimiento. Buenos Aires: GCBA, 2012.

LA FERLA, Jorge. *Cine (y) digital.* Aproximaciones a posibles convergencias entre el cinematógrafo y la computadora. Buenos Aires: Manantial, 2009.

MIGLIORIN, Cezar; PIPANO, Isaac. Cine, igualdad y escuela: la experiencia de inventar con la diferencia. *Toma Uno*, Córdoba, n. 3, p. 199-207, 2014. Disponível em: http://publicaciones.ffyh.unc.edu.ar/index.php/toma1/index. Acesso em: 20 jan. 2024.

OUBIÑA, David. *Una juguetería filosófica*. Buenos Aires: Manantial, 2009.

Sites de interesse em educação audiovisual

CINEAD. LECAV. Cinema é Educação. https://cinead.org/

CineOP – Mostra de Cinema de Ouro Preto. https://cineop.com.br/

Ojo al Piojo! Festival Internacional de Cine Infantil. https://festivalojoalpiojo.gob.ar/

Ojo de Pescado. Festival Internacional de Cine para Niños, Niñas y Jóvenes. https://ojodepescado.cl/

PROYECTO IDIS. Investigación en Disezño de Imagen y Sonido, FADU, UBA. https://proyectoidis.org.

Taller de cine El mate. www.tallerelmate.com.ar.

4

Artes Visuais e Educação de Infância: uma experiência no Teachers College

Marta Cabral (CUNY, Nova York)

O Rita Gold Early Childhood Center (RGC) é um pequeno Jardim de Infância (JI) laboratório no *campus* da Columbia University, em um dos edifícios do Teachers College (TC), a faculdade dedicada à educação onde se formam professores e educadores de arte e muitas outras disciplinas. O Centro ocupa três salas, cada uma com uma cabine de observação e uma casa de banho, um pequeno quarto interior com lavanderia, uma cozinha e dois pequenos quartos-escritório. As salas são escuras, com janelas pequenas e sem grande luz, o corredor é partilhado com escritórios de uma organização não ligada ao Centro, e não há espaço exterior. As condições físicas estão longe de ser ideais. As condições pedagógicas, por outro lado, são perfeitas.

Este texto representa uma visão muito pessoal do RGC e do seu papel no contexto específico desta universidade, e reflete também possíveis ideias para outros programas-laboratório ou de experiências artísticas com crianças pequenas e seus educadores/ futuros educadores. O meu trabalho no RGC foi durante muitos anos como educadora de arte e "artista-residente", enquanto trabalhava com alunos de mestrado e doutoramento no horário noturno. Em vez de estar ligada a uma sala específica, a minha posição permitiu-me trabalhar com todas as crianças do Centro (0-5 anos de idade) e em diversos contextos. Por cerca de uma década, dirigi o programa de Artes Visuais do Centro (como aluna e professora adjunta também no TC), e depois disso voltei ao RGC para trabalhar apenas com os bebês.

O que faz as condições pedagógicas serem tão boas são as pessoas: educadores, assistentes, diretores e, claro, as crianças e as suas famílias. A direção do centro é levada a cargo por pessoas cuidadosas e generosas, que escolhem aquelas com quem trabalham cuidadosamente, e depois confiam nelas para fazer o seu trabalho. Como artista-residente, passei muito tempo com as crianças, a observar as suas brincadeiras e a interagir com elas, a trabalhar com materiais diversos etc.; tive sempre muita liberdade para estabelecer uma relação próxima com as crianças e para as conversas que fui realizando com os educadores de cada sala.

A própria organização do Centro é feita de modo interessante e pondo as crianças e as suas características e necessidades no centro dos processos de decisão: apesar de as três salas corresponderem a três grupos etários (bebês, *toddlers* e idade pré-escolar), as idades das crianças em cada um desses espaços não são predeterminadas, mas antes determinadas pelas características de cada criança e do grupo em geral. Cada sala funciona com um grupo de adultos: dois educadores a tempo inteiro (que codirigem a sala) e educadores assistentes com horários flexíveis, determinados pelo número de crianças e necessidades de cada sala.

O currículo pedagógico do RGC é *play-based*: a brincadeira é a base do dia escolar, e as crianças passam a maioria do seu tempo em jogo livre e não estruturado, quer nas salas, quer em parques públicos da cidade. O trabalho assenta também nos princípios de Magda Gerber, resumidos essencialmente em "Watch, wait, wonder" (HAMMOND, 2019), que põem o respeito pelas crianças pequenas, o ouvir das suas vozes, no centro do trabalho dos educadores. Estes princípios são verdade em todos os espaços da escola – incluindo, naturalmente, o estúdio de arte.

O estúdio de arte não é, no entanto, o principal espaço onde a arte acontece: o meu trabalho no RGC se ocorre pouco por todo o lado. Muitas das explorações se dá também por todo o *campus* da universidade: uma vez que o Centro faz parte da Columbia University e se encontra num dos prédios que formam o Teachers College, uma variedade de outros espaços estão também ao nosso alcance. Dentro do JI fazemos arte nas três salas, nos corredores e no pequeno "quarto" interior que serve também de estúdio de arte – numa casa de banho reaproveitada onde se encontram as máquinas de lavar e secar, lavatórios etc.; nesse lugar há uma pequena mesa, quatro cadeiras de criança, uma imensidão de materiais, e espaço para pensar, descobrir, fazer e explorar.

Uma vez que a escola se situa num *campus* universitário onde fui aluna e professora, muitas são as ocasiões em que docentes, estudantes e *staff* da universidade são "alistados" para colaborar com as crianças em diversas atividades. Muitas dessas pessoas são familiares das crianças ou de antigos alunos, o que ajuda ainda mais nesta proximidade relacional. Muitas das explorações das crianças foram despoletadas através de conversas e encontros com outros adultos e/ou locais específicos do *campus*.

Um exemplo desta ligação entre a escola e o *campus* é o trabalho que desenvolvemos no estúdio de fotografia que, enquanto existiu, era um dos meus locais preferidos no *campus*. Passei muito tempo nesse espaço situado no topo de um terraço, um espaço com sala escura (onde se imprimem fotografias a partir de negativos) e outros espaços de trabalho. O espaço não era utilizado por muitas outras pessoas, e uma vez que algumas das crianças da sala de Jardim de Infância (3-5 anos) estavam interessadas em usar máquinas fotográficas, resolvi levar um pequeno grupo ao estúdio. O assistente de estúdio era, na altura, novo nessa posição e não me conhecia, nem meu trabalho com as crianças. Mas, sendo uma pessoa sempre pronta para novas aventuras e com confiança nas capacidades de crianças pequenas, resolveu receber um pequeno grupo de crianças de 3 e 4 anos.

Figura 1: Criança com máquina fotográfica, tirando uma fotografia que irá mais tarde revelar no estúdio.

Fonte: Acervo de Marta Cabral e Rita Gold Center.

A primeira aventura foi chegar ao estúdio, situado no terraço de um dos edifícios, onde as crianças nunca tinham ido e que apresentava uma perspectiva muito diferente do espaço a que estávamos habituados. Uma vez dentro do estúdio, todos os materiais eram bastante diferentes e naturalmente não adaptados ao tamanho físico de crianças pequenas. Um dos primeiros passos era então abrir o negativo, o que só podia ser feito em completa escuridão – uma situação que sempre gerava uma multiplicidade de reações por parte das crianças. Entre decidir quem queria estar no escuro e quem preferia ficar no quarto com luz, quem queria dar a mão a quem, quem queria manipular o negativo, verificar que quem queria estar no quarto sem luz deixaria do lado de fora os sapatos que acendem luz a cada passo, e outras decisões semelhantes, a riqueza das discussões e ajustes era imensa.

Chegada a hora de expor o papel fotográfico à luz através do negativo, muitas questões se levantavam sobre o processo, o efeito da luz no papel, a magia de ver a imagem em tamanho grande, em duas dimensões, projetada no papel. Tudo isso conduziu a uma mais completa e longa exploração de luz e sombra, ao longo de vários dias, brincando com papel fotográfico e pequenos objetos que as crianças queriam expor à luz (quer no estúdio, quer à luz solar) para perceber as propriedades e características desses materiais e como poderiam usá-los nas suas explorações. Depois da exposição à luz, o papel é mergulhado numa sequência de líquidos com elementos químicos que vão fazer a imagem aparecer e fixar-se no papel. Apesar de as crianças não manipularem os químicos diretamente, estavam envolvidas no processo de decidir quanto tempo o papel ficava em cada um de acordo com a função a cumprir etc. Depois de alguns dias a revelar e imprimir, cruzei-me na rua com Alice, uma das crianças menores, com quase 3 anos, que ia sentada no carrinho empurrada pelo pai. Olhou para mim e, entusiasmada, disse: "vem para fora, fotografia, aparece! Agora para, não mudes mais! Imagem, fica no papel e não te vás embora!". Assim explicou o processo químico de imprimir fotografias no quarto escuro.

Vários são os exemplos do excelente trabalho que envolve crianças e câmaras, quer no lado metodológico (CLARK-IBÁÑEZ; 2004; TEMPLETON, 2020), quer com as imagens das crianças (EWALD, 2002a, 2002b). Esta experiência (e outras semelhantes) oferece possibilidades que estendem o alcance do trabalho de fotografia com crianças pequenas, indo para além da imagem em si, para a exploração do processo de criação desta.

Outro exemplo de crianças familiarizadas com materiais não tradicionalmente usados em jardim de infância é o de Maaria que, com 4 anos, aprendeu a trabalhar com vidro fundido. Maaria fez várias pequenas peças, e aprendeu a produzir uma argola de cobre e a colocá-la entre as duas folhas de vidro para fundir com peça e, assim, criar um dispositivo para pendurar. Maaria aprendeu que a argola não podia ser feita com qualquer um dos arames e metais que temos no estúdio, mas era essencial que fosse de cobre, pelo fato de o cobre e o vidro trabalharem a temperaturas compatíveis quando na mufla. Mais tarde, quando visitamos uma exposição que incluía esculturas em metal, Maaria fez várias perguntas sobre os tipos de metais utilizados, mostrando que a distinção entre esses diferentes tipos de materiais fazia sentido para ela – ao contrário de muitos dos adultos que a ouviam que, não tendo experiência de trabalho com vidro ou metal, não estavam familiarizados com essas características e possibilidades.

Figura 2: Peças em vidro decoradas e/ou criadas pelas crianças.
Fonte: Acervo de Marta Cabral e Rita Gold Center.

Figura 3: Peças em vidro fundido criadas pelas crianças e em exposição na Macy.

Fonte: Acervo de mARTa Cabral e Rita Gold Center.

Figura 4: Crianças em exposição na Macy Gallery.

Fonte: Acervo de Marta Cabral e Rita Gold Center.

A surpresa da exploração de materiais com os quais não estamos familiarizados não é exclusiva das crianças. Em várias circunstâncias em que trabalhei com vidro com os meus adultos (não necessariamente alunos de arte, mas de educação generalista), também eles se surpreenderam pelas possibilidades oferecidas por materiais que sempre lhes tinham sido apresentados como inacessíveis ou inapropriados, e que afinal eles podiam não só explorar por si, mas também levar para suas salas de aula para trabalhar com seus alunos. Um exemplo foi uma aluna adulta, com vasta experiência profissional como professora de crianças, que, ao utilizar "*hot-popping*" para criar um copo "cortando" o topo de uma garrafa, exclamou: "Sempre me disseram para não brincar com o fogo, e aqui estou eu aprendendo com o fazer de forma educativa com os meus alunos!". "*Hot-popping*" é uma técnica simples em que se usa uma pequena tocha para aplicar calor em uma linha desenhada em uma garrafa onde foi feito um pequeno corte. Com a aplicação de calor de forma controlada, o topo da garrafa estala, partindo numa linha que divide a garrafa em dois: a parte de baixo passa a ser um "copo" que, depois de ter as arestas limadas, pode ser usado e decorado de várias maneiras, tal como "*sandblasting*" ou "*engraving*". Apesar de simples, é uma técnica desconhecida de grande parte dos meus alunos e que, mais do que objetos bonitos, ajuda a trazer *empowerment* a pessoas que anteriormente hesitavam em apresentar às suas crianças atividades que envolvessem mais do que lápis e papel.

Esta aprendizagem das propriedades específicas de cada material é um ponto importante no meu trabalho com essas crianças. O objetivo não é fazer "coisas bonitas" (apesar de muitas vezes acontecer!), mas explorar materiais e ideias, perceber como podemos utilizar materiais para pensar, para fazer sentido do mundo, para desenvolver as nossas ideias, para mostrá-las.

Percebendo, através da brincadeira e da exploração, as propriedades e possibilidades de cada material, as crianças desenvolvem maneiras de trabalhar que são suas e que, respeitando modos seguros de utilizar cada material, frequentemente criam e abrem as portas a novas e diferentes explorações.

Isto não é, no entanto, um debate entre processo-produto, em que a distinção entre ambos aparece como uma dualidade irreconciliável. Pelo contrário, tenho defendido (CABRAL, 2018) que esta é uma distinção desnecessária, visto que, num processo autêntico e pessoal, muitas vezes o produto tem um papel importante, apesar de não necessariamente enquanto tal. Este "debate" faz particular sentido para mim, porque um dos "pontos altos" do meu trabalho com crianças pequenas é a curadoria, bem como a exibição do seu trabalho. Como posso eu falar do processo como objetivo principal, mas usar exposições de trabalhos como marco e objetivo final do meu trabalho?

Uma das crianças que me ajudaram a perceber esta "não dicotomia" foi Audrey, numa história que contei também numa exposição mais detalhada desta dicotomia (CABRAL, 2018): regressada de um fim de semana de campismo com a sua família, Audrey usou tendas para criar uma representação das suas experiências. Meses mais tarde, quando estava a escolher os trabalhos que queria mostrar na exposição, Audrey apontou para essa mesma pintura dizendo: "eu pintei o campismo contigo", mostrando como, mais do que um produto em si, a sua pintura pode ser vista como uma memória de um evento, e importante enquanto tal. Isto me fez olhar outros eventos através de uma lente semelhante, como foi o caso do Costin, cujo amor por comboios o conduziu até o estúdio uma manhã. Da sala ao estúdio, Costin conduziu o seu comboio "*around and around*", e quando passei o meu comboio por um tabuleiro de tinta para fazer marcas no papel, ele fez o mesmo, criando um emaranhado de marcas circulares no papel estendido em cima da mesa. Esse trabalho, construído em brincadeira, foi durante meses uma referência para Costin, que se referia ao comboio a ir "*around and around*" sempre que olhava para as marcas no papel, quer na parede da sala de aula, quer, mais tarde, na parede da galeria durante a exposição de final de ano.

Brinquedos e brincadeiras são frequentemente um ponto de entrada para explorações artísticas: objetos e ações com os quais as crianças estão familiarizadas e confortáveis, que lhes trazem segurança e alegria. Muitas são as maneiras em que estas explorações com brinquedos acontecem, e muitas são as repercussões em termos de descobertas de materiais e suas características. Exemplos disso são duas atividades de longo termo que aconteceram com os *toddlers*: "coisas que rebolam" e grafite.

As "coisas que rebolam" surgiram do interesse que várias crianças de um grupo de *toddlers* demonstraram em atirar objetos e em empurrar objetos para fora das mesas da sala. No estúdio, criei uma rampa de cartão que descia desde a mesa e continuava ao longo de todo o estúdio; no topo da mesa, posicionei tabuleiros com tintas de diferentes cores e uma coleção de objetos, como cubos e esferas de madeira, carros, barcos, e aviões de madeira, rolos de cartão, blocos de madeira e plástico, colheres de silicone etc. Esta coleção não apareceu toda simultaneamente (bem como a quantidade ou variedade de tintas e cores), mas, pelo contrário, foi evoluindo ao longo do tempo. No primeiro encontro, os materiais eram objetos conhecidos das crianças (brinquedos e blocos) e foi usada apenas uma cor; subsequentemente, esta seleção foi aumentando. As crianças eram convidadas a levantar os objetos dos tabuleiros com tinta e atirá-los/fazê-los descer a rampa. Evidentemente que diferentes objetos se movem de maneira distinta, uma bola rebola até mais longe do que uma colher desliza; e as marcas de tinta que deixam como trilho da sua passagem são muito diferentes. Tudo isso foram coisas que as crianças aprenderam por si, ao brincar e explorar com objetos conhecidos, usando ações em que tinham interesse, de forma a desenvolver aprendizagens, ganhar conhecimento sobre materiais... e diminuir os objetos voadores na sala de aula!

O grafite surgiu também de um interesse das crianças, desta vez um interesse por coisas "flutuantes", como fantasmas e "nuvens" de tecido descendo do teto. Começamos por usar vaporizadores com tinta para deixar marcas nos vários tecidos flutuantes, mas a técnica não funcionou bem, e, após diferentes tentativas, criamos uma "parede" de tela, onde as crianças pintavam com *spray*, tintas, lápis ou quaisquer outros materiais. Essa "parede" tornou-se um aspecto importante da sala durante vários meses em que as crianças consistentemente trabalharam tanto de forma independente como com os educadores ou suas famílias. Também para nós, educadores (para mim como artista-residente e para as minhas colegas educadoras da sala de aula), esta experiência foi importante e transformou a forma como olhamos o currículo da sala e a integração artística em todos os aspectos da vida escolar (CABRAL; FINCHAM; TEMPLETON, 2019).

Figura 5: Criança com asas dançando em frente à parede de grafite criada pelos *toddlers*.

Fonte: Acervo de Marta Cabral e Rita Gold Center.

Por vezes, objetos inesperados trazem também explorações ricas e cheias de significado para as crianças – em vez de começar no brinquedo familiar, acontece também que objetos não familiares promovem uma curiosidade que leva a um uso diferente, individual e rico, destes. Foi o caso da "mala mágica", que se tornou o elemento fundamental desse ano letivo e o centro da exposição, assim como os "sacos de areia", que trouxeram um material que não tinha anteriormente suscitado interesse.

Uma tarde, quando as crianças chegaram ao estúdio, uma grande mala de viagem estava em cima da mesa. O que faria ali uma mala, no estúdio de arte? Como tinha ali aparecido? A explicação mais razoável, decidida pelas crianças, foi a de que era uma mala mágica. O que estaria então dentro da mala? Abrindo a mala, as crianças descobriram uma variedade de objetos e materiais. A mala mágica, estando no estúdio, era agora também um material de arte e um "dispensador" de materiais de arte inesperados. A partir desse dia, as crianças brincaram e exploraram, usando a mala mágica como ponto de partida para muitas aventuras. Mas uma mala, mesmo mágica, serve para transportar objetos, e as crianças decidiram que era mesmo isso que queriam fazer: construir objetos mágicos, com formas diferentes, feitos de materiais inesperados, para ficarem dentro da mala. Cada criança que vinha ao estúdio abria a mala e via alguns dos objetos criados por outros, que frequentemente serviam de inspiração para novas criações. A mala mágica acompanhou-nos durante todo o semestre e, chegada a exposição anual, foi a peça central que dinamizou a construção de dezenas de pequenos objetos por todos os visitantes que por lá passaram.

Figura 6: Crianças trabalhando com e na mala mágica.

Fonte: Acervo de Marta Cabral e Rita Gold Center.

Figura 7: Pôster da exposição "The very, very magic suitcase and other art".

Fonte: Acervo de Marta Cabral e Rita Gold Center.

Figura 8: A mala mágica na exposição anual na Macy Gallery.

Fonte: Acervo de Marta Cabral e Rita Gold Center.

Os sacos de areia foram também uma surpresa: ao final da manhã, ao voltar ao estúdio vindos de mais uma aventura artística, encontramos em cima da mesa uns embrulhos de papel dourado, brilhantes, vistosos e... pesados! Sem saber como ali tinham aparecido ou o que seriam, resolvemos explorar e abrir o primeiro saco: areia! O que podemos fazer com areia? pensamos. Brincar, sentir, pintar, colar... Embarcamos num sem-número de explorações que se estenderam a muitas outras crianças do Centro e resultaram num interesse sem precedentes neste material, como foi também demonstrado na exposição anual, com a variedade e quantidade de trabalhos diferentes realizados com areia.

Figura 9: Criança interagindo com arte criada a partir da descoberta de um saco de areia embrulhado em papel dourado.

Fonte: Acervo de Marta Cabral e Rita Gold Center.

Figura 10: Detalhe – o saco de areia que deu origem a esta peça.

Fonte: Acervo de Marta Cabral e Rita Gold Center.

Às vezes, as surpresas são individuais, como foi o caso de Rui e das suas caricas no jarro. "Está terminado. É o meu trabalho", disse, quando as outras crianças se preparavam para arrumar as caricas com que brincavam. Rui tinha passado muito tempo concentrado nas diferentes caricas e nas suas cores e desenhos, cuidadosamente procurando e criando uma pequena coleção com os elementos específicos que buscava; olhou em volta em busca de um jarro com tampa que lhe parecesse adequado, colocou sua coleção dentro do jarro e deu por terminado seu trabalho: "Está terminado. É o meu trabalho". Um material que, para as outras crianças que naquele dia brincavam com ele, foi objeto de brincadeira que foi arrumado no fim do dia, mas para Rui tornou-se uma obra artística com enorme intencionalidade e significado pessoal.

Figura 11: "O meu trabalho" (Rui, caricas em jarro com tampa).

Fonte: Acervo de Marta Cabral e Rita Gold Center.

Estas histórias (e muitas outras!) fazem-me olhar os produtos como exploração e não como "obras-primas", nem como o "oposto de processo," mas, pelo contrário, como *subproduto* desse processo (CABRAL, 2018). Neste sentido, a exposição de final de ano não é, para as famílias, uma mostra de "obras-primas," mas uma partilha de explorações e aprendizagens através da mostra das realidades materiais dessas aprendizagens. No entanto, é também importante que a exposição tenha sentido como tal, como uma mostra de arte numa galeria que é um espaço público, visitado por uma variedade de pessoas que não têm necessariamente nenhuma ligação com essas crianças específicas, nem mesmo com a educação artística ou com a educação de infância em si. Do modo como vejo a curadoria de exposições, esses dois objetivos não são incompatíveis; pelo contrário, a exposição de arte é representativa de processos de exploração e, por sua vez, dará origem a novas explorações e aprendizagens. O meu papel de curadora não é diferente do meu papel de educadora: em ambos procuro assistir os artistas/visitantes nas suas explorações e aprendizagens.

Obrist (ver OBRIST; LAMM, 2011) refere-se a juntar pessoas, trazê-las juntas, como uma parte importante do seu trabalho como curador. Os trabalhos expostos, se organizados de forma a despertar observações, interpretações e interações condutivas a aprendizagens pessoais, têm a capacidade de ajudar as pessoas a estabelecer laços diferentes não apenas umas com as outras, mas também consigo próprias. Mais do que interpretar uma exposição para os visitantes – sejam estes adultos ou crianças, e seja a arte feita por artistas profissionais ou crianças pequenas –, o meu papel é o de ajudar na criação dessa interpretação na formação de sentido e significado pessoal e relevante (BURNHAM; KAI-KEE, 2011).

Figura 12: Crianças interagindo com a exposição anual na Macy Gallery.

Fonte: Acervo de Marta Cabral e Rita Gold Center.

Figura 13: Materiais preparados para interação durante a exposição anual na Macy Gallery.

Fonte: Acervo de Marta Cabral e Rita Gold Center.

Lembro-me de Paulo, um menino que, quando chegou a hora de desmontar a exposição, explicou que isso o deixava triste, porque, nas suas palavras: "Eu amo muito fazer arte". Para Paulo, ter a arte em exibição era sinônimo de fazer a arte, possivelmente, lembrando-o do seu processo de criação. Esta ideia de "fazer a e na exposição" está também muito presente nas exposições que organizo, particularmente na intitulada "Art and the making of it", que foi muito centrada em fazer a exibição em si, não só em significado, mas também fisicamente. Essa exposição é constituída por várias "secções" que interagem no espaço e tempo que partilham, e que convidam os visitantes a estabelecer ligações, deixar marcas e interagir entre si e com os trabalhos expostos. Tudo isso acontece com a minha intervenção como curadora, mas, maioritariamente, com a intervenção das crianças, artistas, cocuradores, guias de exposição, de outros adultos, que planejaram e dirigiram uma multiplicidade de atividades, e dos visitantes. Cada visitante (e cada visita!) tornou a exposição um pouco diferente, um pouco mais desenvolvida: o que começou como uma sala com bastante "espaço vazio", paredes brancas e papel limpo, terminou com cor, tinta, fita, barro, e tantos outros materiais a crescer em todos os cantos e superfícies. Assim, adultos e crianças tomaram posse/apropriaram-se do espaço, transformando a exposição e fazendo-a sua, de cada um.

Esse modo de apresentar e viver a exposição como uma realidade didática e em movimento, criada e transformada por cada visitante, está intimamente ligada ao *etos* das práticas artísticas do RGC: aqui, a arte faz parte da vida e acontece em qualquer altura, em qualquer lugar. Por outro lado, foi também um modo de oferecer um espaço de prática real aos meus alunos de pós-graduação, que tiveram oportunidade de criar e dinamizar atividades artísticas para famílias no espaço da exposição. Em vez de escreverem trabalhos ou de qualquer outra forma teorizar suas aprendizagens de modo desintegrado da prática, tiveram oportunidade de trabalhar todo o semestre integrando as aprendizagens teóricas com a preparação de atividades para crianças e famílias que desenharam, dinamizaram, e sobre as quais refletiram. Cada adulto trouxe para a exposição materiais em que estava interessado ou com os quais tinha experiência, alargando as explorações das crianças com uma variedade de materiais, tais como realidade virtual, materiais naturais como folhas, paus ou pedras, balões, dança e movimento etc. Uma exibição pública é também uma excelente forma para alunos do ensino superior sintetizarem suas aprendizagens de maneira concreta, e com contribuição para o conhecimento comum e aberto.

Figura 14: Crianças interagindo com materiais e criando arte na exposição anual na Macy Gallery.

Fonte: Acervo de Marta Cabral e Rita Gold Center.

Figura 15: Arte criada interativamente pelas crianças e por outros participantes na exposição anual na Macy Gallery.

Fonte: Acervo de Marta Cabral e Rita Gold Center.

No RGC, como em muitos outros contextos onde se vive a arte, a arte é e faz parte da vida. Não como um momento à parte que acontece no estúdio, mas como algo que ocorre em qualquer lugar, em qualquer momento. Os exemplos descritos neste texto são alguns de muitos que, espero, inspirem muito mais explorações e brincadeiras.

Referências

BURNHAM, Rika; KAI-KEE, Elliott. *Teaching in the art museum:* interpretation as experience. London: J. Paul Getty Museum, 2011.

CABRAL, Marta. Fighting the mad king: play, art, and adventure in an early childhood art studio. *In*: SCHULTE, Christopher; THOMPSON, Christine Marmé (ed.). *Communities of practice*: art, play, and aesthetics in early childhood. New York: Springer, 2018. p. 77-91.

CABRAL, Marta; FINCHAM, Emmanuelle; TEMPLETON, Tran Nguyen. Making their marks: graffiti explorations as toddler's artistic practices. *Trends*. Journal of the Texas Art Education Association, Dallas, p. 32-37, 2019.

CLARK-IBÁÑEZ, Marisol. Framing the social world with photo-elicitation interviews. *American Behavioral Scientist*, v. 47, n. 12, p. 1507-1527, 2004.

EWALD, Wendy. *The best part of me:* children talk about their bodies in pictures and words. Boston: Little, Brown and Company, 2002a.

EWALD, Wendy. *I wanna take me a picture:* teaching photography and writing to children. Boston: Beacon Press, 2002b.

HAMMOND, Ruth. *Respecting babies:* a guide to educaring for parents and professionals. Zero to Three – National Center for Infants, Toddlers and Families, 2019.

OBRIST, Hans Ulrich; LAMM, April. *Everything you always wanted to know about curating*: but were affraid to ask. London: Sternberg Press, 2011.

TEMPLETON, Tran Nguyen. "That street is taking us to home": young children's photographs of public spaces. *Children's Geographies*, v. 18, n. 1, p. 1-15, 2020. DOI: 10.1080/14733285.2018.1550573.

5

Leitura de imagens na Educação Infantil

Maria Helena W. Rossi
Universidade de Caxias do Sul (UCS)

Uma contextualização inicial

Ao pensar sobre a educação brasileira de modo geral, pode-se dizer que há quase um consenso sobre as matérias que devem ser priorizadas nos currículos. As ciências e as chamadas exatas são mais valorizadas do que as artes: visual, dança, música ou teatro. Assim, impõe-se a nós, educadores(as) das artes, a obrigação de defender a sua presença nos currículos desde a Educação Infantil. Argumentos não faltam para essa defesa, como mostra a literatura da arte-educação nacional e internacional. No Brasil, Ana Mae iniciou a defesa da incorporação da leitura estética ao ensino da arte na década de 1980, quando havia o predomínio da produção artística na sala de aula, ainda com ênfase na livre expressão. Internacionalmente, desde a década de 1960, há um consenso de que a produção não é suficiente para a construção do conhecimento da arte na escola. Pensar sobre arte faz parte do ensinar-aprender arte na Educação Básica, e a leitura estética – ou leitura de imagens – é um modo fecundo para tal, como defende a Abordagem Triangular.

Sobre os termos leitura, estética e imagens neste texto, pode-se dizer que o primeiro tem o sentido de compreensão – decorrente de interpretações que as pessoas constroem no encontro estético, na sala de aula, no museu, no cotidiano.

Imagens, aqui, são representações visuais: desenhos, pinturas, gravuras, fotografias, imagens cinematográficas, televisivas, computacionais, como aponta Santaella (2012, p. 17). Já o termo estética pode ser considerado como "[...] a análise das ideias com as quais pensamos sobre as artes [e que] reflete as conexões da arte com a vida", como dizem Parsons e Blocker (1993, p. 6-7).

Leitura é um termo mais adequado no contexto do ensino da arte do que outros usados no Brasil, inclusive em orientações legais, como os Parâmetros Curriculares Nacionais (PCN) e a Base Nacional Comum Curricular (BNCC), tais como fruição e apreciação. Em *Tópicos utópicos*, Ana Mae questionou o uso da palavra apreciação: "Costumo usar a expressão 'leitura da obra de arte' em lugar de 'apreciação' por temer que o termo apreciação seja interpretado como um mero deslumbramento que vai do arrepio ao suspiro romântico" (1998, p. 92). Também Watts (2016, p. 29) diz que esse é um termo problemático, pois sugere uma resposta passiva e inquestionável frente a obras de arte, o que desencoraja a expressão de visões divergentes. Além disso, o termo apreciação sugere que a pessoa deva trazer certos níveis de conhecimento, compreensão e sofisticação para interpretar "corretamente" o que vê e traz uma ideia elitista de gosto cultivado. O termo leitura é, então, mais democrático, pois implica respeito à formulação de ideias por crianças e estudantes em geral. Leitura de imagens e leitura estética são termos usados com o mesmo sentido, ressaltando que a leitura estética de outras artes não é, aqui, objeto de análise.

Na leitura de imagens, as crianças pensam sobre arte. Pensar sobre arte não é privilégio de poucos escolhidos, e cabe a nós, educadores de arte, garantir esse direito desde a Educação Infantil, gerando oportunidades de reflexões sobre as conexões da arte com a vida. Não há conflito com os termos da Abordagem Triangular, pois a própria Ana Mae (1998, p. 92) afirmou que a reflexão é constitutiva das ações da Abordagem Triangular e não uma ação separada. Desde pequenas, as crianças desenvolvem o pensamento estético ao descrever, interpretar e avaliar trabalhos de arte, imagens, desenhos – seus e de colegas. Com isso, vão ampliando a compreensão da natureza e da função da visualidade em seus contextos.

A leitura estética e a produção artística – constituintes do componente curricular Arte – possibilitam a interpretação do mundo, da vida. Outras matérias também o fazem, mas Howard Gardner e Elliot Eisner sugerem que as artes proporcionam oportunidades únicas para o desenvolvimento da mente que não estão tão disponíveis em outras matérias (EFLAND, 2004, p. 212), como, por exemplo, construir interpretações, uma capacidade cognitiva extremamente importante na contemporaneidade. Para o autor, descuidar da arte na educação limita o potencial cognitivo dos(as) estudantes.

Para trabalhar com a leitura de imagens, devemos pensar sobre as seguintes questões: O que as crianças veem em uma imagem? Que ideias elas trazem? O que priorizam na leitura? Como interpretam? Como julgam? Quais são as principais características da compreensão estética das crianças? São perguntas relativamente recentes no contexto da Educação Básica brasileira. Estudos sobre o desenho infantil datam do final do século XIX, enquanto os estudos sobre a compreensão estética (visual) são mais recentes e, por isso, menos conhecidos entre arte-educadores do Brasil. As pesquisas de Michael Parsons (1992) e de Abigail Housen (1983) – as mais conhecidas – são da década de 1980, mas Machotka (1966) menciona estudos a partir da década de 1920. As pesquisas de Franz (2003) e de Rossi (2003, 2005) geraram classificações da compreensão estética em contexto brasileiro. Esses trabalhos nos ajudam a responder às questões anteriormente formuladas.

Embora o foco deste texto seja a Educação Infantil, as características da compreensão estética de estudantes da Educação Básica são, aqui, abordadas para fins de contextualização do assunto.

A compreensão estética de estudantes da Educação Básica

A partir da pesquisa de tese de doutorado envolvendo estudantes da Educação Básica (ROSSI, 2003), apresentei uma teoria sobre níveis de pensamento estético-visual ou, em outras palavras, de desenvolvimento estético ou, ainda, de compreensão estética. Optei pelo termo nível, pois considero que são as ideias estéticas que apresentam níveis de complexidade e sofisticação diferentes, enquanto o termo estágio dá a ideia de etapas que as pessoas percorreriam no decorrer na vida. A complexidade diz respeito aos aspectos cognitivos envolvidos na compreensão estética; na "[...] nossa capacidade crescente de assumir os pontos de vista dos outros" (PARSONS, 1992, p. 38). A sofisticação, para o autor, se refere aos aspectos estéticos e é própria de leituras "[...] mais adequadas ao mundo da arte". O termo nível pressupõe que não são as pessoas que são classificáveis e, sim, as ideias que elas apresentam durante a leitura de imagens. A pessoa não está num determinado nível de desenvolvimento estético; ela usa ou expressa ideias – as quais podem ser classificadas em diferentes níveis. Por isso se pode falar de não linearidade do pensamento estético, o que é coerente com os pressupostos das teorias cognitivas, quando afirmam que as formas artísticas de conhecimento "[...] são menos sequenciais, mais holísticas e orgânicas que as outras formas de conhecimento" (GARDNER, 1994, p. 79). Parsons também diz que nesse domínio "[...] não é necessário haver uma sequência regular" (2000, p. 189).

Devido à metodologia da pesquisa – que entrevistou estudantes dos 6 aos 18 anos – foram classificadas ideias estéticas em apenas três níveis – Nível I, II e III (ROSSI, 2003). Crianças menores de 6 anos e pessoas maiores de 18 foram entrevistadas posteriormente à realização da tese, e suas ideias não foram abordadas na classificação publicada.

Outros estudos, com metodologias e amostras diferentes, propõem de quatro a seis níveis ou estágios de desenvolvimento estético visual, conforme Almeida-Rocha, Peixoto e Jesus (2020, p. 2):

> Estágios do desenvolvimento estético ocorrem de acordo com mudanças em diferentes dimensões. Não há consenso sobre quais são as dimensões mais relevantes e, portanto, não há consenso sobre o número de níveis ou estágios de desenvolvimento que devem ser levados em consideração no desenvolvimento estético. Por exemplo, enquanto Machotka (1963, 1966), Coffey (citada por Housen, 1983) e Rossi (2003) propõem 3 níveis ou estágios para o desenvolvimento estético, outros autores propõem 4 (Clayton, citada por Chen, 1997; Franz, 2002), 5 (Housen, 1983; Parsons, 1987/1992) ou mesmo 6 estágios (BRUNNER, 1975). (tradução nossa)[1]

1 Stages of aesthetic development occur according to changes in different dimensions. There is no consensus with regard to what the most relevant dimensions are and thus no consensus regarding the number of developmental levels or stages that should be taken into consideration in aesthetic development. For example, whereas Machotka (1963, 1966), Coffey (cited by Housen, 1983) and Rossi (2003) propose 3 levels or stages for aesthetic development, other authors propose 4 (Clayton, cited by Chen, 1997; Franz, 2002), 5 (Housen, 1983; Parsons, 1987/1992) or even 6 stages (Brunner, 1975).

Níveis são, então, conjuntos de ideias ou intuições que se relacionam por terem algo em comum em sua natureza. Há uma coerência com relação à complexidade e à sofisticação das ideias em cada nível. As ideias de Nível III, por exemplo, são mais abrangentes, refinadas e adequadas ao mundo da arte do que as dos Níveis I e II. No entanto, a ideia de nível não descarta a possibilidade de a pessoa reunir, em uma mesma leitura, argumentos constitutivos de níveis diferentes. Na interpretação, ela atribui sentidos; no julgamento, analisa a qualidade da obra.

Vários estudiosos da compreensão estética fundamentaram minhas pesquisas. A classificação em três níveis surgiu de uma adaptação da "rede de intencionalidades" proposta por Freeman e Sanger (1995).

Segundo Freeman e Parsons (2001), quando a pessoa está diante de uma imagem, defronta-se com um quebra-cabeça ao tentar responder à questão: Onde devem ser encontradas sua beleza e qualidade? Quem ou o que é responsável pela natureza da obra? Em Rossi (2003), explicito detalhadamente as três possibilidades de resposta a essa questão, com fundamento na rede de intencionalidades proposta por Freeman e Sanger (1995). Os autores propõem que inicialmente as pessoas relacionam a imagem com o mundo nela representado – relação imagem-mundo (I-M); posteriormente, surge a relação da imagem com a mente do artista – relação imagem-artista (I-A); e, por fim, com a mente da pessoa que lê a imagem – relação imagem-leitor(a) (I-L). Armitage e Allen (2015) confirmam essa ordem na manifestação das relações na rede de intencionalidades.

Devido às especificidades do pensamento estético da população estudada, a rede de intencionalidades de Freeman e Sanger foi adaptada, gerando cinco tipos de relações com a imagem – surgidas nas entrevistas (ROSSI, 2003). Dessas relações, surgiram os três tipos ou níveis de compreensão estética, que tentam explicitar as características da compreensão estética de estudantes desde os anos iniciais até o Ensino Médio, a saber:

Níveis de compreensão estética

Nível I – relaciona a obra com o mundo nela representado.

Nível II – relaciona a obra com o estado de espírito do(a) artista.

Nível III – relaciona a obra com a mente/intencionalidade do(a) artista e a do(a) leitor(a).

O Nível I

A compreensão estética de Nível I é chamada de realística por Freeman e Sanger (1995), pois a relação priorizada é a da imagem com o mundo nela representado, com o real como algo concreto. A pessoa se interessa em falar sobre as coisas que vê na imagem e não do que elas poderiam simbolizar, pois concebe o artista como um copista do mundo (GARDNER, 1994). Estes depoimentos são de estudantes de 7,8 e 17,6 anos, mostrando que as ideias de Nível I aparecem em qualquer idade e contexto:

– Ele pintou a moça neste lugar escuro, porque ainda não tinham inventado a luz elétrica.

– As cores são feias. O pintor não devia ficar num lugar tão escuro.

– Eu acho que ele fez os rostos assim, porque talvez o lugar fosse escuro e não dava para ver direito.

É frequente aparecer a narrativa quando a pessoa inventa histórias sobre personagens que vê na imagem:

– Elas estão se arrumando pra ir numa festa.

Pode aparecer, também, a leitura literal – ou referencial – quando aspectos formais são lidos "ao pé da letra", como, por exemplo, ao ver máscaras nos rostos de *Rua de Erradias*, de Lasar Segall[2], pois os olhos são vazados. Sobre a imagem de *Ciclista*, de Iberê Camargo[3]:

– É um fantasma que está andando na bicicleta.

Ao avaliar a qualidade da imagem/obra, a pessoa julga o tema/assunto e a maneira como ele foi representado – leia-se copiado do mundo real –, e prioriza os seguintes critérios de julgamento:

(a) o tema bom: – *A imagem é boa, porque a menina está feliz.*

(b) as cores alegres: – *É boa, porque é colorida.*

(c) o realismo fotográfico: – *Esta aqui é a melhor, porque dá para ver mais o que é. Está mais nítida.*

2 Disponível em: https://enciclopedia.itaucultural.org.br/obra1484/rua-de-erradias.

3 Disponível em: https://www.ebiografia.com/ibere_camargo/.

(d) a maestria do artista: – *Uma imagem é boa quando é bem pintada, bem-feita.*

(e) a utilidade da obra: – *Esta é a melhor, porque avisa as outras pessoas que as drogas são prejudiciais.*

Como Parsons (1992) apontou em seus estudos, no contexto pesquisado apareceu uma indistinção entre o julgamento estético e o moral, quando a representação de algo ruim ou moralmente condenável recebe um juízo negativo: o que é ruim é feio; o que é bom é belo.

O Nível II

A principal característica do pensamento de Nível II é o deslocamento da responsabilidade pela existência da obra do mundo físico para o mundo interior do(a) artista. É o seu estado de espírito, seu humor, que vai determinar a qualidade da obra. É uma ideia mais avançada do ponto de vista estético, pois há o reconhecimento da subjetividade do(a) artista. Do ponto de vista cognitivo, a pessoa já aponta para algo abstrato: um sentimento, mas ainda é uma ideia realística (FREEMAN; SANGER, 1995), pois seria uma dada realidade – a do interior do(a) artista – que foi transferida para a obra. Não há, ainda, o reconhecimento da autonomia do(a) artista – o(a) qual não conseguiria desvencilhar-se de seu estado de espírito atual para criar a obra:

– *Fazer arte não é só pegar um papel e desenhar. Se põe tudo o que se está sentindo na hora.*

– *Quando os pintores pintam uma coisa feia assim, uma coisa triste, eles estão tristes; os sentimentos deles não estão dos melhores.*

Na avaliação da qualidade das obras, permanece a fusão entre os julgamentos estético e moral. São as qualidades do tema que definem a qualidade da obra. Se o(a) artista está triste, produzirá uma obra triste, o que a torna uma obra ruim, sem qualidade.

Além da natureza moral do tema, o pensamento do Nível II usa como critérios de julgamento a criatividade e a cor relacionada a sentimentos:

– *Sim, a obra é boa, pois a artista foi muito criativa.*

– *Esta é a pior, porque as cores são tristes.*

No pensamento de Nível II, o critério do realismo, um dos priorizados pelo pensamento do Nível I, começa a se transformar. Aos poucos vai surgindo a depreciação do realismo fotográfico, o que levará, mais tarde, ao uso do critério da expressividade da obra, próprio do Nível III.

O pensamento do Nível II é um pensamento intermediário na evolução da compreensão do sentimento ou estado de espírito na arte: no Nível I, a pessoa acredita que a arte mostra o sentimento da personagem representada na obra; no Nível II, o sentimento que está na obra é o do(a) artista no momento da produção; no Nível III, o sentimento é algo genérico, abstrato, é do ser humano em geral e, também, constitutivo da obra em si.

O Nível III

É o pensamento mais abrangente e sofisticado encontrado entre os(as) estudantes. Do ponto de vista cognitivo, a pessoa prioriza possibilidades de sentidos, o que pode ser relacionado com as habilidades permitidas pelas operações formais no início da adolescência. A leitura transcende a concretude das coisas representadas na imagem, deixando para trás as determinações do mundo real, sendo denominada de "mentalística" por Freeman e Sanger (1995). Os significados deixam de ser buscados no mundo, ou na interioridade do(a) artista, para emergirem das subjetividades, primeiramente a do(a) artista e depois da sua própria, como leitor(a). No primeiro momento, a pessoa coloca a responsabilidade pela existência, pelo significado e pela qualidade da obra nas mãos do(a) artista, que seria livre para expressar o que quiser. O desafio é pensar na mente criadora (intencionalidade), cabendo-lhe a função de descobrir significados metafóricos:

– O artista sabe desenhar olhos, mas ele quis fazer deste jeito para expressar tristeza.

Num segundo momento, a pessoa assume papel ativo na construção dos significados. Ela deixa de se ver como decifradora das intenções do(a) artista, assumindo o papel de atribuir sentidos. Consciente de sua capacidade reflexiva, ela lida com hipóteses, possibilidades de sentidos. No julgamento, valoriza a obra pela sua expressividade e seu poder de falar sobre algo importante, distinguindo julgamento estético e moral:

– A obra é excelente, pois fala sobre a dor do luto com muita verdade.

O pensamento do Nível III é possível no início da adolescência, mas não emerge necessariamente em todas as pessoas. O pensamento abstrato (operações formais) é mobilizado, mas não garante o seu acesso, pois o fator determinante é a familiaridade com a leitura e a discussão estética. Por isso há pessoas de todas as idades com leituras semelhantes.

Sintetizando, os três níveis mostram as mais recorrentes ideias estéticas encontradas dos 6 aos 18 anos (ROSSI, 2003[4]). Considerando que a coleta de dados da pesquisa que gerou a classificação dos três níveis não incluiu crianças da Educação Infantil, apresenta-se a seguir algumas características de sua compreensão estética.

A compreensão estética na Educação Infantil

A compreensão estética das crianças da Educação Infantil pode ser semelhante à de muitos adultos sem familiaridade com arte e discussão sobre imagens, no sentido de que priorizam as relações da imagem com o mundo nela apresentado. Em outras palavras, veem as coisas representadas (semelhantes ao real) e não algo simbólico ou metafórico, característica também encontrada em outras pesquisas (ARMITAGE; ALLEN, 2015). Isso significa que elas não reconhecem a autonomia do(a) artista para usar símbolos, metáforas, alegorias para expressar algo além do que está concretamente representado na imagem. Mas é importante destacar que as crianças não são alienadas sobre as intenções das outras pessoas em relação à produção de imagens. Desde muito cedo, quando começam a ver imagens, são incentivadas a relacioná-las com seus referentes no mundo. Seja em seus próprios desenhos, seja olhando imagens, vão se familiarizando com a ideia de que a semelhança com as coisas define as interpretações do mundo visual a que têm acesso. Quando as pessoas falam com as crianças sobre as imagens ou sobre os seus primeiros desenhos perguntando o que foi desenhado, estão reforçando a semelhança com os referentes como algo importante na interpretação do mundo visual, mais do que as intenções da pessoa que desenhou, pintou, fotografou etc.

4 A pesquisa foi apresentada mais detalhadamente em Rossi (2003).

Costumamos perguntar: O que é isto? O que você desenhou? Já estas perguntas não são comuns: "Quem você acha que fez essa imagem?" "O que você acha que a pessoa estava tentando desenhar?" (ARMITAGE; ALLEN, 2015, n. p.). Segundo Armitage e Allen, o modo como conversamos sobre imagens com as crianças vai definir suas trajetórias no desenvolvimento da compreensão estética. Então, a leitura de imagens é influenciada pela forma como as crianças são solicitadas a pensar sobre a imagem.

Estudos recentes permitem deduzir que devemos conversar com as crianças sobre as intenções das pessoas que criaram as imagens, embora não se devam exigir respostas que consideremos corretas. Solicitar a identificação das intenções de artistas na leitura de imagens pressupõe que as crianças teriam acesso à chamada compreensão mentalística, ao relacionar a imagem com a mente do(a) artista (relação I-A), segundo a rede de intencionalidade de Freeman e Sanger (1995). Armitage e Allen (2015) e Freeman e Allen (2020) mostram que as crianças se interessam pelas intenções que dão origem às obras de arte desde a Educação Infantil, mas não do mesmo modo que é possível quando têm acesso à compreensão mentalística.

O termo egocentrismo, na concepção piagetiana, foi bastante revisitado, mas ainda é importante para entender a compreensão estética na Educação Infantil. Considerado como a dificuldade de colocar-se no ponto de vista dos outros, o egocentrismo vai diminuindo conforme a criança vai ficando mais velha e, assim, ampliando a capacidade de levar em conta outros pontos de vista ou perspectivas, num processo chamado de descentração. Devido a essa característica cognitiva, as crianças desconsideram que as outras pessoas possam ter interpretações diferentes das suas e acham que todas veem o mesmo que elas. Por isso pode ser que não haja propriamente uma discussão sobre as imagens no grupo, apesar de que a partir dos 4 anos elas possam dialogar com mais facilidade.

Nota-se, nas leituras da Educação Infantil, uma centração do pensamento, que é a tendência de levar em conta um só aspecto de uma totalidade (objeto, situação, fenômeno). A centração pode ser percebida tanto na leitura de imagens quanto no desenho infantil. No desenho, a centração é perceptível quando a criança desenha elementos sem relacioná-los a uma totalidade ou cena, o que caracteriza o estágio da incapacidade sintética na classificação do desenho infantil de Luquet (1981). Na leitura de imagens, a centração é visível quando ela menciona elementos da imagem, enumerando-os, sem levar em conta a totalidade da cena, como sobre a imagem de *Barcos de pesca na praia*, de Van Gogh[5]:

– *Tem um barco, outro barco, outro barco, uma areia.*

Ou sobre a imagem de *Guernica*[6]:

– *Um cara com as mãos para cima, um boi, um fantasma, um furo gigante escondido, um cavalo, um homem segurando um prego. Estão brigando.*

– *Uma cabeça, um touro, uma mão, um pedaço de madeira. Todos estão cantando.*

Em geral, as crianças priorizam falar sobre o assunto que veem na imagem e suas cores e, frequentemente, relacionam a imagem com seus contextos:

– *A menina está com o gatinho no colo. Eu tenho um gatinho.*

Sobre *Rua de Erradias:*

– *Um trem, duas mulheres, uma janela, uma porta, outra mulher, mais outra e a parede do trem. Eu já fui visitar meu vô de trem. Acho que elas estão indo visitar o avô delas.*

Normalmente, a partir dos 4 anos, torna-se mais fácil para a criança considerar os pontos de vista das outras crianças da sala e ouvi-las. Nessa idade, as crianças "[...] vão adquirindo as habilidades necessárias para compreender uma história (esquema cognitivo prévio que corresponde estreitamente às categorias básicas presentes em uma narração)" (FRAGOSO, 1998, p. 48). Assim surgem as narrativas, isto é, a invenção de histórias, relacionando os elementos da imagem com a totalidade da cena, como pode ser visto na leitura de *Rua de Erradias*:

– *As meninas estão passeando de trem. Umas estão em pé, porque não tem mais lugar pra sentar. Esta imagem foi feita pra mostrar como é um passeio de trem. As meninas estão tristes, porque o passeio está terminando. É uma boa imagem, porque eu gosto de ver fotos dos passeios dos outros.*

5 Disponível em: https://www.vangoghmuseum.nl/en/collection/s0028V1962.

6 Disponível em: https://www.museoreinasofia.es/coleccion/obra/guernica.

E sobre a imagem de *Sem título n. 96*, de Cindy Sherman[7]:

– A tia está deitada, porque está triste. Andou na chuva e ficou doente. Eu já andei na chuva e fiquei doente. Fiquei triste porque não podia brincar na rua. Não é bonita, porque ela está deitada. Pra ficar bonita, ela tinha que ficar de pé.

É comum que as narrativas sobre as imagens sejam curtas e carregadas de imaginação, como se pode ver na leitura de *Rua de Erradias*:

– As meninas querem ir passear.

– Eles querem ir para casa comer; estão com fome.

– As mulheres estão limpando a casa para não entrar nenhum bicho.

– Este aqui está saindo do ônibus. A mulher está dentro do ônibus. O ônibus tem a porta para entrar e aqui é a janela para olhar.

É comum que as crianças não se importem com o modo como as coisas são representadas, julgando como boas as imagens que apresentam deformações pela forma ou pela cor. Parece que a natureza do tema é mais relevante do que a semelhança das coisas representadas com seus referentes, como sobre a imagem da pintura *Ciclista*, de Iberê Camargo:

– É boa, porque ele está feliz, andando na bicicleta.

– É bonita; eu gosto de andar de bice.

Na Educação Infantil não é comum, ainda, a preferência pelas imagens realistas. O uso do realismo fotográfico como critério de julgamento estético costuma surgir nos anos iniciais do Ensino Fundamental e tende a desaparecer nos anos finais, frequentemente permanecendo por toda a vida, caso a pessoa não tenha alguma familiaridade com a arte.

Sobre essa construção do conhecimento estético pelas crianças da Educação Infantil, é oportuno trazer as palavras de Gardner sobre o desenvolvimento das pessoas em qualquer campo de conhecimento: "[...] os indivíduos não se desenvolvem apenas existindo, ou envelhecendo, fazendo-se mais altos; têm que levar a cabo determinadas experiências essenciais que redundam em periódicas reorganizações de seu conhecimento e de sua compreensão" (GARDNER, 1994, p. 20).

7 Disponível em: https://en.wikipedia.org/wiki/Untitled_96.

Para que o desenvolvimento estético aconteça e possa enriquecer a vida das pessoas, elas têm que ter oportunidades de pensar sobre arte, de preferência desde a Educação Infantil, pois apesar de existir uma forte correlação entre idade e compreensão estética, o que mais favorece o desenvolvimento estético são as oportunidades de conviver com arte e discussão estética.

Abordagens de leitura estética na Educação Infantil

Convém enfatizar que nem toda a abordagem de leitura estética é adequada em qualquer contexto. A leitura será significativa para as crianças, se considerar as condições de construção de conhecimento nesse domínio. Por exemplo, na Educação Infantil, as abordagens formalistas e as biográficas não contribuem para essa construção. Chamar a atenção para os aspectos formais das obras (linhas, texturas, cores, equilíbrio, ritmo etc.) ou para as informações históricas e biográficas de artistas não envolve as crianças na discussão estética. São aspectos que não lhes interessam, embora possam eventualmente a eles responder, de modo retórico (e não, conceitual), quando solicitadas. Parsons e Blocker ressaltam que ensinar um determinado vocabulário não é o mesmo que ensinar ideias (1993, p. 155). As abordagens adequadas são as que consideram os processos de construção do conhecimento estético das crianças em cada contexto. Então, é importante saber como as crianças pensam sobre arte ou as leituras de imagens não serão significativas para elas e, ainda, podemos cair no dogmatismo, tentando ensinar como ler as imagens de acordo com a nossa compreensão.

Para introduzir a discussão estética na sala de aula, é necessário ouvir a criança. Suas ideias podem nos surpreender, mas não correremos o risco de atropelar suas leituras. Muitas vezes fui surpreendida com estudantes vendo "um menino de rua drogado" na imagem de *Sem título n. 96* (Cindy Sherman, 1981); "muitas cobras ou minhocas", em *Autorretrato com cabelo cortado* (Frida Kahlo, 1940); ou "um prego na boca do dragão", em *Guernica* (Pablo Picasso, 1937). Mas, ao aceitar essas leituras e incentivar o diálogo a partir delas, podemos promover e legitimar a pluralidade de sentidos – possíveis e legítimos – devido à própria natureza da arte. Ao mesmo tempo, estaremos respeitando a sua construção do conhecimento estético. Piaget, Vigotsky e Ausubel, por exemplo, nos fizeram entender que aprendemos a partir do que já sabemos. São os conhecimentos prévios "[...] a principal variável a influenciar a aprendizagem significativa de novos conhecimentos" (MOREIRA, 2010, p. 18) em qualquer área do conhecimento humano. Por isso, muitas vezes, na leitura de imagens, "[...] os argumentos das crianças parecem ingênuos ou ilógicos" (PARSONS; BLOCKER, 1993, p. 156) ou limitados (FREEMAN; SANGER, 1995). Mas se considerarmos o processo de construção das ideias estéticas, saberemos como promover o seu crescimento, pois tudo acontece de forma gradativa, a partir dos conhecimentos construídos anteriormente. Por exemplo, antes de ter em mente as intenções do(a) artista, as crianças priorizarão falar sobre as coisas concretas que veem nas imagens, pois é o que faz sentido para elas no momento.

Além disso, aceitar aquelas ideias ingênuas e ilógicas que aparecem na leitura de imagens favorece o entusiasmo das crianças ao falar sobre arte e imagens. Aceitá-las como válidas não significa que sejam definitivas, mas que devem ser discutidas no grupo para que promovam novas construções. Uma forma de fazer isso é questionar os argumentos das crianças, convidando-as a explicitar suas razões, o que elas podem fazer desde muito cedo. Parsons e Blocker (1993) dizem que introduzir a estética na sala de aula não significa ensinar estética, mas proporcionar a discussão e a reflexão sobre questões filosóficas que as crianças podem e devem experimentar. A estética é, sim, um ramo da filosofia, que tem a arte como objeto, o que nos faz pensar que não é acessível às crianças. Freeman e Sanger (1995) dizem que as crianças, gradualmente, constroem "teorias" sobre arte e as usam para explicitar a sua compreensão. Os autores dizem que as pessoas adquirem teorias durante suas experiências cotidianas nas várias áreas do conhecimento, como na matemática, na linguagem, na física e também na arte. Essas teorias sobre a arte são feitas de ideias que elas constroem durante as experiências cotidianas em seus encontros com trabalhos de arte. Se considerarmos que tais ideias estão em desacordo com o que supomos que as crianças deveriam saber, estaremos privando-as das possibilidades de filosofar sobre questões estéticas a seu modo.

Uma boa abordagem incentiva as crianças a pensar sobre sentimentos, questões, problemas, dilemas, e provoca novas formas de pensar e comunicar. Isso é importante no momento em que há a socialização progressiva do pensamento infantil, com a redução gradual do egocentrismo próprio do pensamento pré-operacional – nos termos de Piaget (EFLAND, 2004, p. 217).

O volume 3 do *Referencial curricular nacional para a Educação Infantil* (BRASIL, 1998) apresenta algumas orientações para uma boa abordagem em leitura de imagens na Educação Infantil. Questionam-se, aqui, algumas "orientações didáticas", como o uso do termo apreciação, o enfoque nos elementos da linguagem visual, o fornecimento de dados biográficos de artistas, mas em geral o documento propõe, nas páginas 103 e 104, uma abordagem coerente com o que é defendido neste capítulo.

As imagens da arte apresentadas para a leitura e discussão no grupo devem contemplar a diversidade de estilos. Outros tipos de imagens (desenhos, pinturas, gravuras, fotografias, imagens cinematográficas, televisivas, computacionais) também devem ser objeto de leitura das crianças, desde que despertem o seu interesse. Temas familiares, com pessoas, animais e objetos dos contextos das crianças, devem ser priorizados.

As professoras perceberão as que geram mais entusiasmo e as que dispersam as crianças, o que deverá guiar suas escolhas de repertórios de imagens. Uma atmosfera de apoio e consideração às falas das crianças é necessária. Para isso, deve-se encorajar a expressão de ideias e de sentimentos, demonstrando interesse sem julgamentos. Alguns exemplos de questões que promovem essa atmosfera são:

– Vamos falar sobre esta imagem?

– O que vocês estão vendo? Sobre o que é?

– Quem quer falar?

– Mostre onde você vê isto.

– Quem mais vê isso?

– Quem concorda?

– Quem vê outra coisa?

– Que cores podemos ver?

– Por que será que fizeram esta imagem?

– Por que você acha isso?

– Será que foi difícil fazer assim? Ou foi fácil? Por quê?

– Quem tem outra ideia?

– Vocês gostaram dessa imagem? É uma boa imagem? Por quê?

– Quem quer falar outra coisa?

Durante a leitura, outras questões deverão surgir, com o objetivo de promover a troca de ideias e a interação entre todas as crianças, o que deve ser garantido pelas professoras. Todas as crianças devem ter as mesmas oportunidades de fala e de escuta. Ouvindo os(as) colegas, cada criança poderá repensar ou reiterar ideias (ROSSI, 2005) a partir de pontos de vista diversos do seu.

Considerações finais

Ao trabalhar com a leitura estética com crianças na Educação Infantil, nosso papel é propiciar situações que possam implementar o processo de desenvolvimento da compreensão estética. Em vez de se de fixar nos aspectos formais ou históricos das obras – o que nada acrescenta ao processo de desenvolvimento estético nesse momento –, ou de superestimar as habilidades interpretativas das crianças, por exemplo, exigindo a identificação dos sentidos da imagem em possíveis metáforas –, tem-se que respeitar a natureza da construção das crianças. Para tanto, a sala de aula deverá se transformar num espaço estimulante, provocativo, problematizador, onde elas possam ter suas ideias e teorias confrontadas, refutadas, compartilhadas, enfim, discutidas entre colegas. Assim haverá crescimento. Cientes de como se dá o conhecimento estético e receptivos às manifestações das crianças, poderemos promover tal situação. Ao contrário, com restrições ao discurso espontâneo e intuitivo das crianças, tenderemos a "ensinar-lhes" como interpretar e julgar as imagens, de acordo com o que julgamos digno, correto, adequado.

Um recorrente objetivo da educação – desenvolver o espírito crítico e a autonomia dos(as) estudantes – nem sempre se efetiva, pois é preciso favorecer ações necessárias à criticidade: pensar, decidir, refletir, avaliar etc. Nesse sentido, pode-se afirmar que pensar sobre arte é um modo rico e cativante de desenvolver a criticidade e a autonomia. Os momentos de leitura estética na sala de aula podem proporcionar condições para o desenvolvimento desse importante objetivo educacional desde a Educação Infantil. São momentos de expor ideias por autoria, e não por reprodução; de avaliar outras ideias sobre o mesmo objeto; de mudar de ideia se considerar plausível ou ratificá-las quando julgar adequado; de questionar. E tudo isso sem que a criança seja corrigida por não acertar a resposta esperada. Como diz Larrosa (2013, n. p.):

> Continuo firmemente convencido de que a educação tem a ver com construir sujeitos que sejam capazes de falar por si mesmos, pensar e atuar por si mesmos. Não diria tanto em ser os donos de suas próprias palavras, porque as palavras não têm dono, mas sujeitos que sejam capazes de se colocar em relação com o que dizem, com o que fazem e com o que pensam. Eu não estou certo de que isso seria autonomia. Mas sei que continuo firmemente convencido de que a educação, se é emancipadora em algum sentido, tem a ver com dar às pessoas a capacidade de pensar por si mesmas.

A leitura estética pode contribuir para essa educação emancipadora de que fala Larrosa, ao proporcionar oportunidades para as crianças pensarem sobre arte por si mesmas, já que, como dito, criança e filosofia não são incompatíveis, e os questionamentos de uma discussão estética têm caráter filosófico. Mas considerando que não é qualquer leitura ou discussão estética que serve para todas as pessoas, é nosso compromisso considerar cada contexto de atuação. Se na Educação Infantil determinado tipo de imagem não gera conversas tão dinâmicas, nos anos iniciais elas podem ser adequadas. Para saber o que é mais adequado e pertinente no processo do desenvolvimento da compreensão estética das crianças, é preciso escutá-las e aprender como elas constroem conhecimento. As ideias intuitivas – teorias, segundo Freeman e Sanger (1995) – que as crianças vão construindo e expressando durante a leitura de imagens são o melhor guia para os roteiros das leituras. Assim, as professoras poderão adequar a seleção das imagens e das perguntas das leituras que propõem, no sentido de provocar questionamentos que possam gerar novas reflexões, desafios para a abertura, enfim, a exploração de diferentes caminhos que as crianças possam experimentar. Além disso, a discussão estética amplia o vocabulário, a capacidade comunicativa, a fluência verbal, a coragem para expor ideias, dúvidas e descobertas em diálogo com o grupo. É o modo adequado de promover o desenvolvimento estético, mas também de promover a empatia e a tolerância. Em última instância, tem a ver com uma cultura de paz e educação para a paz. A LDB n. 9.394/96 prevê "ações para promover a cultura de paz nas escolas" e, certamente, a arte oferece oportunidades para tal. Nodari e Cescon (2010, p. 1) pontuam que, atualmente, "[...] evidencia-se a urgência em construir um paradigma da paz" e, então, há que se pensar nas possibilidades de contribuição de cada componente curricular na Educação Básica, a começar pela Educação Infantil.

Referências

ALMEIDA-ROCHA, Teresa; PEIXOTO, Francisco; JESUS, Saúl Neves. Aesthetic development in children, adolescents and young adults. *Análise Psicológica*, v. 38, n. 1, p. 1-13, 2020. Disponível em: http://publicacoes.ispa.pt/index.php/ap/article/view/1657. Acesso em: 24 jun. 2022.

ARMITAGE, Emma; ALLEN, Melissa L. Children's picture interpretation: appearance or intention? *Developmental Psychology*, v. 51, n. 9, p. 1201-1215, 2015. Disponível em:

https://doi.org/10.1037/a0039571;

https://psycnet.apa.org/fulltext/2015-32543-001.html. Acesso em: 10 out. 2020.

BARBOSA, Ana Mae. *Tópicos utópicos*. Belo Horizonte: C/Arte, 1998.

BRASIL. Ministério da Educação e do Desporto. Secretaria de Educação Fundamental. *Referencial curricular nacional para a Educação Infantil*. Brasília: MEC/SEF, 1998. Disponível em:

http://portal.mec.gov.br/seb/arquivos/pdf/volume3.pdf. Acesso em: 15 abr. 2018.

CHEN, Jo Chiung-Hua. An examination of theories of aesthetic development with implication for future research. *Journal of Taiwan Normal University:* Humanities & Social Science, v. 42, p. 13-27, 1997. Disponível em: http://jntnu.ord.ntnu.edu.tw/Uploads/Papers/634589396032974000.pdf. Acesso em: 18 jul. 2012.

DÍAZ, Hamlet Fernández. Estudio crítico sobre la investigación empírica de Maria Helena Wagner Rossi. *Educação & Realidade* – Thematic Section: Art Expressions and Contemporary Subjectivities, Porto Alegre, v. 45, n. 1, 2020. Disponível em: https://seer.ufrgs.br/index.php/educacaoerealidade/article/view/91589. Acesso em: 12 fev. 2021.

EFLAND, Arthur D. *Arte y cognición:* la integración de las artes visuales en el currículum. Barcelona: Octaedro, 2004.

FRAGOSO, Graça Maria. O livro, a biblioteca e a primeira infância: trilogia do afeto. *Presença Pedagógica,* v. 4, n. 22, p. 44-51, jul./ago. 1998. Disponível em: https://www.yumpu.com/ pt/document/view/15284450/o-livro-a-biblioteca-e-a-primeira-infancia--presenca-pedagogica. Acesso em: jan. 2014.

FRANZ, Terezinha Sueli. *Educação para uma compreensão crítica da arte*. Florianópolis: Letras Contemporâneas, 2003.

FREEMAN, Norman H.; PARSONS, Michael J. Children's intuitive understandings of pictures. *In*: TORFF, Bruce; STERNBERG, R. J. (ed.). *Understanding and teaching the intuitive mind:* student and teacher learning. Mahwah, NJ: Laurence Erlbaum Associates, 2001. p. 73-91.

FREEMAN, Norman; SANGER, Daniela. The commonsense aesthetics of rural children. *Visual Arts Research*, n. 21, p. 1-10, 1995.

FREEMAN, Norman H.; ALLEN, Melissa L. Children readily think about people's minds when they think about artworks. *Empirical Studies of the Arts*, v. 38, n. 1, p. 81-89, 2020. Disponível em: https://journals.sagepub.com/doi/10.1177/0276237419868957;

https://doi.org/10.1177/0276237419868957. Acesso em: 12 fev. 2021.

FREIRE, Paulo. *A importância do ato de ler.* São Paulo: Cortez Editora, 1983.

GARDNER, Howard. *Educación artística y desarrollo humano*. Barcelona: Paidós, 1994.

HOUSEN, Abigail. *The eye of the beholder:* measuring aesthetic development. 1983, 666 f. Tese (Doutorado em Educação) – Harvard University, Harvard Graduate School of Education, Cambridge, MA, 1983.

LARROSA, Jorge. O papel da educação é subverter as regras. [Entrevista cedida a] Camila Caringe. Portal Aprendiz, São Paulo, 2013. Disponível em: http://portal.aprendiz.uol.com.br/2013/04/09/o-papel-da-educacao-e-subverter-as-regras. Acesso em: 20 out. 2014.

LUQUET, Georges-Henri. *El dibujo infantil*. Barcelona: Editorial Médica y Técnica, 1981.

MACHOTKA, Pavel. Aesthetic criteria in childhood: justifications of preference. *Child Development*, v. 37, n. 4, p. 877-885, dez. 1966. Disponível em: https://www.jstor.org/stable/1126610?origin=crossref. Acesso em: 18 jul. 2012.

MIZUKAMI, Maria da Graça N. Aprendizagem da docência: algumas contribuições de L. S. Shulman. *Educação:* Revista do Centro de Educação, v. 29, n. 2, p. 33-49, 2004.

MOREIRA, Marco Antonio. O que é afinal aprendizagem significativa? 2010. Disponível em: http://moreira.if.ufrgs.br/oqueeafinal.pdf. Acesso em: 10 out. 2021.

NODARI, Paulo César; CESCON, Everaldo. Educação para a paz e para a não-violência. *In:* CONGRESSO INTERNACIONAL DE FILOSOFIA E EDUCAÇÃO, 2010, Caxias do Sul. *Anais*... [...]. Caxias do Sul, 2010. p. 1-10. Disponível em: https://www.ucs.br/ucs/eventos/cinfe/artigos/arquivos/eixo_tematico2/Educacao%20para%20a%20paz%20e%20a%20nao-violencia.pdf. Acesso em: 20 abr. 2019.

PARSONS, Michael J. *Compreender a arte:* uma abordagem à experiência estética do ponto de vista do desenvolvimento cognitivo. Lisboa: Presença, 1992.

PARSONS, Michael J. Dos repertórios às ferramentas: ideias como ferramentas para a compreensão das obras de arte. *In:* FRÓIS, João Pedro (org.). *Educação estética e artística*: abordagens transdisciplinares. Lisboa: Fundação Calouste Gulbenkian, 2000. p. 169-189.

PARSONS, Michael J.; BLOCKER, H. Gene. *Aesthetics and education*. Chicago: Universiade de Illinois, 1993.

ROSSI, Maria Helena Wagner. *Imagens que falam*: leitura da arte na escola. Porto Alegre: Mediação, 2003.

ROSSI, Maria Helena Wagner. A estética no ensino das artes visuais. *Educação & Realidade* – Dossiê Arte e Educação: arte criação e aprendizagem, Porto Alegre, v. 30, n. 2, p. 49-69, jul./dez. 2005.

SANTAELLA, Lucia. *Leitura de imagens.* São Paulo: Melhoramentos, 2012.

SHULMAN, Lee S. Teacher development: roles of domain expertise and pedagogical knowledge. *Journal of Applied Developmental Psychology*, v. 21, n. 1, p. 129-135, 2000. Disponível em: http://www.coe.ohio-state.edu/ahoy/Shulman-teacher% 20knowledge. Acesso em: 19 jan. 2008.

WATTS, Robert. *Children's perceptions of beauty exploring aesthetic experience through photography*. 2016. Tese (Doutorado em Educação) – School of Education, Universidade de Roehampton, Londres, GB, 2016. Disponível em: https://pure.roehampton.ac.uk/ws/portalfiles/portal/323622/R_Watts_PhD_Children_s_Perceptions_of_Beauty_8_6_16.pdf. Acesso em: 12 fev. 2021.

6

O meu traço brinca com o seu: experiências estéticas, interações e desenhos na Educação Infantil

Gilvânia Maurício Dias de Pontes e Natália Medeiros de Oliveira
Universidade Federal do Rio Grande do Norte (UFRN)

O desenho está presente nas práticas docentes de professores de inúmeras maneiras, e a ele são atribuídos os mais variados significados. O projeto Desenho em Gestos Brincantes teve como objetivo a reflexão sobre a proposição de experiências de desenhar para crianças pequenas, em contexto de uma escola de Educação Infantil. Para isso, foi preciso investigar os significados do desenho na infância e na arte, e estabelecer relação com a construção do fazer docente. O projeto está vinculado a uma pesquisa cujo foco é a análise de práticas docentes em Artes Visuais na Educação Infantil, visando à identificação de organizadores que podem nortear o trabalho com as linguagens artísticas na Educação Infantil. Os organizadores dizem respeito a alguns princípios que podem orientar a intencionalidade da mediação do professor. O projeto foi realizado com aportes de pesquisa-intervenção, em 10 encontros, nos quais foram propostas experiências com desenho para um grupo de 24 crianças de 3 a 4 anos.

Como referencial para organização da intervenção, optou-se por estudos sobre experiência estética em Dewey (2010) e Merleau-Ponty (1999); abordagens da arte-educação em Barbosa (2010); abordagem do desenho expandido, como manifestação de arte contemporânea (DERDYK, 2007; 2010; 2018); e pesquisas sobre o desenvolvimento da linguagem do desenho na infância em Pillar (1996; 2012) e Iavelberg (2006; 2013), entre outros textos.

A construção do percurso das práticas pedagógicas teve como lastro alguns questionamentos: A que nos referimos quando falamos sobre Artes Visuais na Educação Infantil? Quais são os significantes que acionamos para refletir sobre experiências estéticas com crianças? Como podemos estabelecer interfaces entre Artes Visuais, experiências estéticas, Educação Infantil e a linguagem do desenho? Essas questões foram alguns dos disparadores para o planejamento do projeto Desenho em Gestos Brincantes e para a construção deste texto.

O processo de construção das práticas priorizou a leitura de imagens, do cotidiano e da arte para propor às crianças o desafio da criação de seus próprios desenhos. Esse processo foi marcado pela escuta atenta dos adultos aos gestos e às falas das crianças, como forma de garantir que a participação delas se tornasse o principal fundamento na organização da mediação docente.

Observou-se a "mediação docente" como ato de aproximar as crianças do repertório cultural de saberes/fazeres da linguagem do desenho. Mediação que está investida da intencionalidade educativa e, como tal, requer que se observem as várias dimensões de interação que podem estar presentes na relação entre crianças / adultos/imagens. Esse olhar sobre as interações possibilita ao docente ser propositivo ao lançar desafios às crianças e, ao mesmo tempo, observar/escutar o que os gestos e falas das crianças colocam como significativo na vivência das experiências. O protagonismo das crianças, presenciado na leitura e produção de imagens, foi o balizador que guiou a organização das situações de aprendizagem. Dessa maneira, a construção do ato educativo tornou-se um processo criativo pautado pelo diálogo entre adultos, crianças e imagens – voltado para investigação dos saberes/fazeres da linguagem do desenho. Tal diálogo foi estabelecido tanto no que diz respeito a produtos quanto a processos de produção de imagens. Isto significou nos debruçarmos sobre a leitura de imagens da arte e imagens produzidas pelas crianças, e sobre os processos criativos dos artistas e das crianças. Ressalta-se que atuação das crianças como leitoras e produtoras de imagens se deu a partir de suas experiências e possibilidades expressivas, em interação com os repertórios culturais.

Artes visuais na Educação Infantil: experiências estéticas/educativas

Tratar de práticas docentes na educação, seja lá qual for a especificidade da discussão, não é possível sem pensar em interfaces. As práticas são constituídas em atos de interação contextualizados. São processos e, ao mesmo tempo, produtos do diálogo entre sujeitos que produzem sentido e se produzem com sujeitos na imersão formativa das práticas. Assim, há sempre dimensões a se considerar na produção e na escrita sobre as práticas. Adultos – crianças – imagens – desenhos – escola, essa foi uma das camadas que desafiaram o nosso olhar. Políticas públicas para Educação Infantil – documentos oficiais em relação à dimensão estética e artística do trabalho do professor de Educação Infantil – representaram mais uma camada a decupar no intento de refletir sobre a linguagem do desenho na educação de crianças. Desenho – arte – ensino de arte na infância, mais elementos para o desafio da organização e reflexão sobre as práticas pedagógicas em linguagens visuais na Educação Infantil.

As Diretrizes Curriculares para a Educação Infantil – DCNEI (BRASIL, 2010) consideram as características específicas da infância para indicar elementos para constituição identitária das instituições de Educação Infantil. Neste documento, a Educação Infantil é caracterizada como primeira etapa da Educação Básica, que deve ser ofertada às crianças de 0 a 5 anos em espaços institucionais de caráter educacional, cuja proposta pedagógica deve observar princípios políticos, éticos e estéticos. No que concerne aos princípios estéticos, o documento afirma a relevância da valorização da sensibilidade, da ludicidade, da criatividade e da liberdade de expressão nas diferentes manifestações artísticas e culturais (BRASIL, 2010, p. 16). Assim, nas DCNEI é assumida uma concepção ampla de estética, que extrapola o campo das artes e adentra às práticas cotidianas, pautada pela sensibilidade e liberdade de expressão em interface com a dimensão lúdica e criativa. Tais princípios e interfaces também aparecem quando da referência aos eixos de produção das práticas – as interações e a brincadeira. Tais eixos são basilares para pensar as experiências que são necessárias para possibilitar o atendimento às crianças em espaços institucionais. Identificamos, nas DCNEI, a preocupação com a estética e com a interação das crianças com as artes, quando afirmam que as experiências vivenciadas pelas crianças podem provocar movimentos que:

> Favoreçam a imersão das crianças nas diferentes linguagens e o progressivo domínio por elas de vários gêneros e formas de expressão: gestual, verbal, plástica, dramática e musical.
>
> [...]
>
> Possibilitem vivências éticas e estéticas com outras crianças e grupos culturais que alarguem seus padrões de referência e de identidade no diálogo e conhecimento da diversidade.
>
> [...]
>
> Promovam o relacionamento e a interação das crianças com diversificadas manifestações da música, artes plásticas, dança, teatro, poesia e literatura (BRASIL, 2010, p. 25-26).

Nas DCNEI, a definição de currículo parte do pressuposto de que, para garantir o desenvolvimento integral das crianças nas práticas pedagógicas, se faz necessário articular experiências e saberes das crianças com o repertório do patrimônio cultural. Essa concepção de currículo, que valoriza as experiências cotidianas das crianças como fundamentais na organização do fazer docente, é reafirmada na BNCC – Base Nacional Comum Curricular (BRASIL, 2017). Dessa forma, a BNCC foi constituída observando os princípios de organização da proposta curricular, como colocados pelas DCNEI, assim como o significado de estética continua a ter uma abrangência para além das artes, mas sem excluí-las. O documento aponta para uma organização da Educação Infantil, diversa da organização do Ensino Fundamental, na qual a criança é o centro da organização das práticas, as experiências a serem vivenciadas devem se pautar pela garantia de direitos de aprendizagem e desenvolvimento: conviver, brincar, participar, explorar, expressar e conhecer-se. No documento há a orientação para que a organização do trabalho educativo com criança observe campos de experiência, nos quais estão indicadas experiências fundamentais ao desenvolvimento e à aprendizagem das crianças. A BNCC pressupõe que na Educação Infantil o conhecimento vem com a experiência, e que cada criança vivenciará e significará a experiência de forma particular, por isso é fundamental que o professor esteja atento às necessidades e aos interesses das crianças para que a experiência seja educativa.

O campo de experiência Traços, Sons, Cores e Formas traz o destaque às linguagens visuais, sugerindo a participação das crianças, de forma investigativa e produtiva, em situações que envolvam desenho, pintura, modelagem, colagem, gravura, fotografia, entre outras linguagens.

A organização do projeto Desenhos em Gestos Brincantes observa como um dos princípios a concepção de experiência estética como experiência sensível/inteligível, que se produz no encontro do sujeito com os formantes estéticos dispostos em seu entorno – cor, tamanho, disposição espacial, cheiro, textura (PONTES; PILLAR, 2018). Esse encontro com o mundo se dá por estesia, isto é, pelo encantamento que mobiliza para conexão entre corpos – sujeito e objeto. O filósofo Merleau-Ponty (1999) afirma que somos carne do mundo, nossa percepção é encarnada. Assim, a forma como o sujeito se deixa afetar pela experiência é corporal e estésica. O corpo, em deslumbramento, é desafiado para entrar em conjunção com o objeto que lhe toma a atenção. Nesse processo de perceber o outro, os sentidos são acionados com um sistema que se mobiliza para apreender o mundo. O corpo sensível produz sentido no encontro com o outro como modo de existir no mundo. Na organização das práticas do projeto Desenho em Gestos Brincantes, ao optar pela observação do componente estésico, partimos do princípio de que o encontro das crianças com objetos e imagens se dá pelos canais sensoriais, por meio dos quais vivenciam e significam o acontecimento estético.

Assim como em Merleau-Ponty (1999), também em Dewey (2010) encontramos aportes para continuar afirmando que a relação estética possibilita a interação do sujeito com e no mundo. Para esse autor, a experiência estética faz parte da vida cotidiana e extrapola o campo de abrangência da arte. O sujeito atua para produção de composições rotineiras, como, por exemplo, arrumar uma mesa ou organizar um jardim, e enquanto atua também aprecia o produto de sua atuação. Na experiência estética há interação entre as ações de ver e fazer, o que nos remete à necessidade de considerar tanto o processo quanto o produto da ação humana na interconexão entre meios e fins. Dewey investiga a relação de causa e efeito na produção artística, que é considerada sob a ótica do produtor e do apreciador. Ele se debruça sobre o movimento de construção e de apreciação da arte, explicitando a inserção da expressão e da emoção na experiência estética. Esse autor considera o corpo que percebe, e se emociona, como produtor de sentido. A emoção, própria da interação de cada sujeito da experiência, colore a experiência e a torna singular. O corpo todo é afetado quando protagoniza uma experiência. A esse respeito, Dewey afirma que, "[...] o ato de percepção procede por ondas que se estendem por todo o organismo. Assim, não existe na percepção um ver ou ouvir acrescido de emoção. O objeto ou cena percebido é inteiramente perpassado pela emoção" (DEWEY, 2010, p. 135).

Durante a construção da intervenção com as crianças, a reflexão sobre o ver/fazer e sobre o lugar que a criança assume nesse processo nos instigou à análise e à organização de proposições de vivências de desenho que se constituíssem como experiência estética e educativa. Para Dewey, a experiência educativa é caracterizada por um *continuum* em que toda ação praticada e/ou sofrida afeta a qualidade das experiências futuras; isso porque gera hábitos e atitudes que estarão presentes na atuação do sujeito em experiências subsequentes. Assim, na organização de práticas pedagógicas, com a intenção de provocar experiências educativas, faz-se necessário atentar para a continuidade da experiência. A percepção da mobilização do corpo das crianças, em interações provocadas pelos desafios lançados por cada experiência, é fundamental no planejamento dos percursos de ação do professor. Isto significa, sobretudo, observar como cada criança atua e sofre a experiência, e como a colore com a expressão singular de sua emoção.

Outro referencial importante na organização e no desenvolvimento do projeto de desenho com as crianças foi a Abordagem Triangular (BARBOSA, 2010). Tal abordagem se constituiu como uma das tendências contemporâneas para ensino de Artes Visuais, visto que observa a relação entre o ver e o fazer arte como fundamental aos processos educativos de significação e criação de imagens. A Abordagem Triangular foi sistematizada no Brasil, na década de 1980, por Ana Mae Barbosa, propondo as ações de ler, contextualizar, fazer como formas de aproximação às produções da arte. Essa abordagem vem sendo atualizada por sua autora, levando em consideração as ponderações de pesquisadores e professores quando contextualizam essa proposta na relação com práticas pedagógicas. Na revisão da Abordagem Triangular, publicada para 8ª reimpressão do livro

A imagem no ensino de Arte (2010), Ana Mae analisa as atualizações que pesquisadores e professores fizeram à sua proposta, para constatar a mudança na figura de representação da abordagem e para ressaltar a importância da contextualização:

> [...] a metáfora do triângulo já não corresponde mais à organização ou estrutura metodológica. Parece-nos mais adequado representá-la pela figura do zigue-zague, pois os professores nos têm ensinado o valor da contextualização tanto para o fazer como para o ver. O processo pode tomar diferentes caminhos CONTEXTO\FAZER/CONTEXTO\VER ou VER/ CONTEXTUALIZAR\FAZER/CONTEXTUALIZAR\ ou ainda FAZER /CONTEXTUALIZAR\ VER/CONTEXTUALIZAR (BARBOSA, 2010, p. XXXIII).

No zigue-zague, a ação de contextualizar atravessa o fazer e o ver como constituidora de significados para o processo de aproximação às artes. Contextualizar envolve o universo estético vivencial que cerca as imagens ou outras manifestações da arte, envolve ver a cultura que cerca a arte, considerando a pluralidade dessa cultura que pode ser reconstruída de várias formas. Assim, de acordo com a autora, a contextualização não se trata apenas de saber sobre a vida do artista, mas de buscar também a reflexão sobre o contexto em que a obra foi produzida, quais sentidos podem estar envolvidos, aproximando o leitor do momento e do tempo em que o objeto de arte foi concebido, bem como do contexto da própria especificidade da linguagem artística.

Por isso, no momento da contextualização de uma imagem ocorre, também, a leitura. Logo, a leitura passa a ser a visão de mundo do leitor que interage com a obra e seu contexto, produzindo um sentido particular a partir de suas próprias vivências e interpretações (PILLAR, 2014). O fazer, aquele que não deve ser confundido com a mera reprodução, é a criação que resulta da reflexão. Enquanto cria, a criança também está lendo sua produção, contextualizando com os saberes construídos.

A intencionalidade proposta na Abordagem Triangular diz respeito a recuperar as especificidades do campo da arte na escola pelo exercício das ações/ dimensões de ler/contextualizar/fazer. Cabe ao professor fazer escolhas referentes ao que apresentar e propor; para tanto, precisa de conhecimentos estéticos que lhes possibilite reconhecer os códigos e valores culturais, seus e das crianças.

Para isso, é preciso exercer a escuta sensível às interações das crianças entre si e com o seu entorno. Estar atento aos repertórios das crianças e de suas famílias é fundamental para a organização de práticas pedagógicas com Artes Visuais. Sobre as finalidades de uma educação estética, Barbosa (1998, p. 41) ressalta que:

> [...] a educação estética não é ensinar no sentido da formulação sistemática de classificações de teorias que produzem definições de arte e análise acerca da beleza e da natureza. Este não é o principal propósito da educação estética. O que chamamos de educação estética de crianças, adolescentes e adultos é principalmente a formação do apreciador de arte.

A autora propõe uma educação estética integrada à leitura de imagens, em que o leitor é propositivo no olhar ao produzir sentido para o que vê. Na defesa da alfabetização para leitura de imagens, Barbosa (2010) salienta que preparar as crianças para o entendimento das Artes Visuais é prepará-las para o entendimento de qualquer imagem. Assim, a autora enfatiza a importância da presença de imagens nos processos de formação do leitor, e acrescenta que é preciso um currículo que contemple, no processo dessa alfabetização, a relação ver/fazer. Acrescenta que um currículo organizado com esses princípios considera a criança em suas necessidades, seus interesses e características de desenvolvimento.

Assim posto, o ensino de Artes Visuais observa a percepção da nossa cultura e da cultura do outro, a leitura das imagens (da arte ou do cotidiano) e o fazer presente nas linguagens artísticas. Esse entrelaçamento de ações é permeado pela contextualização social, histórica e cultural, que envolve a peculiaridade de cada sujeito protagonista das experiências de ver/fazer em linguagens artísticas.

A linguagem do desenho na infância

As práticas docentes na Educação Infantil são construídas na interação entre crianças e adultos mediada por linguagens. Para apreender o mundo cultural, a criança imagina, fantasia e interage ludicamente com seu entorno, e expressa suas percepções de formas variadas. Ela não é um sujeito isolado, é ativo, histórico, faz parte de uma sociedade e precisa ter o adulto como um parceiro sensível, que lhe possibilite espaço para vivenciar experiências educativas e estéticas. No intuito da fundamentação das práticas, tendo como foco a linguagem do desenho, buscamos pesquisas que enfatizam as interações que estão subjacentes no ato de desenhar.

Pillar (1996; 2012), para abordar, especificamente, a linguagem do desenho na infância, toma como pressuposto a afirmação de que o conhecimento não se origina no sujeito, nem no objeto, mas se dá na interação entre ambos. Nessa interação, o sujeito, à medida que constrói o objeto, constitui-se como sujeito. O desenho da criança é um objeto de conhecimento, para compreendê-lo a criança vai construir hipóteses na sua interação com esse objeto. O desenho da criança é resultado da interpretação que ela faz dos objetos num contexto sociocultural e em uma época. A interação com o desenho lhe propicia construir hipóteses acerca da natureza e função desse sistema de representação. Para Pillar, a criança é o sujeito de seu processo de aproximação e construção de possibilidades de expressão na linguagem do desenho, aprende a desenhar através de sua atividade e significação desse objeto de conhecimento.

Iavelberg (2006; 2013) salienta que os grafismos das crianças apresentam imagens e muitos assuntos gerados por uma modalidade de interação criativa que se origina nos atos entre desenhistas, seus desenhos e a interação com o entorno. Dessa forma, o desenho pode se constituir em um aspecto da vida da criança e pode seguir com ela enquanto sua intenção de desenhar for preservada. A autora ressalta que o desenho é uma produção autoral da criança, mas é, também, um objeto simbólico e cultural. O desenho é linguagem expressiva e individualizada, influenciada pela cultura. A criança desenha regida pelo que concebe sobre o desenho, e para que as possibilidades de desenhar sejam ampliadas, é fundamental que ocorra a interação com um meio onde o desenho é validado como ação infantil.

Derdyk (2007; 2010; 2018) defende a concepção de desenho como campo expandido, ato orgânico de delinear percursos no espaço em que o corpo se transforma na ponta do lápis para deixar rastros de um traço pessoal e criativo. Para a autora, o desenho é a linguagem basilar de outras formas de representação. É a ossatura das linguagens visuais e a linguagem mais antiga que atravessa todo arco civilizatório. No trabalho da autora, como artista, a matéria extrapola a dimensão plana do pictórico para se transformar em esculturas e instalações feitas com linhas que ocupam determinada espacialidade. Dá-se assim a passagem do bi para o tridimensional, na qual a linha é matéria polimorfa que se projeta do plano para o espaço.

Figura 1: Montagem da instalação Arcada (2013).

Fonte: http://solangeviana.blogspot.com/2013/01/edith-derdyk-utiliza-500-metros-de.html.

Derdyk defende o desenho como experiência vivenciada na conjunção entre corpo, tempo e espaço, afirma que o percurso da linha que desenha, modula, modela, territorializa o espaço e convoca temporalidades (DERDYK, 2018). Para a autora, todo conhecimento vem da experiência do sujeito com a matéria daquele conhecimento, experiência que se produz na percepção de mundo por um corpo sensível. Em referência à vivência dessa linguagem por crianças, Derdyk salienta que, ao desenhar, a criança canta, dança, teatraliza, imagina ou até silencia. Assim, a experiência de desenhar convoca outras linguagens, possibilitando uma grande caminhada no imaginário. O gesto das crianças pequenas, ao experienciar o traçado de linhas, não tem como finalidade a representação ou cópia de formas. A linha é mais que o contorno da forma, e o gesto de desenhar abre caminhos para além do lápis e papel.

Percursos metodológicos

O aporte metodológico que norteou este trabalho observou princípios sobre Arte-Educação e sobre o trabalho com a linguagem do desenho na infância para construção de uma sequência didática, em diálogo com as crianças. Sobre a concepção de sequência didática, Zabala afirma que se trata de "[...] um conjunto de atividades ordenadas, estruturadas e articuladas para a realização de certos objetivos educacionais, que têm um princípio e um fim conhecidos tanto pelos professores como pelos alunos [...]" (ZABALA, 1998, p. 18). Para planejar as ações do projeto Desenho em Gestos Brincantes, observamos a relação entre as concepções de sequência didática em Zabala e experiência educativa em Dewey. Para Dewey, a experiência é educativa quando gera novas experiências, isto é, tem continuidade em outras experiências. A organização da sequência didática, e das experiências, ocorreu pautada pela observação das formas de interação entre sujeitos e objetos. A experiência pode, em seu planejamento, se pretender educativa, mas ela se tornará educativa na recepção/atuação daqueles envolvidos na experiência. Esse fato justifica a relevância de observar o protagonismo das crianças durante as experiências.

Além disso, ainda no que se refere à metodologia, destacamos a pesquisa-intervenção, que entendemos como o processo que se dá a partir das interações entre o pesquisador e o outro, em um compartilhamento de experiências e na construção coletiva dos conhecimentos. É o encontro entre os sujeitos que permite, intencionalmente, associar o pensamento à prática, de forma que se busque uma transformação na realidade e nos sujeitos.

> Intervir significa criar condições para que pesquisador e sujeitos da pesquisa se distanciem de suas experiências e reflitam sobre elas a partir do olhar alheio e, assim, possam libertar-se de verdades que se apresentam como absolutas ao vislumbrarem outras perspectivas e sentidos possíveis para a compreensão de suas experiências e dos discursos que se atravessam (JOBIM E SOUZA, 2011, p. 42).

A organização da sequência didática foi pautada, também, pela consideração do entrelaçamento entre as ações de ler/contextualizar/fazer, que, para além de ações, se configuram como dimensões do sentir/pensar e se expressar em linguagens artísticas.

Com o objetivo de desencadear o projeto, começamos a observar os desenhos das crianças. Propusemos, inicialmente, que as crianças desenhassem seu fim de semana, uma prática recorrente no cotidiano daquela sala de referência. O desenho de fim de semana era realizado, geralmente, no início da segunda-feira, após uma roda de conversa em que as crianças relatavam algumas vivências ocorridas durante o fim de semana. Nessa situação, as crianças encadeavam narrativas sobre momentos passados com as famílias, relatos de passeios, brincadeiras, vivências felizes ou tristes, eufóricas ou frustrantes. A proposta para que as crianças desenhassem algo que lhes havia marcado no fim de semana, para nós, destinava-se à observação de como as crianças agiam enquanto desenhavam e, ao mesmo tempo, permitiria a leitura do traçado de linhas no papel, específico de cada criança.

Algumas crianças se demoravam no desenho, outras preenchiam o papel rapidamente, umas crianças se preocupavam em representar algo da sua narrativa oral, durante a roda de conversa, outras escolhiam temáticas aleatórias para o seu desenho. Havia, também, aquelas que experimentavam linhas no papel, sem que houvesse preocupação com a representação de algo. O grupo nos apresentou uma diversidade de traçados, intencionalidades e formas de se relacionar com o desenho.

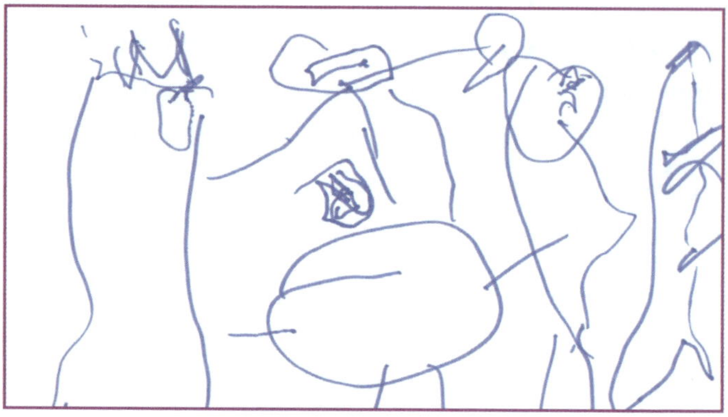

Figura 2: Circo.
Fonte: Acervo pessoal, 2019.

No desenho anterior, a criança apresenta uma cena da ida ao circo com a família, realizando o traçado de contorno de linhas, com o uso de uma só cor. Prioriza a representação da figura humana como elemento de composição do desenho. Ela se desenha no centro da imagem, estando acompanhada por seus pais (figuras mais altas). Do lado esquerdo há a representação da porta do circo.

Figura 3:
Eu na piscina.
Fonte: Acervo pessoal, 2019.

Na imagem anterior, a criança se coloca no centro da composição, grafada com canetinha verde e rosa, estando em relação com a linhas claras que representam a água da piscina.

Durante a observação da vivência do desenho do fim de semana, percebemos vários elementos que ajudariam a dar continuidade ao projeto. As temáticas, as cores e as formas com as quais as crianças optaram por produzir marcas no papel se tornaram referências para desencadear outras propostas.

Convivendo com o grupo, para elencar situações em que as crianças desenhavam, constatamos que elas estavam acostumadas a desenhar com os mesmos suportes e riscadores. Desenhavam, geralmente, em pé no quadro-branco; sentadas à mesa produzindo marcas no papel A4 ou A3, e, às vezes, com giz no chão. Diante disso, optamos por proporcionar diferentes tipos de suportes para que a turma pudesse experimentar a linguagem do desenho de maneiras mais diversificadas. Trouxemos superfícies de papel em formato A3 e A6, além de papéis em formato de círculo, retângulo e quadrado, em variados tamanhos.

Figura 4: Suportes em formatos diferentes.
Fonte: Acervo pessoal, 2019.

Em outro momento, levamos os desenhos produzidos para a turma, com o objetivo de que as crianças pudessem fazer a leitura dos seus próprios desenhos, bem como dos desenhos dos colegas. A leitura de imagens, no trabalho com Artes Visuais na infância, não se limita ao contato com imagens produzidas por adultos, estende-se à apreciação das imagens produzidas, também, pelas próprias crianças. A situação de leitura aqui relatada ocorreu de forma coletiva. Trouxemos as imagens e solicitamos que cada criança identificasse a sua. Após a identificação, as crianças que desejassem poderiam apresentar o seu desenho para os colegas, ou permitir que nós mostrássemos seu desenho (apenas segurar o desenho para que a criança fizesse inferências). Algumas crianças não se dispuseram a expor suas imagens, correndo para guardar os desenhos nas mochilas, mas a maioria aceitou o desafio.

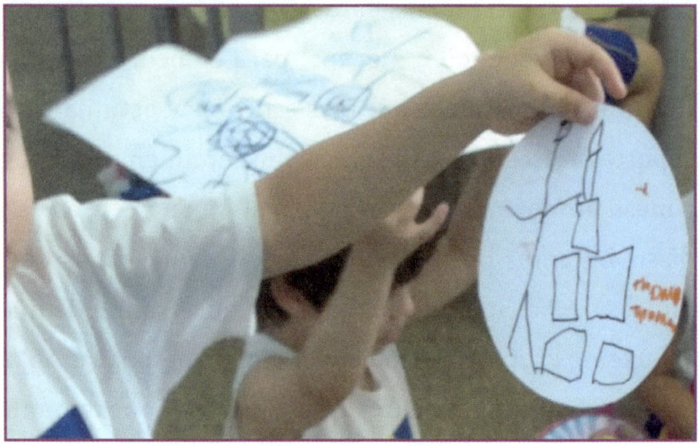

Figura 5: Leitura dos desenhos.
Fonte: Acervo pessoal, 2019.

O contato com as crianças nas experiências de desenhos nos desafiava a demorar o nosso olhar para as especificidades do processo de produção gráfica de algumas crianças. Percebemos que uma das crianças, B., gostava de criar seus desenhos em grandes linhas contínuas. Com movimentos calmos e reflexivos, ela desenhava continuamente até constatar que não havia mais espaço na folha. Por isso, optamos por trazer referências de artistas que produziam desenhos em linha contínua, para que fosse possível dar visibilidade ao estilo de B. Escolhemos imagens da Internet e imagens da literatura, além de propor atividades que ampliassem o repertório das crianças sobre o desenho em linha contínua. Na sala de multimídia, apresentamos para as crianças o vídeo do estúdio francês Differantly. Na apreciação do audiovisual, as crianças foram colocadas diante da produção de desenhos de linha contínua que se transformava em animais com os movimentos da linha, realizados por um artista que desenhava sem tirar o lápis do papel.

Figura 6: As linhas contínuas de B.
Fonte: Acervo pessoal, 2019.

Figura 7: Imagem do estúdio Differantly.
Fonte: https://www.designerd.com.br/ilustrando-animais-com-apenas-uma-linha.

A pesquisa sobre quais imagens poderiam ser apresentadas às crianças para ampliação do seu repertório gráfico conduziu o nosso olhar para as ilustrações da literatura. Para dar continuidade às propostas de leitura e produção na linguagem do desenho, escolhemos o livro *O arame de Alexandre*, escrito e ilustrado por Sieb Posthuma. A escolha desse objeto ocorreu após a análise do plano de conteúdo e do plano de expressão que constituíam a obra. A relação entre expressão e conteúdo presentificava efeitos de sentido adequados aos objetivos do projeto de desenho. Para a Semiótica Discursiva, os textos são compostos por dois planos: o plano de conteúdo – o que o texto diz; e o plano da expressão – como o texto faz para dizer do seu conteúdo (BARROS, 2005). Em *O arame de Alexandre*, o ilustrador se utiliza de uma linha contínua para contar a história de Alexander Calder (1898-1976). Calder trabalhou com esculturas modernas usando fios de arame, chapas metálicas e cores saturadas. Sieb Posthuma se baseia no percurso da produção artística de Calder para desenhar a ilustração do livro e contar a história de um personagem chamado Alexandre, que criava tudo que precisava com arame.

Figura 8: *O arame de Alexandre* (capa).
Fonte: http://www.editora34.com.br/detalhe.asp?id=866.

Em linha contínua, que na narrativa é a representação do arame de Calder, surgem nas páginas do livro pessoas, bichos, móveis, ruas, prédios e muitas outras figuras. Os desenhos remetem a momentos distintos da obra de Calder, indo das esculturas em arame à construção de objetos móveis – compostos por linha e cor –, os móbiles.

As estratégias de mediação para promover a interação das crianças com o livro foram diversas. A primeira aproximação das crianças ao objeto ocorreu de forma espontânea, o livro foi colocado junto aos demais livros, na sala de referência havia um cantinho com livros que as crianças podiam acessar livremente. Além desse espaço com livros, diariamente as crianças participavam de práticas de leitura, denominadas de contação de histórias pelas professoras. Tal situação de leitura iniciava com os livros dispostos em um grande tapete, as crianças sentadas no tapete escolhiam um dos livros para folhear. Após esse momento, a professora, ou uma das crianças, elegia uma das obras para a leitura/contação de história. A escolha de

O arame de Alexandre desencadeou o momento de leitura mediada, que foi iniciado com a apresentação da imagem da capa do livro e continuou com a contadora seguindo a linha deixada pelo autor/ilustrador para tecer a narrativa de Alexandre.

Após a primeira leitura, voltando novamente para o início do texto, incentivamos as crianças a expressarem comentários sobre a trama de imagens que conta a história.

– Como o desenhista dessa história fez? Será que parece com aquele artista que não tirava o lápis do papel?

"Parece sim!"

– E por que ele tem um arame?

"Ele trabalha com um arame"

"Como ele desenhou o rolo?" [referência ao desenho de uma espiral]

"Ele enrolou o arame".

"Ele fazia [os bichos] de arame".

"Ele faz tudo de arame".

"Ele comprou uma mola e fez de arame [o dinossauro]".

"A nuvem não era de arame".

"Agora tem irmãos gêmeos".

"Parece um pouco com um macaco".

"Ele não fez nada e depois fez tudo".

"Ele só continuou fazendo." [referência à imagem de um desenho abstrato, que na história remete à mudança de estilo de Calder].

As crianças estabeleceram relações entre as ilustrações do livro e os desenhos em linha contínua aos quais já haviam sido apresentadas. Foram minuciosas nos comentários sobre o trabalho do ilustrador, observaram, estabeleceram relações intertextuais com o audiovisual, sobre o estúdio Differantly, e formularam questões a respeito do processo de produção dos desenhos.

Para conhecer melhor o Alexander, no qual se baseava o livro, as crianças foram apreciar vídeos sobre o circo de arame de Alexander Calder. O artista americano

Alexander Calder, que se destaca como importante referência em arte cinética no século XX, no ano de 1926, em Paris, deu forma ao seu interesse pelo mundo circense ao criar o *Cirque Calder*. No início do audiovisual, Calder aparece com duas malas, de onde retira objetos para montar o picadeiro do circo. Em seguida, ele vai colocando os personagens circenses nesse picadeiro, com a preocupação de apresentar ao espectador o processo de manipulação que dá movimento a eles – trata-se de esculturas manipuláveis que podiam ser transportadas para onde Calder desejasse. Em alguns dos personagens, a linha de contorno era bem perceptível. Os desenhos de Calder, transformados em esculturas, causaram encantamento no grupo. As imagens do circo – construído com miniaturas de artistas, objetos circenses e animais –, produzidas com arames, madeira, couro, tecidos e outros materiais, capturaram os olhares das crianças e desencadearam comentários.

Figura 9: *Circo mínimo*, de Alexander Calder.

Fonte: (1263) Alexander Calder performs his Circus | Whitney Museum of American Art – YouTube.

Após a experiência de leitura do livro, e do audiovisual, sobre os desenhos/esculturas de Alexander Calder, trouxemos outra proposta de produção de imagens: tal qual Alexandre, faríamos novamente os desenhos em linha contínua, no entanto, no lugar do arame, dessa vez faríamos no papel. A experiência proporcionou momentos de experimentação e aprendizagem. As crianças começaram a experimentar tracejar a linha contínua no papel, mas, após um tempo, retiravam o lápis da folha e decidiam prosseguir o desenho de outras maneiras, esquecendo a proposta inicial. Optamos, então, por desenhar no quadro, de forma que a turma pudesse fazer leituras, acompanhar e dar sugestões sobre a produção de cada criança. Dessa vez, as crianças ficaram ainda mais empolgadas e conseguiram desenvolver desenhos em linha contínua, mantendo a intencionalidade.

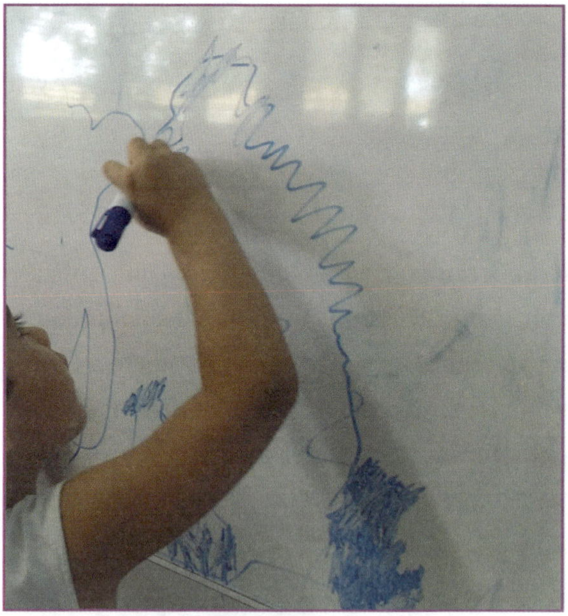

Figura 10: Desenho de linha contínua no quadro.

Fonte: Acervo pessoal, 2019.

A investigação sobre o percurso que a linha poderia tomar, ao ser assumida como extensão do corpo das crianças, nos fez diversificar ainda mais as vivências com a linguagem do desenho. Trouxemos barbantes e solicitamos às crianças que brincassem de fazer desenhos com aquela linha. Tais desenhos poderiam ser modificados, se assim desejassem. Diante dos colegas, cada criança experimentou jogar o barbante no ar, observar seu percurso, para, ao final, colocá-lo em cima de uma cartolina azul e dar forma àquela linha. No processo, a linha ganhava o espaço movida pelo gesto da criança: o barbante, jogado no meio da roda, diante dos olhares do grupo, voava para cair no chão ou na cartolina. Algumas crianças planejavam a distância e a força para o lançamento do objeto, mirando o suporte que estava no chão. A criança que lançava o barbante poderia ajustar suas formas e podia convidar um dos colegas para modificar o seu desenho. Depois desse momento de desenho coletivo compartilhado, que colocou o grupo para vivenciar a natureza efêmera do traço, cada criança foi desafiada a criar formas com o barbante usando cola para que o desenho se tornasse fixo.

Concebendo que o percurso da linha pode ser mobilizado por diferentes partes do corpo, buscamos motivar as crianças a explorarem as possiblidades de interação do corpo com a espacialidade e os suportes durante o ato de desenhar.

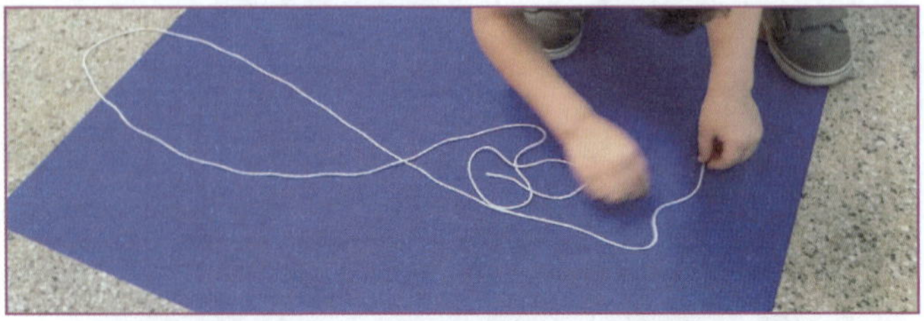

Figura 11:

Desenho com barbante.

Fonte: Acervo pessoal, 2019.

Trouxemos vídeos que apresentavam o percurso criativo de artistas que utilizam outras partes do corpo para desenhar, como Huang Guofu, que desenha com a boca e com o pé direito; e o vídeo com Heather Hansen produzindo sua tela *Empty gestures* (Gestos vazios), que mostra um exemplo de pintura cinética, na qual os movimentos do corpo produzem gestos e marcas na superfície.

Figura 12:

Huang Guofu.

Fonte: https://www.deficienteciente.com.br/huang-guofu-superando-a-arte-sem-os-bracos.html.

Figura 13:

Gestos vazios.

Fonte: https://fujocka.wordpress.com/2013/10/01/gestos-vazios-de-heather-hansen/.

As crianças se mostraram muito interessadas em experimentar as técnicas apresentadas, o que gerou vários desenhos feitos com os pés, boca, axilas e diversos movimentos corporais registrados no papel.

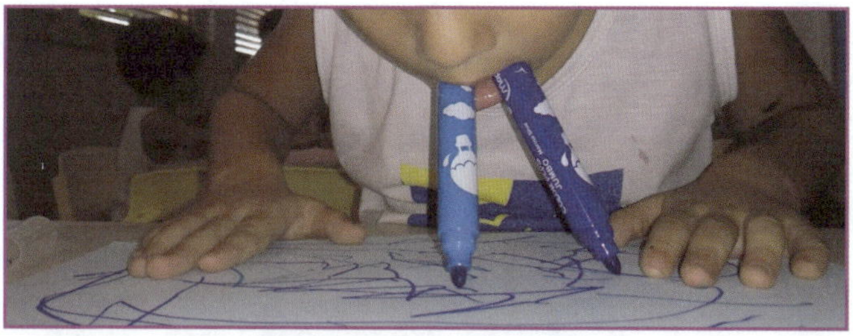

Figura 14:
Desenho com a boca

Fonte: Acervo pessoal, 2019.

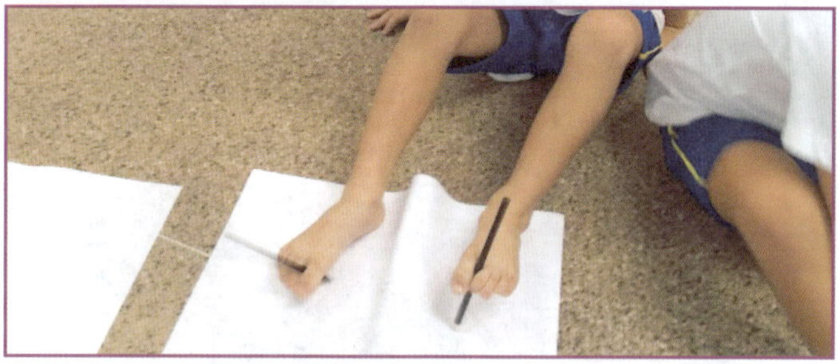

Figura 15:
Desenho com os pés

Fonte: Acervo pessoal, 2019.

Como desdobramento do projeto Desenho em Gestos Brincantes, continuando a sequência de experiências, questionamos as crianças como os artistas faziam para pintar nos tetos das igrejas, mostrando o exemplo da Capela Sistina, pintada com a técnica afresco por Michelangelo Buonarroti (1475-1564). Para vivenciar um pouco do desafio desse artista, além de investigar outros modos de estar corporalmente durante a produção de desenhos, cobrimos as mesas (em cima e embaixo), o chão, as paredes e as portas com um extenso papel *kraft*, instigando as crianças à produção de desenhos, ajustando-se corporalmente à espacialidade que o suporte colocado de formas diversas lhes trazia como desafio.

Figura 16: Desenho
embaixo da mesa.

Fonte: Acervo pessoal, 2019.

Figura 17:
Desenho na porta.
Fonte: Acervo pessoal, 2019.

Figura 18: Desenho na parede em plano baixo.
Fonte: Acervo pessoal, 2019.

Com o objetivo de possibilitar outras leituras e vivências de desenho, propusemos outra situação de apreciação de imagens da arte, na literatura. Lemos o livro *Jeremias desenha um monstro*, de Peter Mccarty, no qual um garoto, sem amigos, desenha um monstro para lhe fazer companhia. A narrativa se desencadeia com o monstro solicitando que Jeremias dê forma aos seus desejos: comidas, roupas, objetos, entre outros. Muito exigente, o monstro causa incômodos ao garoto. Como desfecho da história, Jeremias desenha um bilhete de ônibus para o mostro, somente de ida. O monstro entra no ônibus, a contragosto, e segue o seu caminho. O menino se volta para outras crianças, terminando a história com amigos para brincar na rua. A partir da leitura da ilustração do livro *Jeremias desenha um monstro*, trabalhamos com a ideia de representação, ao pedir que a turma criasse seus próprios monstros e os registrassem por meio de desenhos.

Figura 19: *Jeremias desenha um monstro* (ilustração da capa).

Fonte: https://www.amazon.com.br/Jeremias-Desenha-Monstro-Peter-McCarty/dp/8525051950.

Nos papéis, e no corpo das crianças, surgiram monstros de variadas formas e tamanhos, todos diferentes da imagem de referência apresentada quando da leitura da ilustração do livro. Nessa situação, elas acionaram as práticas de desenho vivenciadas anteriormente, algumas crianças experimentaram desenhar o monstro com as canetinhas presas na boca, outras lembraram do desenho em linha contínua para alongar a representação do corpo de seu monstro.

Figura 20: Desenho do monstro.

Fonte: Acervo pessoal, 2019.

Para finalizar o projeto, levamos para a sala de referência todo o material produzido pelas crianças. Os desenhos foram dispostos no tapete no meio da roda, para que cada criança escolhesse alguns para uma apreciação individual. Elas passearam em volta dos desenhos, olhando de cima para baixo, buscavam os seus desenhos. Mas algumas crianças também apreciavam o seu desenho, estabelecendo relações com os desenhos dos colegas. Durante esse momento, começamos a questionar o que poderia ser feito com todos os seus desenhos.

Assim, com as crianças, pensamos em possibilidades para mostrar os trabalhos para as outras crianças da escola, familiares e comunidade.

Falas das crianças sobre a leitura dos desenhos produzidos e organização da exposição:

O que vamos fazer com todos esses desenhos que fizemos? [professoras]

"... pode mostrar os desenhos pros nossos amigos".

"... levar os desenhos pra casa e mostrar pros pais".

"... pode doar e fazer outros desenhos".

"Ou a gente pode colar nas mesas".

"... também pode colar nas paredes".

"E no teto!".

"... pode cantar uma música quando for mostrar os desenhos" (explicação que faz referência ao ambiente de uma exposição).

"A gente tem que mandar uma carta para os pais avisando".

"Vai dar um trabalhão pra colar tudo".

Todos precisam ajudar [professora].

"Pode ser lá fora também".

"Meu pai pode pendurar as coisas lá em cima, ele é bem alto".

"Pode colar nas portas e nos armários".

Estando diante do material gráfico, e da reflexão das crianças sobre como mostrar a produção a outros, construímos juntos a exposição Gestos e Marcas Brincantes: exposição de desenhos da Turma 2. As crianças participaram de todo o processo, desde a escolha do nome, local e montagem, até dos momentos de mediação para os visitantes. Os desenhos foram dispostos nas paredes do corredor das salas de Educação Infantil, para que as crianças e os professores de outros grupos pudessem ver. Escolhemos um dia para convidar os familiares das crianças para a apreciação dos desenhos. Nesse dia, as crianças atuaram como mediadoras que aproximavam os adultos das imagens. Durante a exposição, mantivemos um espaço com riscadores e papéis de tamanhos e formas diferentes, para que adultos e crianças desenhassem. Esta proposição de interação fazia com que as crianças, sem precisar de muita explicação, fizessem o convite ao público para também exercer o desenho em gestos brincantes. A atuação das crianças durante todas as situações de aprendizagem do projeto – vivenciando experiências, exercitando seu protagonismo e coparticipando da organização do ato pedagógico – deu a elas a segurança para saber dizer para outros, a seu modo, o que havia ocorrido até chegar às imagens expostas.

Considerações para continuar desenhando

O título do capítulo "O meu traço brinca com o seu" é significativo da dimensão interativa de um projeto que convidou/desafiou as crianças para experiências com o ato de desenhar. O traço que brinca não se produz sozinho, convida outros, aproxima-se de imagens e de sujeitos produtores de imagens, sejam eles artistas ou outras crianças. Compreendendo que a interação ocorre atravessada por referências culturais, é possível afirmar que o traço é, ao mesmo tempo, pessoal e cultivado. Acrescente-se a essa constatação a consideração de que o corpo brincante gesta e gera a linha que se expande no espaço como traço que delineia um percurso, no nosso caso, um percurso para encontrar outros traços.

Referências

BARBOSA, Ana Mae. *A imagem no ensino de Arte:* anos 1980 e novos tempos. 7. ed. rev. São Paulo: Perspectiva, 2010.

BARBOSA, Ana Mae. *Tópicos utópicos*. Belo Horizonte: C/Arte, 1998.

BARROS, Diana Luz Pessoa de. *Teoria semiótica do texto*. São Paulo: Ática, 2005.

BRASIL. Ministério da Educação. CNE/CEB. *Diretrizes Curriculares Nacionais para a Educação Infantil*. Brasília, 2010.

BRASIL. MEC. *Base Nacional Comum Curricular* – BNCC, versão aprovada pelo CNE. Brasíia: nov. 2017. Disponível em: http://basenacionalcomum.mec.gov.br/ Acesso em: 4 jun. 2020.

DERDYK, Edith *Formas de pensar o desenho*. Porto Alegre: Zouk, 2010.

DERDYK, Edith (org.). *Edith Derdyk:* de 1997 a 2017. São Paulo: A Edições, 2018.

DERDYK, Edith (org.). *Disegno. Desenho. Desígnio*. São Paulo: Senac, 2007.

DEWEY, John. *Arte como experiência*. Tradução: Vera Ribeiro. São Paulo: Martins Fontes, 2010.

IAVELBERG, Rosa. *Desenho na Educação Infantil*. São Paulo: Melhoramentos, 2013.

IAVELBERG, Rosa. *O desenho cultivado na criança*: práticas e formação de educadores. Porto Alegre: Zouk, 2006.

JOBIM E SOUZA, Solange. Mikhail Bakhtin e as ciências humanas: sobre o ato de pesquisar. *In:* FREITAS, Maria Teresa de Assunção (org.). *Escola, tecnologias digitais e cinema*. Juiz de Fora: Editora da UJFJ, 2011. p. 35-44.

MCCARTY, Peter. *Jeremias desenha um monstro*. Tradução: Rosemarie Ziegelmaier. São Paulo: Globinho, 2012.

MERLEAU-PONTY, Maurice. *Fenomenologia da percepção*. Tradução: Carlos Alberto Ribeiro de Moura. São Paulo: Martins Fontes, 1999.

PILLAR, Analice Dutra. *Desenho e construção do conhecimento na infância*. Porto Alegre: Artes Médicas, 1996.

PILLAR, Analice Dutra. *Desenho e escrita como sistema de representação*. Porto Alegre: Penso, 2012.

PILLAR, Analice Dutra. Leitura e releitura. *In:* PILLAR, Analice Dutra (org.). *A educação do olhar no ensino das artes*. 8. ed. Porto Alegre: Mediação, 2014. p. 7-17.

PONTES, Gilvânia Maurício Dias de; PILLAR, Analice Dutra. Experiência estética na semiótica discursiva: pistas para leitura de textos de professores sobre suas práticas. *Palíndromo*, Florianópolis, v. 10, n. 22, p. 12-24, 2018. DOI: https://doi.org/10.5965/217523 46102202018012.

POSTHUMA, Sieb. *O arame de Alexandre*. Tradução: Lucas Simone. São Paulo: Editora 34, 2015.

ZABALA, Antoni. *A prática educativa*: como ensinar. Porto Alegre: Artmed, 1998.

7

Abordagem Triangular: leituras visual e audiovisual na Educação Infantil

Analice Dutra Pillar
Universidade Federal do Rio Grande do Sul (UFRGS)

A leitura de mundo precede a leitura da palavra.
Paulo Freire (1988, p. 11)

Que leituras de mundo a criança faz? Na Abordagem Triangular, a leitura é um convite a olhar e a produzir sentido para o que se vê. Mais do que solicitar uma interpretação acerca das criações visuais e audiovisuais, busca-se conhecer como a criança compreende o que vê e o que ouve. Não há necessidade, num primeiro momento, de mencionar dados do artista e da obra para a criança. O que interessa é o que ela percebe e as relações que estabelece, pois não há uma leitura e sim leituras oportunizadas pelo encontro da criança com as produções.

Ao discutir as diferenças entre ver e ler imagens e audiovisuais, María Acaso (2006, p. 89-90) observa que ver diz respeito a "[...] pousar nosso olhar de forma superficial sobre algo". Enquanto "[...] 'ler' significa primeiro olhar, deter o olhar no que se vê, obter a informação e selecionar um produto visual do resto". A autora observa, também, que o ler envolve compreender o que e como a informação se mostra ao nosso olhar, dar sentido ao que se vê.

As leituras visual e audiovisual com crianças de 3 a 5 anos podem envolver várias instâncias: leitura de suas criações nas diversas linguagens; de livros de imagens e livro-brinquedo; de produções audiovisuais; e de obras de arte. Neste texto, o foco está nas diferentes possibilidades de leituras visual e audiovisual que podem ser feitas com crianças pequenas.

Leituras das criações com as crianças

As produções[1] das crianças nas diferentes linguagens artísticas nos surpreendem e encantam pela riqueza e pela diversidade que trazem. Muitos teóricos[2] têm se dedicado a entender essas criações que elas fazem e os motivos que as levam a alterá-las. Esses estudos abordam os processos de construção e apropriação das linguagens do desenho, da pintura e da escultura pela criança. É importante conhecermos esses processos para acompanhar o seu desenvolvimento, entendendo o que ela pode fazer em cada momento.

Algumas crianças, enquanto estão fazendo suas produções, vão comentando o que estão criando, seja no desenho, seja na pintura, seja nas construções. Outras preferem ficar em silêncio. Para conhecer as leituras da criança acerca de suas produções, podemos propor uma conversa incentivando que ela nos conte o que fez. Se for em sala de aula, na rodinha, cada uma das crianças pode mostrar o que produziu para os colegas. Nessa conversa, a criança pequena pode falar o que fez, contar uma história sobre o que criou e até reviver o momento em que estava fazendo seu trabalho, mencionando o que utilizou e como fez. Apresento, a seguir, algumas leituras de uma criança sobre suas produções.

1 Por produções das crianças pequenas estamos entendendo aquelas criações em que elas se expressam explorando e se apropriando das linguagens artísticas, sem uma intervenção do adulto quanto à forma de realização.

2 Poderíamos mencionar os trabalhos de Luquet, Lowenfeld, Arnheim, Kellogg, Gardner, dentre outros. Um panorama desses estudos pode ser visto em Iavelberg (2013) e em Pillar (2012), situando, inclusive, grupos de pesquisa no Brasil que se dedicam ao estudo das produções das crianças.

Figura 1: Desenho de Isadora (2;5) – Dick, o cachorro do avô.
Fonte: Acervo de Analice Pillar, 1996.

Isadora, aos 2 anos e 5 meses, pega a caneta rosa e faz vários traços enovelados. Desenha em silêncio. Troca de cor e pega a caneta laranja, depois a azul e a amarela para desenhar. Ao finalizar o desenho (Figura 1) diz: *Dick* (o nome do cachorro do seu avô).

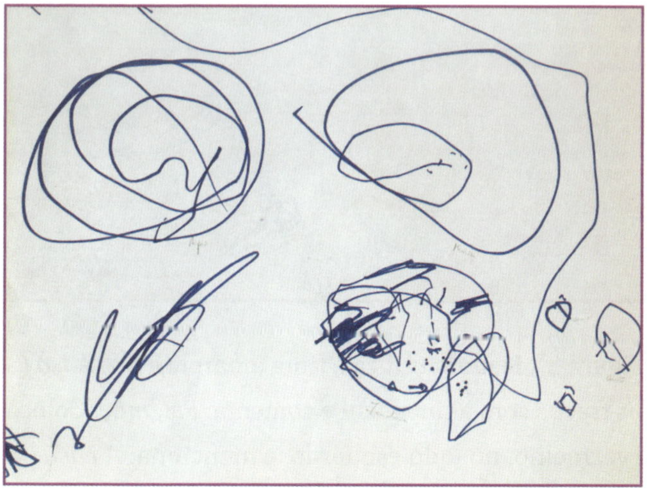

Figura 2: Desenho de Isadora (2;6) – Família.
Fonte: Acervo de Analice Pillar, 1996.

Para fazer este desenho (Figura 2), Isadora pega a caneta azul. Vai desenhando e comentando: *Papai* (forma circular à esquerda); *Mamãe* (forma circular à direita acima); *Isadora* (forma circular com pontos à direita abaixo). Desenha três formas menores no canto inferior direito e diz: *Coração*.

Figura 3: Pintura de Isadora (3;9) – Família.
Fonte: Acervo de Analice Pillar, 1997.

Ao iniciar esta pintura (Figura 3), Isadora utiliza a tinta amarela e diz: *A Isa* (a forma central). Depois faz mais traços com a tinta azul e comenta: *Pai, mãe*. Coloca manchas de tinta em verde e vermelho, no lado esquerdo, e menciona: *A casa*.

Figura 4: Desenho e pintura de Isadora (5;9) – As amigas.

Fonte: Acervo de Analice Pillar, 1999.

Nessa produção (Figura 4), Isadora começa desenhando as quatro figuras na borda inferior da folha e diz: *As amigas que foram passear*. Faz um sol e traços circulares como nuvens. Acima, escreve seu nome. Depois pinta com anilina rosa acima das figuras, faz pequenos pontos em vermelho na folha e explica: *Tava chovendo e elas não queriam molhar o cabelo. Daí foram pra casa.*

Figura 5: Desenho de Isadora (5;11) – O mingau.
Fonte: Acervo de Analice Pillar, 1999.

Após ouvir a história *Cachinhos Dourados e os três ursos*, Isadora (5;11) faz o desenho da Figura 5 e comenta: *A menina e o ursinho comendo mingau... Eles eram amigos.*

As leituras das crianças sobre suas criações[3] nos dão pistas das suas intenções e interpretações ao nos apresentar seu modo de ver o mundo através das linguagens artísticas. Podemos nos surpreender com as histórias que contam, com as descobertas que fazem, com as ideias expressas. Conhecer como as crianças fizeram os trabalhos, o que queriam fazer e o que ficou ao final, a partir do ponto de vista delas, é uma forma de entender como estão percebendo, imaginando e pensando o mundo.

Leituras de livros de literatura infantil com as crianças

Hoje, no Brasil, temos um rico universo de livros de literatura infantil, livros de imagem e livros-brinquedo. Muitos, inclusive, com várias premiações nacionais e internacionais. Desde cedo, podemos propiciar interações das crianças com esses objetos, explorando suas possibilidades lúdicas e visuais. Os modos de interação[4] são diversos e podem envolver uma regularidade de ações do

3 Ver, também, a pesquisa *Desenho e construção de conhecimento na criança* (PILLAR, 1996), em que o foco foram as ideias das crianças sobre o processo de desenho.

4 Para mais informações sobre modos de interação e sentido, ver Landowski (2014).

adulto, numa determinada sequência, indicando à criança uma certa leitura; uma intencionalidade do adulto em motivar a criança a conferir um sentido à narrativa visual; uma construção com a criança de sentidos para o que as imagens mostram; ou, ainda, uma abordagem inusitada por parte da criança do que se pode ver nas imagens. Como a criança lê estes livros? O que ela observa? Que histórias cria?

Um trabalho interessante é *Leitura mediada do livro de imagem no Ensino Fundamental: letramento visual, interação e sentido*, de Marília Forgearini Nunes (2013), que explora a mediação de leitura que tanto os professores e as professoras como as famílias podem fazer com crianças pequenas a partir de livros de imagens. O foco desse estudo está nos modos de interação propiciados pelas docentes aos seus alunos com os livros *Pula, gato*, de Marilda Castanha; *Onda*, de Suzy Lee; e *A menina do tambor*, de Sonia Junqueira e Mariângela Haddad. As possibilidades de interações das crianças com os livros oportunizadas pelas docentes se alternaram em modos de leitura mais direcionados, com outros que provocavam as crianças a produzirem sentidos, ou ainda com uma construção conjunta de uma narrativa. A partir da análise dessas interações, a autora definiu alguns princípios para abordagem de livros de imagens e para a leitura mediada.

Outro trabalho é o da Tatiana Telch Evalte (2014), *Para entender o livro-brinquedo: arte e literatura na infância*. Os livros-brinquedo são aqueles constituídos por formas que se projetam em 3D real, abas manipuláveis, texturas, adesivos, dobraduras que buscam, em especial, incentivar a interação visual, tátil, sonora ou olfativa da criança. Nessa pesquisa, a autora buscou, junto a crianças de Educação Infantil, analisar como elas exploravam os livros-brinquedo e como se pode mediar a leitura dessas produções com crianças pequenas. Os livros utilizados foram: *A girafa que cocoricava*, de Keith Faulkner e Jonathan Lambert; *Na floresta do bicho-preguiça*, de Anouck Boisrobert e Louis Rigaud; e *Feliz Natal, Ninoca!* de Lucy Cousins.

De modo a apresentar para as crianças histórias de diversas etnias, temos livros como *Menina bonita do laço de fita*, de Ana Maria Machado; *O Pequeno Príncipe preto para pequenos*, de Rodrigo França; *Amoras*, de Emicida; *Meu crespo é de rainha*, de bell hooks; *Coisas de índio* e *Kabá Darebu*, de Daniel Munduruku; *Descobrindo o Xingu*, de Marco Hailer; *Boca da Noite: histórias que moram em mim*, de Cristino Wapichana. E abordando o respeito às diferenças físicas e culturais entre as pessoas, temos livros como *Diversidade*, de Tatiana Belinky, e *Na minha escola todo mundo é igual*, de Rossana Ramos e Priscila Sanson.

Que estratégias as crianças criam para entender o que as imagens mostram? Que narrativas surgem? Importa, então, disponibilizar livros de literatura infantil, de imagens e livros-brinquedo para as crianças interagirem, fazer uma escuta das suas narrativas e mediar a relação das crianças com esses livros, com questões que as incentivem a observar as narrativas visuais.

Leituras de produções audiovisuais

Pesquisas[5] mostram que as crianças brasileiras, desde bem pequenas, interagem durante muito tempo com as mídias, através da televisão, do celular e dos equipamentos eletrônicos. E esse tempo aumentou consideravelmente, nos anos de 2020 a 2022, durante a pandemia da covid-19[6]. Assim, as crianças ficam conhecendo o mundo por meio dessas mídias.

Outra possibilidade de leitura com as crianças é das produções audiovisuais que lhes chamam atenção. O que as crianças estão vendo? E como interpretam aquilo a que assistem? O que as crianças estão aprendendo com essas produções audiovisuais?

5 Pesquisa do Mobile Time e da Opinion Box realizada no Brasil em 2021, com 1.962 pais, apontou que 49% das crianças de 0 a 12 anos de idade possuem um smartphone, e 33% usam o dos pais; acima dos 7 anos, a maioria tem aparelho. Entre as crianças que têm até 3 anos de idade, a maioria fica diante do aparelho por uma hora no dia. O tempo de tela vai subindo conforme a faixa etária e chega ao maior ponto entre os 10 e 12 anos: para esse público, a maioria fica pelo menos três horas diárias, e 37% ficam quatro ou mais horas. Informações disponíveis em: https://tecnoblog.net/noticias/2021/10/29/metade-das-criancas-de-ate-12-anos-no-brasil-ja-tem-celular-proprio/. Acesso: 28 jul. 2022.

6 Pesquisadores da Universidade do Sul da Dinamarca publicaram um artigo na revista científica *BMC Public Health*, em que reuniram 49 estudos sobre o uso de equipamentos eletrônicos no dia a dia de crianças e adolescentes. “Dados recentes de uma estatística global mostram que mais de 60% das crianças no mundo passam mais de quatro horas em frente a uma tela, e 30% mais de oito horas. Isso é muita coisa”, afirma a pediatra Renata Prado (membro da Sociedade de Pediatria de São Paulo). Informações disponíveis em: https://noticias.r7.com/saude/uso-excessivo-de-telas-rouba-horas-de-sono-de-criancas-e-adolescentes-29062022. Acesso em: 28 jul. 2022.

Em pesquisas (PILLAR, 2014) que realizamos sobre leitura de desenhos animados com crianças pequenas, foi possível conhecer suas interpretações acerca do que estavam assistindo. Um dos desenhos mais assistidos pelas crianças, naquele momento, foi *Bob Esponja Calça Quadrada*, e um dos episódios que selecionamos para ver com elas foi *Beijos da Vovó*. Esse episódio aborda as relações entre ser criança e ser adulto, mostrando o mundo infantil com cuidados e mimos e o mundo adulto desprovido de carinhos. Após assistirem ao episódio, as crianças conversaram sobre as diferenças entre ser criança e ser adulto. Elas disseram:

– *Eu gosto de ser bebê*;

– *Eu não acho legal ser bebê, porque daí a minha mãe vai ter que me dar banana esmagada*;

– *Adulto tem que ir no trabalho, na faculdade!*;

– *Criança não trabalha*;

– *Só na TV trabalha!*;

– *Só na novela*.

– *Gente grande não é um bebê, gente grande come comida com faca, não com colher*;

– *Adulto toma banho sozinho, pode pentear o cabelo sozinho*;

– *Se arrumar sozinha*;

– *Sair sozinha e, também, com o namorado*;

– *Daí pode passear sozinha, sem precisar de "mandação"*.

As leituras das crianças trouxeram o seu modo de ver o desenho, desde as suas experiências até o até o seu contexto. Muitas vezes elas assistem aos desenhos e não conversam sobre o que viram. Conhecer os sentidos que elas conferem a tais produções nos ajuda a entender como estão compreendendo o que lhes é apresentado.

Juliano de Campos (2017), na pesquisa *Princesa preta não existe: o ensino de arte entre telas e infâncias*, traz uma cena entre duas crianças pequenas, em que uma menina negra está tentando vestir um traje de festa, característico de uma personagem de um filme infantil a que havia assistido. Nesse momento, uma menina branca diz: *Princesa preta não existe*. A menina negra segue tentando vestir o traje de festa. A educadora intervém dizendo que *qualquer menina pode ser princesa*.

Algumas crianças conhecem apenas princesas de pele clara. Nas produções de grandes companhias de entretenimento voltadas para o público infantil, a maioria das protagonistas são brancas. Muito recentemente[7] começaram a aparecer protagonistas negras nos filmes infantis. Poderíamos questionar, então, como as crianças negras, a partir desses filmes, percebem seu papel na sociedade[8]?

Nas produções audiovisuais, importa conhecermos *o que* estão mostrando e *como*. Que assuntos abordam? Como representam as famílias? Que papéis são atribuídos às meninas e aos meninos? Em alguns filmes infantis, as mulheres aparecem limpando as casas, fazendo comida, lavando roupas e à espera de um príncipe para se casar. O que uma menina pequena está aprendendo sobre o papel das mulheres na sociedade a partir desses filmes? Como as questões de raça e etnia são mostradas? Como os indígenas são representados? Como aparecem as diferenças sociais? Que visão de mundo, das diversas culturas, dos países é mostrada para nossas crianças? Visões norte-americanas, japonesas, europeias?

No Brasil, o primeiro desenho animado foi criado em 1917[9], mas somente na segunda metade do século XX é que a produção de desenhos animados se expandiu. Atualmente é possível apresentar para as crianças desenhos animados brasileiros, como *A turma da Mônica*, *Peixonauta*, *O show de Luna*, dentre outros que trazem concepções mais voltadas ao nosso contexto. No site do Sesc há uma seleção de curtas produzidos com diferentes técnicas de animação e premiados em festivais.

Muitas crianças assistem, também, à programação exibida na televisão em canal aberto. Mas como elas entendem o que estão vendo? Interessa, então, fazermos uma leitura dessas mídias com foco na educação das crianças.

7 Em seu estudo, Juliano de Campos (2017, p. 17) observa que "Tiana, a primeira e única princesa negra da Disney, surge em 2009, no longa-metragem *A princesa e o sapo*".

8 A animação *Bia desenha* traz como personagens uma família de pessoas negras. Disponível em: https://www.youtube.com/watch?v=bkImTOAHJCM. Acesso em: 25 jun. 2022. Tem, também, *Cores e botas*. Disponível em: https://www.youtube.com/watch?v=Ll8EYEygU0o. Acesso em: 25 jun. 2022. E a animação *Nella, uma princesa corajosa*. Disponível em: https://www.youtube.com/watch?v=-T3frEVbyd1Y. Acesso em: 25 jun. 2022.

9 Sobre a história da animação no Brasil, ver: https://institutodecinema.com.br/mais/conteudo/historia-da-animacao-no-brasil. Acesso em: 28 jul. 2022.

Leituras de obras de arte

Na leitura de imagens da arte, nem sempre é possível o contato com a obra original em museus, bienais de artes ou instituições culturais. No Brasil, muitas vezes conhecemos as obras através de reproduções, de imagens em livros e na Internet. Na Abordagem Triangular (BARBOSA, 2009), tão importante quanto propiciar experiências de criação nas linguagens artísticas é compreender o que foi feito pela criança e por outras pessoas, buscando respeitar as singularidades de diferentes contextos sociais, culturais e étnicos, bem como as experiências de cada criança. Assim, a leitura de imagens da arte torna-se uma experiência de grande relevância para a educação estética[10] da criança.

Pesquisadores, como Feldman (1970) e Parsons (1992), têm realizado estudos sobre leitura de imagens procurando conhecer como as pessoas leem imagens e obras da arte, o que lhes chama atenção e como esse processo de compreensão estética se desenvolve. Feldman[11] propôs estratégias que podem ser utilizadas na leitura de imagens, em especial, na comparação entre diferentes objetos. E Parsons identificou estágios de compreensão estética, os quais vão se tornando mais complexos. Segundo o autor, num primeiro momento "[...] as crianças pequenas não têm a consciência de que estão fazendo interpretações e de que outras pessoas podem ver ou dar significado às coisas de forma diferente delas" (PARSONS, 1997, p. 62).

No Brasil, Maria Helena Rossi (2003) realizou um estudo sobre leitura de imagens e compreensão estética com crianças, o qual tem sido referência para investigações nacionais e internacionais. A autora ressalta que se concebemos "[...] 'leitura' como sinônimo de uma compreensão que decorre de uma interpretação, não há como aceitar a ideia de interceptar o processo de construção do aluno, impondo ideias alheias a esse processo". E suas pesquisas evidenciaram que "[...] quando crianças e leitores não familiarizados com arte compreendem uma imagem como resultado de uma cópia do mundo, não cabem ideias de 'como' a imagem foi feita, mas 'o que está lá'" (ROSSI, 2008, p. 5).

10 Mais informações sobre leitura e educação estética com crianças podem ser encontradas em Rossi (2005; 2015).

11 O texto "A leitura da imagem" (PILLAR, 1993) aborda as estratégias de leitura propostas por Feldman.

Nas fotos das Figuras 6 e 7, podemos ver uma criança pequena olhando atentamente imagens de obras de Picasso num livro. O que lhe chama atenção? Que sentidos confere ao que observa?

Figura 6: Criança (2;10) olhando obras de Picasso num livro.

Fonte: Acervo de Analice Pillar, 1996.

Figura 7: Criança (2;10) olhando livro com a obra *Guernica*, de Picasso.

Fonte: Acervo de Analice Pillar, 1996.

Essa mesma obra de Picasso (Figura 8) foi mostrada, numa investigação realizada por Rossi, para crianças de uma cidade do interior do Rio Grande do Sul.

Figura 8: *Guernica*, de Pablo Picasso (1937). Óleo sobre tela, 349 cm x 776 cm.
Fonte: https://conteudo.imguol.com.br/c/noticias/2013/08/27/guernica-de-pablo-picasso-1377616434267_1400x540.jpg.

Ao ler essa imagem de *Guernica* (PICASSO, 1937), uma criança disse: "A porta estava aberta, aí as vacas entraram e começaram uma briga dentro do galpão. É um quadro engraçado porque está tudo quebrado" (ROSSI, 2008, p. 5). Podemos perceber, aqui, o quanto a leitura entrelaça o que a criança vê na imagem às suas experiências e o contexto em que ocorre.

Num outro exemplo, uma imagem da obra *Les Demoiselles d'Avignon* (1907), de Picasso, foi apresentada a um grupo de crianças de Educação Infantil. A Figura 9, que segue, mostra duas meninas observando a imagem.

Figura 9: Crianças fazendo leitura de uma reprodução da obra *Les Demoiselles d'Avignon* (1907), de Picasso.
Fonte: Acervo de Analice Pillar, 1998.

Nas leituras dessa imagem pelas crianças do grupo de Educação Infantil surgiram vários comentários. Trago, aqui, algumas leituras das crianças sobre a obra:

– *As pessoas que vão tomar banho* (porque estão sem roupa).

– *São índios e índias dançando. Eu já vi na televisão.*

– *Parece uma mulher e um homem sem roupa, uns com roupa, não todo mundo sem roupa. A cara é de índio.*

– Já viste um indígena?

– *Eu vi na TV.*

As crianças também mencionaram terem visto indígenas no filme *Pocahontas*. Percebemos nessas falas que o interesse está em identificar o que está sendo visto. Elas procuraram situar as figuras num determinado contexto, a partir de suas experiências e dos conhecimentos que tinham.

Outra imagem mostrada às crianças foi *Animais de caça* (Figura 10), uma pintura rupestre.

Figura 10: *Animais de caça*. c.15.000-10.000 a.C. Pintura rupestre. Lascaux, França.
Fonte: https://pt.wikipedia.org/wiki/Lascaux#/media/Ficheiro:Lascaux_painting.jpg.

No grupo de crianças surgiu, então, uma discussão entre dois meninos acerca do que viam na imagem:

Lucas – *É um boi.*

Gabriel – *Não, é um touro.*

Lucas – *É um boi.*

Gabriel – *É um touro.*

Lucas – *Professora, qual a diferença entre um boi e um touro?*

Professora – O boi não procria e o touro é para procriar.

Gabriel – *O que é procriar?*

Professora – É ter filhotinhos.

Mais do que nomear o que estavam vendo, os meninos queriam dizer com precisão que tipo de animal estava representado na pintura. No entanto, nem sabiam qual a diferença entre boi e touro.

Diante de outra imagem de arte rupestre (Figura 11), Marcelo, aos 6 anos, diz: *Eu já vi uns bichos assim no zoológico com a minha mãe e na televisão. Sabe, na TV os bichos aparecem bem de perto para a gente ver.*

Figura 11: Marcelo (6;3) olhando uma reprodução de arte rupestre.

Fonte: Acervo de Analice Pillar, 1997.

Na leitura de uma imagem da obra *Dinamismo de um cachorro na coleira* (1912), de Giacomo Balla (Figura 12), as crianças ficaram impressionadas com a representação do movimento nas figuras.

Figura 12: Giacomo Balla–*Dinamismo de um cachorro na coleira* (1912).

Fonte: https://commons.wikimedia.org/wiki/File:Giacomo_balla.jpg. Acesso em: 22 ago. de 2021.

Sobre essa tela, as crianças comentaram:

– *Parece um leopardo correndo.*

– Como sabes que ele está correndo?

– *Pela velocidade. Eu vi um leopardo na televisão e depois vi no zoológico com a minha mãe.*

– *É um cachorro correndo.*

– Como sabes que ele está correndo?

– *Vendo as pernas dele.*

– *Parece os Dálmatas, a Prenda e o Pongo, correndo para achar os filhinhos.*

– *É um gato malvado. Eu já vi, na Cinderela tem um gato que pegava o colar. Tem no Cartoon.*

Outra imagem apresentada às crianças foi da obra *Las meninas* (1656), de Velázquez (Figura 13).

Figura 13: Diego Velázquez, *As damas de honor* ou *Las meninas*, 1656.
Óleo sobre tela 3,18 m x 2,76 m.
Fonte: https://www.flickr.com/photos/sqorda/31681397607.

Ao ler *Las meninas*, as crianças disseram:

– *É a princesa do casamento e ele (o pintor) é o príncipe. [...] e as crianças estavam cantando "eu vou, eu vou, para casa agora eu vou...".*

– *Eu gosto deste, é mais parecido com a gente. Parece uma princesa porque ela tem roupa comprida. Eu já vi princesa na televisão, no Angel Mix tema Bela, tem também nos programas de guerra* (seriados japoneses com princesas).

Duas meninas, ao verem essa imagem, falaram de outras princesas:

– *A Bela Adormecida, a Branca de Neve, a fada do Angel Mix* (princesas que viram no vídeo ou na televisão).

– *Ela está de prenda. Ela vai na festa de caipira.*

Como se pode perceber nas leituras das obras de arte, as crianças estabeleceram relações com imagens e produções da cultura visual, e tais associações foram evidenciadas por meio da identificação das figuras com personagens de filmes e de programas televisivos, com animais ou elementos de outras culturas, os quais elas só conheciam através das imagens da mídia. É importante, também, possibilitar que as crianças pequenas frequentem museus, conheçam as obras originais. A imagem (Figura 14) que segue mostra o interesse das crianças em uma exposição de arte contemporânea.

Figura 14: Exposição do Museu de Arte Contemporânea do RS – obra *O Aba vê tudo que aconteceu do que não tinha sido prometido*, de Karin Lambrecht.

Fonte: foto do acervo de Analice Pillar, 1991.

No entanto, nem sempre as exposições são planejadas para acolher as crianças pequenas. Solange Gabre (2021), no livro *Habitar o museu com a criança pequena: formação colaborativa como possibilidade*, traz uma pesquisa em que propôs uma formação colaborativa entre professores de Educação Infantil e educadores de museus, a qual culminou com a montagem de uma exposição visando às crianças pequenas.

Concluindo, poderíamos dizer que nas leituras visual e audiovisual a ideia é convidar a criança a olhar as produções, descobrindo com ela o modo como essas se apresentam e os sentidos que a criança produz. Não se trata, portanto, de ensinar o que ler, pois não há a leitura. Há atribuições de sentido construídas pelo leitor em diálogo com os outros, com o que as imagens e os audiovisuais mostram, em função das informações, dos seus interesses no momento e do contexto. Na Abordagem Triangular, a leitura, muitas vezes, vem junto ao fazer e se entrelaça com a contextualização.

Referências

ACASO, María. *Esto no son las Torres Gemelas:* cómo aprender a leer la televisión y otras imágenes. Madrid: Catarata, 2006.

BARBOSA, Ana Mae. *A imagem no ensino da arte*. São Paulo: Perspectiva, 2009.

BELINKY, Tatiana. *Diversidade*. São Paulo: Editorial Quinteto, 1999.

BELLINGHAUSEN, Ingrid Biesemeyer. *Cachinhos Dourados e os três ursos*. São Paulo: DCL, 2006.

BIA desenha. Direção: Neco Tabosa. Criação: Kalor Pacheco e Neco Tabosa. [*S.l.*]: REC Produtores Associados. 2019. Vídeo (6min59s). Episódio 1: Anjo de Jambo. Disponível em: https://www.youtube.com/watch?v=bkImTOAHJCM. Acesso em: 13 maio 2022.

BOISROBERT, Anouck; RIGAUD, Louis. *Na floresta do bicho-preguiça*. São Paulo: Cosac & Naify, 2011.

CAMPOS, Juliano de. *Princesa preta* não *existe:* o ensino de arte entre telas e infâncias. 2017. Dissertação (Mestrado em Educação) – Faculdade de Educação, Universidade Federal do Rio Grande do Sul, 2017.

CASTANHA, Marilda. *Pula, gato!* São Paulo: Scipione, 2000.

CORES E BOTAS. Direção: Juliana infâncias. 2017. Disponível em: https://www.youtube.com/watch?v=Ll8EYEygU0o. Acesso em: 11 maio 2022.

COUSINS, Lucy. *Feliz Natal, Ninoca!* São Paulo: Ática, 2000.

DAMIÃO, Flávia. O desenho infantil e as relações étnico-raciais na Educação Infantil. Série Estudos, n; 22, jul./dez. 2006. Disponível em: https://serieucdb.emnuvens.com.br/serie-estudos/article/view/277/132. Acesso em: 11 maio 2022.

EMICIDA. *Amoras*. São Paulo: Companhia das Letrinhas, 2018.

EVALTE, Tatiana Telch. *Para entender o livro-brinquedo:* arte e literatura na infância. 2014. Dissertação (Mestrado em Educação) – Faculdade de Educação, Universidade Federal do Rio Grande do Sul, Porto Alegre, 2014. Disponível em: https://lume.ufrgs.br/handle/10183/106489. Acesso em: 24 jun. 2022.

FAULKNER, Keith; LAMBERT, Jonathan. *A girafa que cocoricava.* São Paulo: Companhia das Letrinhas, 2001.

FELDMAN, Edmund Burke. *Becoming human through art.* New Jersey: Prentice-Hall, 1970.

FRANÇA, Rodrigo. *O Pequeno Príncipe preto para pequenos*. Rio de Janeiro: Nova Fronteira, 2020.

FREIRE, Paulo. *A importância do ato ler.* São Paulo: Cortez, 1988.

GABRE, Solange. *Habitar o museu com a criança pequena:* formação colaborativa como possibilidade. Curitiba: Appris, 2021.

HAILER, Marco. *Descobrindo o Xingu*. São Paulo: Carochinha, 2019.

HOOKS, Bell. *Meu crespo é de rainha*. São Paulo: Boitatá, 2018.

IAVELBERG, Rosa. *Desenho na Educação Infantil*. São Paulo: Melhoramentos, 2013.

JUNQUEIRA, Sonia; HADDAD, Mariângela. *A menina do tambor*. Belo Horizonte: Autêntica, 2009.

LANDOWSKI, Eric. *Interações arriscadas*. São Paulo: Estação das Letras e Cores, 2014.

LEE, Suzy. *Onda*. São Paulo: Companhia das Letrinhas, 2017.

MACHADO, Ana Maria. *Menina bonita do laço de fita*. São Paulo: Ática, 2019.

MUNDURUKU, Daniel. *Coisas de índio*. Barueri: Callis, 2019.

MUNDURUKU, Daniel. *Kabá Darebu*. São Paulo: Brinque-Book, 2002.

NELLA, uma princesa corajosa. Criadora: Christine Ricci. Nickelodeon, 2017. Disponível em: https://www.youtube.com/watch?v=T3frEVbyd1Y. Acesso em: 11 maio 2022.

NUNES, Marília Forgearini. *Leitura mediada do livro de imagem no Ensino Fundamental:* letramento visual, interação e sentido. 2013. Tese (Doutorado em Educação) – Faculdade de Educação, Universidade Federal do Rio Grande do Sul, Porto Alegre, 2013. Disponível em: https://lume.ufrgs.br/handle/10183/87978. Acesso em: 24 jun. 2022.

NUNES, Marília Forgearini; EVALTE, Tatilana Telch; PILLAR, Analice Dutra. Texto literário infantil: produção de sentido a partir do olhar, do brincar e do ler. *Gearte*, v. 5, n.1, p. 59-75, jan./abr. 2018. DOI: https://doi.org/10.22456/2357-9854.82452.

PARSONS, Michael. *Compreender a arte*. Lisboa: Presença, 1992.

PARSONS, Michael. A arte como modelo de compreensão. *Arte & Educação em Revista*, Porto Alegre, ano III, n. 4, p. 61-69, dez.1997.

PILLAR, Analice Dutra. Visualidade contemporânea e educação: interação de linguagens e leitura. *Contrapontos* (on-line), v. 13, p. 178-185, 2014. DOI: https://doi.org/10.14210/contrapontos.v13n3.p178-185.

PILLAR, Analice Dutra. *Desenho e escrita como sistemas de representação*. Porto Alegre: Penso, 2012.

PILLAR, Analice Dutra. *Desenho e construção de conhecimento na criança*. Porto Alegre: Artmed, 1996.

PILLAR, Analice Dutra. A leitura da imagem. *In:* PILLAR, Analice Dutra *et al. Pesquisa em artes plásticas*. Porto Alegre: UFRGS, 1993. p. 77-86.

PILLAR, Analice Dutra; EVALTE, Tatiana Telch. Educação e mídia: leituras de desenhos animados na escola. *Reflexão e Ação* (versão eletrônica), v. 21, p. 89-114, 2013. DOI: https://doi.org/10.17058/rea.v21i2.3859.

PONTES, Gilvânia Maurício Dias de; PILLAR, Analice Dutra. Dispersões ou pausas para ressignificar nossas relações cotidianas: uma leitura de Alike. *In:* RODRIGUES, Manoela dos Anjos Afonso; ROCHA, Cleomar de Sousa (org.). *Dispersões.* Goiânia: Associação Nacional de Pesquisadores em Artes Plásticas (Anpap); Universidade Federal de Goiás, 2021. v. 1, p. 166-169. Disponível em: http://www.anpap.org.br/wp-content/uploads/2021/07/Livro-disperso%CC%83es-com-cre%CC%81ditos.pdf e http://anpap.org.br/anais/2020/pdf/Gilvania_Mauricio_Dias_de_Pontes_e_Analice_Pillar_ANPAP_2020_ArtigoFinal-297.pdf. Acesso em: 24 jun. 2022.

RAMOS, Rossana; SANSON, Priscila. *Na minha escola todo mundo é igual*. São Paulo: Cortez Editora, 2004.

ROSSI, Maria Helena Wagner. A estética no ensino das artes visuais. *Educação & Realidade*, Porto Alegre, v. 30, n. 2, p. 49-69, jul./dez. 2005. Disponível em: http://seer.ufrgs.br/educacaoerealidade/article/view/12415/7345. Acesso em: 19 maio 2022.

ROSSI, Maria Helena Wagner. Leitura visual e educação estética de crianças. *Gearte*, Porto Alegre, v. 2, n. 2, p. 213-229, maio/ago. 2015. DOI: https://doi.org/10.22456/2357-9854.58085.

ROSSI, Maria Helena Wagner. A leitura estético-visual no ensinar e aprender artes. *In*: ENCONTRO NACIONAL DE DIDÁTICA E PRÁTICA DE ENSINO (ENDIPE), 14., 2008, Porto Alegre. *Anais* [...]. Porto Alegre: PUC-RS, 2018. p. 1-8. Disponível em: https://www.academia.edu/1046827/A_leitura_est%C3%A9tico_visual_no_ensinar_e_aprender_artes. Acesso em: 24 jul. 2022.

ROSSI, Maria Helena Wagner. *Imagens que falam*. Porto Alegre: Mediação, 2003.

WAPICHANA, Cristino. *Boca da noite:* histórias que moram em mim. Rio de Janeiro: Zit, 2016.

8

Sobre molduras, caldeirões e explosões: contextualizações da Abordagem Triangular e o ensino de artes na Educação Infantil

Valéria Peixoto de Alencar
ArtEducação Produções (AEP)

> *[...] o conhecimento e o entendimento são mais facilmente efetivados se emoldurados pelo sujeito. É esta moldura que designamos contextualização.*
> Ana Mae Barbosa (1998, p. 38)

Primeiros contextos

O meu percurso na Arte-Educação começou pela contextualização. Historiadora, professora de História, educadora museal empolgada com as questões que envolviam o patrimônio cultural, atuar como educadora em uma exposição de arte ou, mais especificamente, arte contemporânea, foi desafiador. Lembro-me de que foi nesse trabalho, lá pelos idos de 2001, que travei contato com a Abordagem Triangular: era a primeira exposição no Centro Cultural Banco do Brasil em São Paulo, o artista era o Tunga e eu queria, com vontade, saber tudo sobre o artista, os conceitos envolvidos em sua obra, em suma, o contexto de produção de seu trabalho[1].

Para mim, era "A" maneira para acessar uma produção completamente diferente do que eu estava habituada a trabalhar. Não tinha uma história de 200 anos, como as pinturas acadêmicas que ilustram os livros didáticos de História, ou ainda, uma história de mais de 500 anos, muito mais, como a produção dos povos nativos da América com que eu havia trabalhado anteriormente. Não, era uma história bem recente, o artista estava vivo!

Munida de tudo que eu achava possível para conduzir uma visita: os conceitos por trás do trabalho, os objetivos da exposição, a história do artista, os inícios das conversas sobre mediação cultural... Eu acreditava estar fazendo boas visitas, fazendo com que o público pudesse ver sentido naquilo tudo. Até que, um dia, me deparo com um grupo de crianças na primeira infância, público com o qual eu já tinha certa experiência, gostava muito de receber nas exposições, gostava de contar histórias, pois naquela altura da minha vida de educadora eu já havia entendido que, para crianças tão pequenas, as datas eram algo muito abstrato. Mas como fazer para contextualizar um trabalho de arte contemporânea? Não, eu não estava segura do como, mas tinha certeza de como não fazer, por exemplo, contando a história de vida do artista ou o que ele quis dizer com aquela obra... Vale dizer que esses pensamentos passaram muito rapidamente pela minha cabeça. E, quando cumprimentei as crianças, ainda tentando elaborar algum discurso, alguma forma para que elas acessassem o trabalho, de repente uma delas dispara ao ver um dos elementos que compunha a instalação: "o caldeirão da bruxa!". E, pronto, essa foi a moldura da visita.

E, naquele momento, comecei a experienciar a Abordagem Triangular e as muitas maneiras para se acessar um trabalho de arte. Mas o assunto aqui ainda é a contextualização, então, vamos lá.

1 Para saber mais sobre a referida exposição: https://www.tungaoficial.com.br/pt/publicacao/resgate/.

Sobre contextualizar

A partir do caso narrado, totalmente baseado em fatos reais, este ensaio se propõe a conversar sobre um dos eixos da Abordagem Triangular: a contextualização. Entendendo que, como a professora Ana Mae Barbosa diz no prefácio "Proposta ou Abordagem Triangular: uma breve revisão" (2012, p. XXXIII):

> Hoje, a metáfora do triângulo já não corresponde mais à organização ou estrutura metodológica. Parece-nos mais adequado representá-la pela figura do zigue-zague, pois os professores nos têm ensinado o valor da contextualização tanto para o fazer como para o ver. O processo pode tomar diferentes caminhos /CONTEXTO\FAZER/CONTEXTO\VER ou VER/CONTEXTUALIZAR\FAZER/CONTEXTUALIZAR\ ou ainda FAZER/CONTEXTUALIZAR\ VER/CONTEXTUALIZAR.

Ou seja, os três vértices do triângulo não são estanques, como ficará evidente na leitura deste e de outros textos deste livro.

Assim, dois pontos principais balizam esta escrita: o que é contexto/contextualizar/contextualização de uma obra de arte, afinal. E o que é contexto/contextualizar/contextualização para uma criança de 3 a 5 anos.

Segundo o dicionário, contextualizar é "[...] mostrar as circunstâncias que estão ao redor de um fato, acontecimento ou situação; entender ou interpretar algo tendo em conta as circunstâncias que o rodeiam, colocando num contexto"[2].

A partir desta definição é possível perceber que não se trata de um único contexto, o de produção. Diversas são as circunstâncias que rodeiam um fato, entendendo a obra de arte como o fato. Mas há que se começar por algum ponto, de modo que irei apresentar aqui três possibilidades para lidar com a contextualização em geral e para crianças em particular: o contexto de produção e o de recepção, sendo que, deste segundo, podemos ainda subdividir em: quem vê e onde se vê.

Contexto de produção

Vamos começar pelo que parece ser o mais óbvio, o contexto de produção de uma obra de arte. Esse contexto, moldura, digamos assim, pode ser a primeira

2 Extraído de https://www.dicio.com.br/contextualizar/.

coisa que vem à mente quando pensamos em contextualizar: Quem fez? Quando fez? Por que fez? Pertence a algum movimento artístico? Enfim, contextualizações que, para nós, adultos, podem ampliar nossa leitura de uma obra também podem nos ajudar a estabelecer relações e construir outros pensamentos para além do contexto de produção. Digo "podem ampliar", porque depende de que adultos estamos falando, mas isso é um assunto para mais adiante.

Vamos exemplificar com a tela *Guernica*, de Pablo Picasso[3], executada em 1937. Pode ser evidente que saber que Picasso quis retratar o "bombardeio do terror", como ficou conhecido, na cidade de Guernica, um bombardeio executado por 24 aviões alemães e italianos em apoio ao general Franco durante a Guerra Civil Espanhola, e que o ataque maciço visava única e exclusivamente a alvos civis, amplia nossa leitura dessa obra. Também pode ser interessante saber que a tela veio para o Brasil para a 2ª Bienal de Artes de São Paulo em 1953, quando a obra estava sob custódia do Museu de Arte Moderna de Nova York, o MoMA, pois o artista gostaria que a tela só retornasse à Espanha quando a democracia fosse restaurada.

Mas, para uma criança na primeira infância, até os 6 anos, isso pode significar absolutamente nada! Quem é Franco? Quais alemães e italianos? Aliás, o que são alemães e italianos, ou onde ou quem é espanhola? Picasso? Bienal? Democracia?

Ou mesmo para as crianças maiores, até 11 ou 12 anos, tal contexto pode não significar algo palpável, que estabeleça uma relação com a obra.

Segundo a professora e pesquisadora Maria Helena Wagner Rossi, nessa etapa as crianças realizam uma leitura realística da arte, as crianças relacionam "[...] a obra com o mundo nela representado e não com a mente criadora do artista" (ROSSI, 2015, p. 225). Assim, apresentar a biografia do(a) artista, ou o famoso "o artista quis dizer que...", bem como uma história da produção de uma determinada obra tentando colocá-la num contexto, pode não surtir efeito.

Veja o exemplo que Rossi (2015) nos apresenta com a leitura da obra *Rua de Erradias*, de Lasar Segall[4], por crianças de 4 e 5 anos, e sua consideração sobre o papel do(a) professor(a) diante dessa moldura:

---

3 Para ver mais sobre a *Guernica* de Pablo Picasso, acesse o website do Museu Reina Sofia, disponível em: https://www.museoreinasofia.es/en/collection/artwork/guernica.

4 É possível ver a obra em https://enciclopedia.itaucultural.org.br/obra1484/rua-de-erradias.

– As meninas querem ir passear.

– São bonecas com um espelho dentro de uma casinha.

– Eles querem ir para casa comer; estão com fome.

– É um monte de meninas olhando TV.

– As mulheres estão limpando a casa para não entrar nenhum bicho.

– As mulheres estão no caminhão; uma está sentada e outra de pé.

– Este aqui está saindo do ônibus. A mulher está dentro do ônibus. O ônibus tem a porta para entrar e aqui é a janela para olhar.

Qual é o papel do professor/mediador durante uma leitura como essa? Certamente não deveria ser o de desprezar falas dessa natureza para impor informações sobre o contexto da produção da obra, a interpretação mais conhecida (são prostitutas num prostíbulo) ou informações biográficas do artista (Lasar Segall nasceu na Rússia), já que isso seria desconsiderar a natureza do pensamento estético da criança. Há que se ter em mente que informações sobre a obra, o artista ou o contexto podem não corresponder ao que a criança pensa sobre arte, isto é, às suas ideias estéticas (ROSSI, 2015, p. 218).

Não que informações sobre a época, biografia do(a) artista ou outras não possam ser dadas, mas informações que sejam uma busca da criança, que promovam a construção de um pensamento estético, ou que despertem a curiosidade tendem a ser mais eficazes.

Por exemplo: as dimensões da tela analisada, mostradas espacialmente, com algumas imagens do pintor em ação quando possível podem provocar novos olhares e estimular a um fazer, quem sabe?

Falar das cores, ou ausência delas na imagem, pode trazer um pouco do contexto que seja inteligível para uma criança.

Agora, a data de produção... Se lidamos com o tempo, é outro imbróglio. Crianças na primeira infância não possuem essa capacidade de abstração. Mesmo um: "há quase 100 anos", "muito tempo atrás", "da época dos pais dos seus avós", definitivamente isso não ajuda a contextualizar obras para crianças de 3 a 5 anos. O tempo, ou melhor, a contagem do tempo para as crianças é algo muito abstrato.

Segundo Jean Piaget, essa fase denominada "pré-operatória" tem como característica o pensamento egocêntrico.

> O espaço e o tempo estão ligados a um caráter exclusivamente subjetivo. A criança pequena mensura uma distância ou passagem do tempo em função, principalmente, das sensações do seu corpo, isto é, algo pode passar muito rápido, se é prazeroso, ou muito devagar, se é desagradável. A primeira noção de tempo gira em função do desejo próprio da criança, que está, em geral, longe de se adaptar ao tempo cronológico (SILVA; FREZZA, 2010, p. 50-51).

Para contextualizar uma obra a partir de sua produção, para além do que já foi dito até aqui: tamanho, como foi feita... ainda é preciso considerar o seu contexto, o(a) seu(sua) leitor(a) deste ensaio, sim, a sua intenção ao utilizar determinada produção/imagem/obra, e o contexto de suas crianças.

Vou dar um exemplo: digamos que eu queira trabalhar o tema paisagem, que, aliás, é um tema recorrente na história da arte, focando na ideia de cidade, desta vez, não bombardeada como a Guernica; levando em conta também que na Educação Infantil tempo e espaço devem ser considerados a partir do tempo presente e do local onde criança vive. Assim, sugiro aqui as obras de dois artistas brasileiros contemporâneos: Agostinho Batista de Freitas e suas paisagens urbanas[5] e Geolagens de Oliveira, o Geo, em especial sua obra *Favela*, de 2014[6].

Os trabalhos dos dois artistas trazem representações de paisagens urbanas, são obras diferentes em sua autoria, técnica, tamanho e a paisagem que elas representam. Poderiam ser mostradas às crianças e, então, iniciar uma conversa sobre o que as imagens retratam, como elas pensam que as imagens foram feitas. Podemos nos deter na obra de Geo, por exemplo, e mostrar um tecido bordado, falar sobre bordado, sobre a técnica em si, se as crianças já viram alguém bordando, quem? Era uma obra de arte? Podemos provocar perguntando se os artistas teriam desenhado antes na tela ou no tecido para realizarem então a pintura ou o bordado. Como as crianças teriam feito?

5 Em 2017, o Museu de Arte de São Paulo Assis Chateaubriand (Masp) realizou uma exposição de Agostinho Batista de Freitas. É possível visualizar suas obras no site do museu: https://masp.org.br/exposicoes/agostinho-batista-de-freitas-sao-paulo.

6 A obra *Favela* foi realizada em 2014, bordado sobre tecido, 31 x 30 cm e faz parte do acervo Sesc. É possível visualizá-la acessando as dicas da semana da Revista Selects, de 24 jan. 2018, disponível em: https://select.art.br/selects-240118/.

É possível ainda propor um fazer: como você representaria a cidade? Sua rua? Com uma fotografia? Um desenho? Vamos conversar sobre o local em que vivemos?[7]

Dessa forma, o contexto de produção, no que se refere à técnica, motivação do(a) artista e até sobre paisagem ser um tema, estaria sendo analisado a partir das "molduras" que o sujeito interpretante coloca, porque, para além da história da obra, existe o contexto de quem a vê.

Contexto de recepção

Depois de percebemos que as informações sobre a produção podem ampliar as camadas de leitura e, no caso de crianças de 3 a 5 anos, as dimensões e técnicas utilizadas, por exemplo, podem ser muito mais interessantes para acessar o contexto de produção que datas e biografias, vamos além.

Contextualizar não é só abordar história do artista e da obra. Contextos são entendidos aqui no plural, existem muitas formas para "emoldurar" uma obra, "[...] a redução da contextualização à história é um viés modernista. É através da contextualização que se pode praticar uma educação em direção à multiculturalidade e à ecologia, valores curriculares que definem a pedagogia pós-moderna" (BARBOSA, 1998, p. 38).

Vou destacar aqui dois elementos que compõem o contexto de recepção, certamente podendo desdobrarem-se em outros, rompendo certas molduras: *quem vê* e *onde se vê*.

Quem vê

Vamos começar por quem vê. Retomo a leitura da tela *Guernica*, de Picasso, com uma anedota: certa vez, a Professora Ana Mae Barbosa me contou que uma criança havia interpretado a *Guernica* como uma explosão nuclear, identificando a explosão na lâmpada dentro da forma que se assemelha a um olho na parte

7 Ainda, como sugestão, a música "Ora Bolas", do grupo Palavra Cantada, pode ser uma boa produção artística para conversar sobre paisagens. Como você inseriria esta obra dentro deste cenário imaginado para tratar de paisagem? No começo de tudo? Ao final? Qual discussão proporia? Bem, fica aqui a sugestão: clipe da música "Ora Bolas", disponível em: https://youtu.be/nOm07DblV5g, Acesso em: 24 jul. 2022.

superior esquerda do quadro. E isso pode ser perfeitamente justificável no contexto da segunda metade do século XX e não da primeira, quando a tela foi executada.

Ainda, podemos ver nas pesquisas referenciadas aqui, a já citada de Maria Helena Wagner Rossi (2015) e em Maristela Sanches Rodrigues (2008) diversas explosões, diferentes "molduras" do olho que vê, ou melhor, do contexto de quem faz a leitura da obra. Não se pode esperar que pessoas diferentes, de épocas, escolaridades, gêneros, histórias de vida distintas, tenham uma mesma interpretação de uma obra/imagem: "[...] em 1990 a indústria de roupas esportivas Nike foi obrigada a retirar um arabesco dos calçados de corrida após grupos islâmicos terem se queixado que o logotipo estilizado da Nike formava a palavra Alá em árabe" (MANGUEL, 2001, p. 23). Curioso pensar que Nike também é o nome de uma divindade, mas essa é uma outra história...

Sim, o contexto de quem vê a obra importa, ainda como diz Manguel (2001, p. 27): "[...] quando lemos imagens – de qualquer tipo, sejam pintadas, esculpidas, fotografadas, edificadas ou encenadas –, atribuímos a elas o caráter temporal da narrativa".

Você nunca reviu um filme de sua infância e percebeu coisas diferentes, ou as mesmas coisas com outros olhos? Ou tem aquela música que você simplesmente detesta, mas outras pessoas amam?

Eilean Hooper-Greenhill (1999), pesquisadora da visualidade em museus e o papel da educação, fala em "comunidades interpretantes". Ela discute sobre os contextos de recepção nos museus para abordar o assunto das comunidades interpretantes, o contexto social também interfere na produção de significados, e esse contexto é múltiplo. Ainda segundo a autora, as comunidades interpretantes não são estáveis, bem como as pessoas que transitam entre diferentes comunidades.

Outro exemplo que podemos comentar foi descrito na pesquisa da Professora Maristela Sanches Rodrigues (2008), quando ela entrevista crianças de 6 anos e tece considerações a partir da leitura de algumas obras. Ao apresentar a imagem da tela de Portinari, *Os retirantes* (1944)[8], imagem que para nós, adultos, pertencentes a uma comunidade interpretante escolarizada, que minimamente estudou sobre a história do Brasil em geral e, para mim, neta de migrantes cearenses em particular, a tela é bastante impactante. Já para as crianças entrevistadas de uma

8 Para acessar a obra: https://masp.org.br/busca?search=retirantes.

cidade do interior de São Paulo, estudantes de uma escola privada, a imagem foi interpretada com algumas das seguintes falas: "família de zumbis, caveiras, zumbis destroçados com ossos, ossos de pessoas, roupa malfeita, bicho morto, morcegos e noite de lua cheia...", o que fez com que a pesquisadora se questionasse:

> [...] me fez pensar no que eu espero dos meus alunos, no quanto minhas expectativas têm relação com a minha maneira de ver e não com a deles, percebi que andei distante deles e quiçá tenha acreditado que o ideal fosse que eles vissem como eu via, como se fosse possível que tivessem como referência toda a minha vivência e não as suas próprias experiências. *Como posso querer que as crianças vejam com os meus olhos?* (RODRIGUES, 2008, p. 150, grifos nossos).

Não pode, não podemos esperar que outras comunidades interpretantes vejam com os nossos olhos. Além disso, precisamos entender que as crianças criam um contexto que se relaciona ao seu repertório interno e à sua imaginação.

Irei propor outro exercício de imaginação a partir de leituras de imagens, acessando-as agora com o foco no contexto de quem vê. Para isso, importante retomar que crianças de 3 a 5 anos estão construindo a noção de tempo aos poucos, as mais novas podem estar começando a compreender a noção de antes e depois, digamos assim, a sequência do dia, por exemplo, manhã/tarde/noite, ontem/hoje/amanhã.

> A criança, mesmo que não tenha construído essa noção em termos convencionais, pode marcar a passagem do tempo através dos acontecimentos do seu dia. Existe a hora da brincadeira, a do lanche, a do descanso, etc. Cada um desses eventos tem uma duração e um lugar dentro da rotina. Essas características, mesmo que subjetivas (passou rápido, passou devagar, está demorando, a sequência das atividades, etc.), permitem que a criança conviva e interaja com a noção de tempo (SILVA; FREZZA, 2010, p. 51)

Já as mais velhas, compreendendo melhor o tempo sequencial, começam a mensurar o tempo, mas ainda com sequências temporais baseadas em experiências concretas: da rotina diária (café da manhã, almoço e jantar, hora da escola, hora de dormir) a rotinas semanais, mensais e anuais, por exemplo, as festas. Então, a proposta aqui é observar obras que remetam a festas populares.

Há uma série de obras de diferentes artistas, em diversos suportes e formatos que retratam festas populares brasileiras; faça uma busca, por exemplo, de artistas como José Domingos Martins, N. Castro, Tânia de Maya Pedrosa, Djanira da Motta e Silva etc.

Com algumas imagens de obras que retratam as festas, e de acordo com o estágio das crianças envolvidas aqui, podemos trabalhar a ideia do que acontece durante uma festa, até pensar em que momento acontece a tal festa, se é uma época de calor ou frio, de chuva ou seca, que comidas há nessa festa.

Ainda é possível pedir que as crianças selecionem algumas imagens e fazer algumas provocações: a qual dessas festas você já foi? Do que se lembra? Parece com outra festa que você tenha ido?

Assim, estaremos acessando a obra, lendo as imagens, promovendo a construção do pensamento estético a partir da imagem, mas focando no contexto de quem vê. Isso vai levar as crianças a outros contextos, ao exercício da imaginação, à construção de memórias.

Pode parecer que estamos falando do outro vértice da Abordagem Triangular: o ver. De fato, mas as leituras têm contexto, a subjetividade é contexto de leitura, de quem vê a imagem. Cabe ainda ressaltar que um contexto não inviabiliza os outros, eles estão interligados. A intenção deste ensaio é separá-los de forma didática, por assim dizer, para que se tenha mais clareza de que eles são múltiplos e de que um pode levar ao outro, ou ainda, de que um pode implicar no outro. Por exemplo, uma criança pode ficar intrigada com as dimensões de uma tela e se lembrar de ter visto uma de tais dimensões num lugar que visitou, e isso nos leva a outro contexto: onde se vê a obra de arte?

Onde se vê

Observe três pinturas cuidadosamente.
Misture-as bem em sua cabeça.
(Yoko Ono)[9]

Tomo de empréstimo uma "instrução" da artista Yoko Ono, porque é dessa forma que começarei a falar desta outra maneira de acessar uma obra: o contexto

9 Tradução livre da instrução: PAINTING TO BE CONSTRUCTED IN YOUR HEAD: Observe three paintings carefully. Mix them well in your head. 1962 Spring (YOKO ONO, 2000). *Grapefruit* é um livro/obra da artista Yoko Ono, cuja primeira edição é de 1964, Tokyo. Para saber um pouco mais sobre esse e outros trabalhos da artista: https://www.moma.org/magazine/articles/61.

de recepção que está relacionado com *onde se vê*; também podemos falar em contexto de exibição.

Siga a instrução da Yoko Ono para uma "pintura a ser construída na sua cabeça", escolha quaisquer três pinturas. Esse exercício leva um tempo, porque você deve observá-las cuidadosamente, certo? Vai lá, eu te espero.

Onde estavam as pinturas que você escolheu? Num livro? Na internet? Na internet acredito ser o mais provável, pois creio que as chances de você estar lendo este ensaio na tela é muito grande, mas qual tela: celular ou computador? Ou ainda, por mais difícil de crer, talvez você esteja lendo dentro de uma exposição, ou tenha parado de ler e foi até uma ou até a rua ou sua janela para ver alguns grafites e/ou pichações ou esculturas públicas.

Acredito que várias imagens passaram pela sua cabeça agora, imagens e possibilidades, isso faz parte da subjetividade de quem vê, mas agora o assunto é onde se vê, então...

Cada vez mais as pessoas têm a experiência da visualidade pela tela do celular. Podemos colocar na conta da pandemia de covid-19, iniciada em 2020, as aulas remotas e as visitas virtuais em museus, por exemplo, mas a verdade é que desde antes disso já existia um processo de visualidade pelas telas de computadores, *tablets* e celulares. Preparar uma aula usando *power point* tornou a vida de muitos(as) professores(as) menos custosa do que a utilização de transparências em acetato, além das diferentes possibilidades de acesso às imagens, antes quase inacessíveis.

Além disso, a sociedade ocidental adquiriu o hábito de fotografar/filmar e postar nas redes sociais todo o tipo de imagem, estabelecendo um outro tipo de relação com a imagem, que é onde se vê e onde se exibe o que se viu.

Mesmo quem é de outra geração, pode até não se lembrar muito bem, mas muitas obras de arte eram acessadas apenas por suas reproduções em livros e *slides*.

Ou seja, pensando em obras de arte, o acesso às reproduções sempre foi maior do que o acesso aos originais. E eu nem estou me referindo à ideia de que ver o original é melhor, que a obra original tem uma "aura", como diria Walter Benjamin (1993) no célebre ensaio "A obra de arte na era de sua reprodutibilidade técnica". Estou me referindo ao contexto em que a obra está sendo exibida e ao nosso olhar, que não é só olho, mas também é o corpo todo.

Ver uma imagem sentado(a) em uma cadeira escolar, por exemplo, é diferente de estar sentado(a) no sofá ou numa poltrona macia, que é diferente de ver uma obra na rua, seja uma obra de arte urbana, seja dentro de uma exposição. É diferente eu sair de casa, caminhar, usar um meio de transporte e entrar num museu ou espaço cultural e ver a mesma imagem. O corpo se dispõe de forma diversa, nós criamos expectativas diferentes para esses diferentes olhares.

Se vamos a uma exposição: Qual a distância de casa? Vamos sozinhos ou acompanhados? Quem é a companhia? Qual o objetivo da ida: lazer ou obrigação? Existe uma expectativa para cada uma dessas situações e isso interfere no olhar.

Bem como o tema da exposição, as obras que estão ao lado naquela galeria... O seu olhar cria uma narrativa diferente do que se você visse as mesmas imagens numa projeção de *slide* na parede, ou ainda, numa projeção de *slides* na tela do computador/celular.

Isso também vale para o cinema, para a música, para o teatro e para a dança. Até em relação à literatura há quem já tenha se adaptado perfeitamente em ler na tela, no Kindle, no celular, mas há quem não: compra o livro, imprime o PDF, porque precisa do contato físico com o papel. Nosso corpo também se relaciona com o que vemos, por isso onde vemos é contexto.

Outros exemplos marcantes, em que podemos tirar uma obra de arte da moldura do museu, colocar no meio digital, construir um outro contexto e provocar outro olhar, são os memes. Convido você a acessar o website do Museu de Memes da Universidade Federal Fluminense[10], em especial a coleção "Memes artísticos"[11], que trabalha com obras de arte e humor, ou seja, é outro contexto de exibição que muda completamente nosso olhar em relação às obras de arte utilizadas ali, promovendo outro contexto de leitura.

10 Disponível em: https://museudememes.com.br/.

11 Disponível em: https://museudememes.com.br/?s=&event_category=memes-artisticos.

Mas podemos pensar nos antepassados dos memes: o desenho de humor, sejam as caricaturas, charges ou história em quadrinhos. Vejamos este exemplo:

Figura 1: Ângelo Agostini. *Bazar eleitoral*. 1867. Publicada em *O Cabrião*.

Fonte: https://objdigital.bn.br/objdigital2/acervo_digital/div_iconografia/icon1356161/icon1356161.html#page/205/mode/1up.

O humor e a ironia sempre foram utilizados em diferentes formas de críticas e por diversos artistas. A utilização da arte, especialmente do desenho, aliada à ironia e exibida em jornais, revistas e na internet, traz outra relação com a imagem que não a da sacralização da obra nas molduras do museu. Esses trabalhos podem ser manuseados, se impressos, rabiscados, podem ser recortados e colados (física ou digitalmente), criando outros contextos de exibição[12].

Busque imagens de charges, *cartoons*, caricaturas, tem muita coisa na internet, faça uma seleção de temas e formatos que você considere adequados para suas crianças. Tente sair do usual, daquilo que as crianças já estão acostumadas, por exemplo, entre no site do Salão de Humor de Piracicaba (ver nota de rodapé 54), ou explore outras fontes[13].

12 Gostaria de abrir um parêntese e indicar uma publicação riquíssima que surgiu a partir de um trabalho que conheci no Mestrado Profissional em Artes em que fui professora colaboradora, a pesquisa de Elisângela de Freitas Mathias (2018). A professora e pesquisadora trata de sua experiência no ensino de artes com o desenho de humor que é um forte legado em sua cidade, Piracicaba, por causa do Salão Internacional de Humor, realizado todos os anos desde 1974 (https://salaointernacionaldehumor.com.br/). A pesquisa se desdobrou em uma publicação, juntamente a Maria Rúbia Sant'Anna (2021), em que trazem propostas práticas com o desenho de humor em sala de aula.

13 É possível encontrar muitos conteúdos interessantes na internet, inclusiva nas redes sociais, Facebook, Instagram, X, Pinterest. Há um perfil denominado "Depósito de tirinhas", uma fonte inesgotável.

Importante aqui salientar que, se você está trabalhando com as crianças, deixe-as sempre lerem as imagens, deixe-as falarem, lembre-se da nossa conversa com Rossi (2015) e Rodrigues (2008) lá no início deste ensaio. Será que elas, as crianças, percebem o humor? A ironia?

Você pode perguntar ainda: onde já viram algo parecido? A imagem é engraçada? Como desenhariam algo engraçado? O que aconteceu com elas, com seus amigos e amigas, ou família, que foi engraçado e merece um desenho? Para quem mostrariam esse desenho e como?

Ainda, é possível discutir sobre estar rindo do outro ou com o outro, introduzindo valores relacionados à empatia.

Quem conta um conto...

Fui educadora na Mostra do Redescobrimento Brasil +500, em 2000[14]. Eu atuava no Pavilhão Lucas Nogueira Garcez, mais conhecido como Oca, uma das edificações projetadas por Oscar Niemeyer no Parque Ibirapuera, em São Paulo. Talvez por ser o prédio da Oca, recebeu o módulo Arqueologia e Artes Indígenas. Talvez por eu ser recém-formada em História e ter trabalhado no Museu de Arqueologia e Etnologia da USP, fui contratada especificamente para esses dois módulos da Mostra.

A curadoria da exposição do módulo Artes Indígenas optou por uma expografia completamente descontextualizada no que se referia aos autores das peças expostas, apenas indicando nas legendas qual grupo havia produzido a peça (se Wayana, Xavante, Guarani, Munduruku, Kaiapó etc.), o local e a data. Segundo eles: "[...] estas peças estão aqui para serem vistas por suas características estéticas e não por suas histórias"[15]. Na época, sem muito conhecimento

14 A Mostra do Redescobrimento Brasil +500 foi um grande evento de Artes Visuais realizado em três pavilhões do Parque Ibirapuera, em comemoração aos 500 anos da chegada dos portugueses ao Brasil. Foi um megaevento e teve mais de 250 educadores(as) contratados(as) para atuar nos mais de 10 módulos que compunham a Mostra.

15 Essas foram as palavras da dupla de curadores da exposição das peças Wayana que ocupavam todo o segundo andar da Oca. Essas palavras não estão registradas em nenhum local, apenas na minha memória e, quiçá, de colegas que estavam presentes nesse dia de formação.

sobre as questões dos povos nativos, sem as discussões sobre decolonialidade e epistemicídio tão presentes na contemporaneidade, eu não tinha argumentos para rebater essa fala, mas me lembro da sensação de incômodo. Afinal, se a autoria daquelas obras fosse de um Benedito Calixto ou uma Lygia Clark, o contexto de produção poderia não ser "A" maneira de acessar a obra, mas não seria negada tal informação.

O incômodo foi tanto que eu e muitos e muitas de meus e minhas colegas de trabalho desconsideramos por completo, nos aprofundamos nos estudos sobre os povos representados ali naquela exposição e sempre que alguém descobria algo, como o significado de uma imagem ou em que ritual aquela peça era usada, dividia esse conhecimento com os demais.

Verdade que éramos em grande número, e alguns desses contextos viraram um grande telefone sem fio, aquele conto que quem conta aumenta um ponto e, hoje, quando me lembro, não consigo deixar de achar uma certa graça. Criamos outros contextos, para além da proposição da curadoria e, se você que está lendo este ensaio é curador(a) e não sabia, sim, o educativo faz isso, sempre, digamos que é o nosso pequeno poder, nossa bruxaria: explodir certas molduras.

Há muitas maneiras, muitas vias de acesso possíveis para os conteúdos de uma obra de arte a partir dos contextos, no plural.

Assim, pensando nas crianças, perceber as várias possibilidades de produção, as diferentes técnicas e temas de obras de arte, talvez seja a melhor forma de trabalhar o contexto de produção na primeira infância. Mais do que nos atermos a biografias e épocas. E considerar sempre a imaginação advinda da leitura desta criança.

Encerrei este ensaio como comecei, contando a partir de minha experiência inicial com as propostas de contextualização. Hoje, mais de vinte anos depois, com muitos trabalhos e pesquisas na área, entendo que olhar pelo viés da estética, ou da história, ou ainda da contação de histórias, são contextos, e não precisa ser apenas um ou outro, mas pode ser também, porque diferentes são os contextos de recepção, de caldeirões a explosões, os olhares percebem e mostram "as circunstâncias que estão ao redor de um fato também", os olhares emolduram.

Referências

BARBOSA, Ana Mae. *A imagem no ensino de arte:* anos 1980 e novos tempos. 8. ed. São Paulo: Perspectiva, 2012.

BARBOSA, Ana Mae. *Tópicos utópicos*. Belo Horizonte: C/Arte, 1998.

BENJAMIN, Walter. A obra de arte na era de sua reprodutibilidade técnica. *In:* BENJAMIN, Walter. *Magia e técnica, arte e política*. Ensaios sobre literatura e história da cultura. 6. ed. São Paulo: Brasiliense, 1993.

DICIONÁRIO ON-LINE DE PORTUGUÊS. Disponível em: https://www.dicio.com.br/. Acesso em: 14 fev. 2024

HOOPER-GREENHILL, Eilean. *The educational role of the museum*. 2. ed. London: Routledge, 1999.

MANGUEL, Alberto. *Lendo imagens:* uma história de amor e ódio. São Paulo: Companhia das Letras, 2001.

MATHIAS, Elisângela de Freitas. *O desenho que provoca o riso:* o desenho de humor nas aulas de arte como incentivo à prática do desenho. 2018. Dissertação (Mestrado Profissional) – Instituto de Artes, Unesp. São Paulo, 2018. Disponível em: https://repositorio.unesp.br/handle/11449/155942. Acesso em: 24 jul. 2022.

MATHIAS, Elisângela de Freitas; SANT'ANNA, Maria Rúbia. *O desenho que provoca o riso*: propostas práticas com desenho de humor em sala de aula. Florianópolis: Udesc, 2021.

#MUSEUDEMEMES. Disponível em: https://museudememes.com.br/. Acesso em: 14 fev. 2024.

MUSEO NACIONAL CENTRO DE ARTE REINA SOFÍA. Disponível em: https://www.museoreinasofia.es/en. Acesso em: 14 fev. 2024

MUSEU DE ARTE DE SÃO PAULO ASSIS CHATEAUBRIAND (MASP). Disponível em: https://masp.org.br/. Acesso em: 14 fev. 2024.

MUSEUM OF MODERN ART (MoMA). Disponível em: https://www.moma.org/. Acesso em: 14 fev. 2024.

ONO, Yoko. *Grapefruit: a* book of instruction and drawings. Nova York: Simon and Schuster, 2000.

RODRIGUES, Maristela Sanches. *Desenvolvimento estético*: entre as possibilidades do professor e as possibilidades dos alunos. 2008. Dissertação (Mestrado em Educação) –

Instituto de Artes, Unesp, São Paulo, 2008. Disponível em: https://repositorio.unesp.br/bitstream/handle/11449/86920/rodrigues_ms_me_ia.pdf?sequence=1&isAllowed=y. Acesso em: 24 jul. 2022.

ROSSI, Maria Helena Wagner. Leitura visual e educação estética de crianças. *Gearte*, Porto Alegre, v. 2, n. 2, p. 213-229, ago. 2015. Disponível em: https://seer.ufrgs.br/gearte/article/view/58085. Acesso em: 30 jul. 2022.

RUA DE ERRADIAS. *In*: *ENCICLOPÉDIA Itaú Cultural de Arte e Cultura Brasileira*. São Paulo: Itaú Cultural, 2024. Disponível em: http://enciclopedia.itaucultural.org.br/obra1484/rua-de-erradias. Acesso em: 14 fev. 2024.

SILVA, João Alberto da; FREZZA, Júnior Saccon. A construção das construções de espaço e tempo nas crianças da Educação Infantil. *Conjectura*, Rio Grande: Furg, v. 15, n. 1, p. 45-53, jan./abr. 2010. Disponível em: http://www.repositorio.furg.br/handle/1/1389. Acesso em: 20 jul. 2022.

TATIT, Paulo; DERDYK, Edith. Ora bolas. *Palavra cantada*. YouTube, 14 abr. de 2016. Disponível em: https://youtu.be/nOm07DblV5g. Acesso em: 14 fev. 2024.

TUNGA OFICIAL. Disponível em: https://www.tungaoficial.com.br/pt/publicacao/resgate/. Acesso em: 14 fev. 2024

9

O fazer artístico no contexto da Abordagem Triangular

Rita Maria Ricardi Noguera

Pesquisadora independente, coordenadora do projeto criativo Jugar con Arte[1] em Madri/Espanha

Como Ana Mae Barbosa já afirmou em seu livro, de 2014, *A imagem no ensino da arte*:

> Hoje, a metáfora do triângulo já não corresponde mais à organização ou estrutura metodológica. Parece-nos mais adequado representá-la pela figura do zigue-zague, pois os professores nos têm ensinado o valor da contextualização tanto para o fazer quanto para o ver. O processo pode tomar diferentes caminhos /CONTEXTO/FAZER/CONTEXTO/VER ou VER/ CONTEXTUALIZAR/FAZER/CONTEXTUALIZAR/ ou ainda FAZER/ CONTEXTUALIZAR/ VER CONTEXTUALIZAR (BARBOSA, 2014, p. XXXIII).

O fazer se alimenta da contextualização e da leitura da imagem com cada passo dado. Não importa quantas vezes repitamos o mesmo projeto, cada projeto terá suas conexões únicas, pois é o resultado da participação de cada indivíduo no grupo, do grupo como um todo. Os materiais utilizados, o espaço físico onde

1 Disponível em: http: jugarconarte.weebly.com. Nesse *site* é possível encontrar parte dos projetos que foram realizados, fotos, vídeos e publicações.

realizamos a proposta, o tempo que podemos dedicar e as circunstâncias do momento, o número de crianças, ter em conta o contexto do grupo, tudo forma parte importante na hora de propor o fazer artístico.

O fazer faz a gente pensar com as mãos, associar ideias, vivenciar o contexto e ampliar a visão da leitura do entorno.

Decálogo de intenções ao desenhar e realizar oficinas de arte-educação

Este decálogo de intenções, que se foi construindo com os anos de experiência em desenhar e realizar oficinas de arte-educação, foi apresentado pela primeira vez, em uma primeira versão, no curso do Sesc digital, "Abordagem Triangular e o ensino de arte na Educação Infantil", com Ana Mae Barbosa e convidados. Aqui está uma versão atualizada que aparecerá em diferentes momentos deste capítulo:

- A proposta deve ter um fio em comum, ao qual ela se conecte, que faça sentido.
- Tanto as crianças quanto os adultos devem desfrutar do processo.
- O brincar é uma ação que representa as atividades.
- Esteja ciente de que tudo pode nos inspirar: abrir nossas mentes, associar ideias, consequentemente, aportamos pensamentos críticos às propostas.
- Usar materiais cotidianos que tenhamos disponíveis e que possamos descobrir; surpreender-nos com eles.
- Não saturar as crianças com demasiados materiais.
- Trabalhar sem pressa e com pautas.
- Saiba que não há certo ou errado, tudo nos ajuda a associar ideias e a sermos mais criativos.
- Respeitar os outros, seu espaço, seus materiais, suas ideias, seu trabalho. Respeito mútuo.
- Ser contagiado pela arte que está em tudo.

O fazer artístico – intenções e propósitos

Começamos procurando uma resposta para a pergunta: por que fazemos o que fazemos?

Para explicar como entendo a essência do meu trabalho, vou citar uma frase do fotógrafo Platon Antoniou, que vi em uma série chamada *Abstract*:

> Tudo isso decorre de minhas fraquezas, não consigo lidar com a complicação. Eu sou extremamente disléxico. Tenho dificuldade para escrever. Eu escrevo muito lentamente. E ler para mim é um enorme problema. Para mim, um mundo muito complexo tem que ser simplificado. Tem que ser reduzido à sua essência. (*Abstract: The Art of Design* | Platon: Photography 15'40")

Platon, com esta frase, fala sobre a sua forma de trabalhar direto, claro, sincero. Senti-me identificada, vi esta parte da série várias vezes, porque também sou disléxica, tive conhecimento desta característica aos 28 anos de idade. Ao fazer um paralelismo com o relato de Platon, identifico como minha fraqueza o fato de não poder lidar com temas complicados e desconexos. Desta debilidade nasceu, inconscientemente, minha maneira visual e prática de trabalhar. Para mim, os detalhes da vida são fundamentais; apreciar o entorno significa apreciar a essência da vida e suas significativas conexões, e definitivamente, aprender fazendo. Tento transmitir isto em cada oficina, seja de encontros frequentes, seja só de uma sessão, tanto com crianças como com famílias ou com adultos.

Muitas vezes percebo nas oficinas e cursos de arte-educação que desenvolvo que, ao falar de arte, o primeiro pensamento leva a imaginar museus, nomes importantes, arte clássica, artistas que já morreram. Sim, tudo isso forma parte, mas com certeza não é a única arte que nos importa. Nas atividades propostas, tento transmitir o apreciar a arte na vida diária, a arte dos detalhes e as suas conexões, observar, brincar, explorar e construir nosso caminho com arte, realizando laços essenciais com sentido e com significado. Quanto ao fazer, à práxis, entre 1991 e 1996 trabalhei como professora em uma escola infantil em São Paulo, que começava a implementar a proposta construtivista em seu currículo. Para mim, foi uma sorte muito grande ingressar em uma escola que não fazia fichas, onde tudo tinha um porquê e se aprendia fazendo. Em 1997, já em Madri, apresentei no I Congreso Nacional de Arte Infantil, na Universidad Complutense de Madrid, uma comunicação intitulada: *Una vez en el bosque el mejor amigo del hombre encontró una clase de niños y niñas de tres años que lo admiraban mucho.* Esta comunicação depois foi publicada em um livro (HERNÁNDEZ BELVER; SÁNCHEZ MÉNDEZ, 2000), e na conclusão do trabalho apresentado podemos apreciar todas as conexões que havia por detrás da proposta:

> Desenvolver o tema "cachorro" de forma tão integrada, partindo de conhecimentos prévios, passando por livros técnicos e histórias infantis, utilizando brinquedos e obras de arte, foi um processo muito dinâmico que nos proporcionou momentos de muito prazer, alegria e acima de tudo o conhecimento, de aprender e apreender, e a arte, a expressão artística das crianças, foi fundamental para que isso acontecesse. (HERNÁNDEZ BELVER; SÁNCHEZ MÉNDEZ, 2000, p. 432, tradução nossa)[2]

Foi nesse congresso que conheci a nossa querida Ana Mae Barbosa e com ela a agora conhecida Abordagem Triangular. E desde então comecei a incluir seus três eixos em meus projetos. Com o tempo, fui identificando o que considero essencial para propor um fazer artístico coerente e significativo, e, nos exemplos que vou expor, narrarei essas relações em zigue-zague entre o fazer, o ver e o contextualizar, dando mais relevância ao fazer.

Adultos envolvidos no processo

Todas as pessoas envolvidas nesse processo são importantes, pessoas presentes ou só citadas, sejam elas famílias, artistas de referência, pessoas que cuidam do espaço das oficinas, sejam públicas ou particulares, pessoas queridas que me doam materiais, que inspiram ideias. Esta percepção começou a fazer parte do meu sistema de trabalho de maneira consciente em 2007, quando conheci e fiz um curso sobre Pedagogia Sistêmica; aqui uma descrição do que se trata essa pedagogia:

> A Pedagogia Sistêmica Fenomenológica Transgeracional, em um sentido amplo, é a educação que nos ensina a olhar, a situarmo-nos e a relacionarmo-nos adequadamente com os sistemas humanos que nos rodeiam e com aqueles a que pertencemos, sejam escolares, familiares, sociais ou organizacionais (NOGUERA, 2013, p. 127).

2 No original: "Desarrollar el tema 'perro' de manera tan integrada, partiendo de conocimientos previos, pasando por libros técnicos y cuentos infantiles, utilizando juguetes y obras de arte, fue un proceso muy dinámico que nos brindó momentos de mucho placer, alegría y sobre todo el conocimiento, de aprender y aprehender, y el arte, la expresión artística de los niños y niñas, fue fundamental para que esto sucediera".

Portanto, nesta narrativa, constantemente vou citar outros adultos que estarão presentes ou serão referenciados nas oficinas, principalmente as famílias: adultos, mães, pais, avós, que acompanham as crianças nas oficinas. A intenção é que nesse processo esses adultos também aportem a sua percepção da proposta e que, juntos, construamos um conhecimento mais amplo, com maiores possibilidades de conexões essenciais.

> [...] o desenvolvimento das atividades em família gera uma coisa na qual acreditamos, que é fundamental para a formação das crianças como cidadãs, que possam ter a arte em seus repertórios de vida: um espaço subjetivo de permissão do país para o acesso a esse universo. Pois, de acordo com a sistêmica, a criança terá mais facilidade com coisas, fatos e experiências que sejam valorizadas também por suas famílias (NOGUERA, 2013, p. 129).

Um exemplo dessas conexões essenciais, deste fio em comum, data aproximadamente do outono de 2004 em Madri. Lembro-me de uma oficina para crianças de 3 anos acompanhadas de um adulto. Quando apresentei o material para a sessão, tinha uma caixa virada para baixo no chão na frente de todos, e quando a levantei, um monte de folhas secas se espalhou pelo chão da sala. Nunca esquecerei a expressão de uma criança: "Quanto outono!". Pensei e exclamei: "Nossa, isso é pura poesia!".

A partir desta apresentação do material principal, parte-se para diferentes possibilidades: examinamos as diferentes cores das folhas secas, pintadas com estas cores, e colamos papéis com estas cores. Depois de todo esse processo de criação e apreciação, e de criar associações com temas relacionados com o outono, utilizando imagens de quadros, fotos e livros infantis (Figura 1), em várias ocasiões os materiais mostrados vêm com uma denominação de origem: um livro indicado por uma amiga ou uma sugestão que ouvi pelo rádio, uma foto de um amigo, um quadro visto em um museu, em um livro encontrado na internet etc.

As famílias me disseram que, depois dessas oficinas, os passeios pelas calçadas, cobertas de outono, não eram mais os mesmos, eles eram mais demorados, pois muitas vezes paravam diante das folhas no chão para admirar suas cores e formas.

Figura 1:
Detalhe de alguns materiais, livros e imagens relacionados e utilizados nas oficinas do outono.
Fonte: Acervo Rita Noguera, 2022.

Para entender o processo do fazer dos participantes das oficinas, é fundamental pensar e entender o meu próprio processo de conhecimento, de curiosidade, e a partir disso compreender o que quero transmitir, ser sincera com o que sei que tenho de aprender. O outono foi um tema que, desde que me mudei para Madri, em 1996, sempre me surpreendeu, pois em São Paulo não podemos apreciar a mudança de cores das folhas caducifólias das árvores, mas em Madri sim.

Vou construindo o processo de conhecimento de um tema a partir do meu contato com uma exposição, de ver um filme, de uma conversa com alguém. E me sinto bem compartilhando esse processo, ser transparente com os participantes das oficinas, sejam crianças, famílias ou outros professores, propiciou a oportunidade de escutar alguns relatos, como:

- “Vou confessar uma coisa, antes das suas oficinas eu nunca tinha observado as cores do outono como faço agora.” – Mãe que acompanhava a filha de 3 anos nas oficinas de arte.
- “Sabe, Rita, com a ajuda de um paisagista, desenhamos o nosso jardim para que as folhas das árvores caiam em diferentes épocas do outono, e esta queda será no sentido dos ponteiros do relógio. Passamos a apreciar o outono só depois de levar nosso filho na sua oficina.” – Casal que levava os filhos de 2 e 4 anos às oficinas.
- “Vê esta folha? Deste lado é verde e deste é branca.” – Uma ex-aluna de 4 anos falando sobre cores de folha para uma amiga de 3 anos. Estava

reproduzindo o que eu contei um ano antes de isso ocorrer quando ela era minha aluna.

- "Antes eu fazia na escola murais com as folhas secas, mas sempre caíam; já coloquei em prática fazer um mural com as folhas de acetato e as crianças participaram ativamente." Uma professora de Educação Infantil no segundo encontro de um curso de Arte-educação para professores da Educação Infantil.

Esses relatos, interpreto como corroborando a importância de transmitir que o conhecimento vamos construindo pouco a pouco juntos, que não temos de nos sentir mal por não saber algo que parecia ser de conhecimento geral, assim damos oportunidade para que todos participem dessa trama. Sinto que, ao compartilhar como realizei cada parte da minha trama, animo os participantes das oficinas a também se sentirem assim, tecedores do seu próprio entramado único.

É importante que grandes e pequenos desfrutem desse processo, que as frustrações sejam parte do processo da busca de soluções e que no espaço da oficina esses descobrimentos sejam compartilhados.

Materiais: pensados, reciclados, encontrados

Nos cursos de formação, ao apresentar a Abordagem Triangular, quando falo do vértice do fazer, sempre faço uma pergunta que agora dirijo a vocês: Que materiais vocês usam para propor atividades criativas com suas crianças?

Cada um pode fazer sua própria lista e provavelmente teremos alguns elementos em comum; além disso, o leitor pode contribuir com materiais que eu não conheço.

Uma lista geral de materiais pode incluir o seguinte: papel, giz de cera, canetinhas, cola, adesivos de diferentes formas e cores, pincéis, esponjas, guache, aquarelas, massinha, argila, tesouras, papéis grandes e pequenos etc.

Temos também os materiais reciclados, que são um mundo maravilhoso, porque são materiais cotidianos que normalmente desperdiçamos, como rolos de papel higiênico, caixas de ovos de papelão, caixas de papelão, tampas de cola que já acabou, pedaços de tela, tampas de iogurte... A lista pode ser grande e variada.

Os materiais cotidianos descartáveis podem se tornar um mundo de possibilidades: um rolo de papel higiênico pode se transformar em um coqueiro, uma caixa de papelão em um parque de dinossauros, uma caixa de ovos pode se tornar um jardim secreto. Após essas transformações, esses elementos seguramente passam a ser vistos de uma maneira diferente. Além disso, também estamos ajudando a internalizar a importância da reciclagem, reutilização e, principalmente, a conscientizar sobre a necessidade de reduzir os materiais que utilizamos.

Materiais acumulados

Há materiais que vamos guardando, acumulando, mas às vezes não sabemos o que fazer com eles. Comigo aconteceu isso algumas vezes, e vou compartilhar a última vez em que isso se deu. Acumulei umas 20 caixas de dúzia de ovos, com medidas de 22 cm x 16 cm x 7 cm, e o pai de uma aluna me deu uma ideia: desmontando e voltando a montar ao contrário as caixas, o logotipo da empresa ficava dentro da caixa e a parte externa se tornava uma ótima superfície para trabalhar. Bem, eu tinha o material, mas não sabia em que contexto aplicar, e a pergunta era: Como associar esse material a uma proposta significativa ao grupo?

Nesse caso, levei muito tempo para construir uma proposta que fosse realmente interessante. Em fevereiro de 2022, na ARCO – Feira Internacional de Arte Contemporânea de Madri – encontrei as obras, *kits*, da artista Susan Cianciolo na Galeria Cibrián, e vi que essas caixas de ovos seriam perfeitas para transformarem-se em caixas de lembranças da infância. Para prepará-las utilizamos papéis, tecidos, giz de cera, cada um levou um pouco desses materiais, que foram compartilhados, e depois colados por dentro e por fora da caixa. Assim, cada uma ficou preparada de forma diferente para guardar as lembranças da infância. Alguns, como sugeri, levaram fotos de quando eram bebês, outros, pequenos tesouros com histórias únicas.

Esta oficina aconteceu com os *Exploradores del Parque*, que acontece em um parque comunitário chamado Parque Santander, em Madri, com um público participante composto por famílias com crianças entre 2 e 6 anos de idade.

Conexões

Ao postar uma foto da oficina no *Instagram*, como de costume, citei o nome da artista inspiradora, e ela me respondeu com um: *thank you*. Passados alguns dias, o pai de um aluno me contou que a marca da caixa dos ovos que usamos tinha uma proposta que se chamava: *#1idea1arbol*. Para cada ideia do que fazer com as caixas vazias enviadas à empresa, esta se responsabilizaria em plantar uma árvore na região de Ulloa, noroeste de Espanha. Enviei um e-mail e recebi duas respostas. A primeira sem nome próprio, dizendo: "Recolheremos sua proposta com seus dados e plantaremos uma árvore na região de Ulloa". Uma segunda resposta veio do gerente de marketing e comunicação da empresa, dizendo: "Obrigado por sua proposta. Tão bem pensada e tão bonita. Adoramos que nossa caixa e nosso projeto sirvam para a educação e a arte..." (Trecho de mensagem, tradução nossa).[3]

Toda esta comunicação com terceiras pessoas vou contando aos *Exploradores del Parque*. Informar sobre as conexões que aconteceram e possíveis de ocorrer é uma parte importante do desenho das propostas, é mostrar que o fazer artístico é dinâmico, está constantemente ziguezagueando com a contextualização e com a leitura da imagem, e que todos podemos acrescentar algo novo à proposta.

Materiais naturais encontrados

Colecionar sementes de diferentes frutas, cascas de nozes, gravetos que encontramos pelo caminho, pedrinhas é importante. Costumo chamar esses materiais de presentes da natureza, e acabamos reunindo coleções de materiais cheios de possibilidades. Também costumo pedir ao grupo com que vamos realizar a proposta que faça a sua própria coleta de presentes da natureza. A proposta sempre estará associada a uma história, ou a uma obra de algum artista que trabalhe com

3 No original: "Recogemos tu propuesta con tus datos y plantaremos un árbol en la comarca de la Ulloa". A segunda resposta foi do responsável do marketing e comunicação da empresa dizendo: "Gracias por tu propuesta. Tan pensada y tan bonita. Nos encanta que nuestra caja y nuestro proyecto sirva para la educación y el arte" (Trecho de mensagem).

elemento da natureza. Com esses ingredientes, já temos outra proposta dinâmica e que vai fomentar a criatividade e a associação de ideias. Aqui comento alguns artistas que utilizo como referência, dependendo do contexto: Lucia Loren, Lesley Yendell, Ribert Smitheson, Simón Beck, Bruno Munari, Andy Goldsworthy, Marton Hill e Philippa Jones, Richard Long, Richard Shilling. Dessa lista, Lucia Loren é a minha preferida, pois conheço de perto o seu trabalho.[4]

Figura 2: Pilochas.

Fonte: Acervo Rita Noguera, 2022.

Na Figura 2, mostro uns trabalhos realizados a partir de uma história que se chama *Pilocha*, da autora Maita Cordero e ilustrada por Ana López Escrivá. *Pilocha* é a história de um personagem que vai sendo construído com elementos da natureza. Para a base do corpo de *Pilocha*, uso argila vermelha ou branca, e depois para as pernas, braços, olhos, orelhas, boca, nariz, cabelos, cada um vai construindo como achar melhor, ao seu estilo. *Pilocha* já foi proposta a diferentes grupos: oficinas familiares, só crianças, cursos para professoras, e é uma verdadeira maravilha ver que não existe uma igual à outra. Sempre procuro

4 Para mais informação sobre o trabalho de Lucia Loren, em fevereiro de 2020, com a querida amiga Rita Inês Petrykowski Peixe, realizamos uma entrevista com a artista no seu ateliê. A entrevista foi registrada no texto: "Lucia Loren e o pensar as sutis relações da vida: entre arte, raízes e artesania", publicada no livro: *O ensino artístico que temos e o que queremos: posturas, histórias e experiências no Brasil e em Portugal*. Disponível em: https://i2ads.up.pt/publicacoes/o-ensino-artistico-que-temos-e-o-que-queremos/ Acesso em: 20 jan. 2024.

fazer uma exposição e observar o trabalho dos demais, assim fomentamos a observação, apreciamos a diversidade dos resultados. Sempre partimos de uma mesma proposta, os mesmos materiais, e os resultados são sempre diferentes: a criatividade de cada um tem o seu espaço. Nessas exposições finais, é gratificante ver como alguns comentam que gostam do trabalho de outros. Os desenhos que estão ao lado das *Pilochas* da Figura 2 fazem parte da atividade: quando realizamos algo tridimensional, proponho que realizem um desenho bidimensional. Em um artigo que escrevi com minha querida amiga arte-educadora Daniella Zanellato, comentamos sobre esta proposta:

> Propor que eles desenhem em duas dimensões algo que construíram em três dimensões é sempre um desafio. As crianças e os pais devem ser avisados de que é difícil – que é difícil para nós também –, mas que devem tentar, porque o resultado sempre será bom. Os resultados sempre surpreendem a todos. Eles representam detalhes que não havíamos notado antes, e as próprias crianças veem suas criações de uma maneira diferente. (NOGUERA, 2018, p. 536, tradução nossa)[5]

Quantidade de oferta de material

Por volta do ano 2000, a psicóloga Julia Durruty – uma colega e amiga – me deu uma dica muito importante para enfrentar a difícil tarefa que pode ser para as crianças terem de escolher que material utilizar entre uma diversidade muito grande.

O contexto foi uma conversa sobre desenvolvimento infantil, e o exemplo foi a hora da refeição; se você perguntar à criança o que ela quer comer e tiver muitas opções, a criança fica sobrecarregada e não sabe o que responder, porque é uma responsabilidade muito grande para ela escolher o que comer.

5 No original: “Proponer que dibujen en dos dimensiones algo que han construido en tres es siempre un desafío. Hay que avisar a los niños y padres que es difícil – que a nosotros también nos cuesta –, pero que lo intenten, porque lo que salga estará bien. Los resultados siempre sorprenden a todos. Representan detalles en los que antes no nos habíamos fijado, y los niños mismos ven sus creaciones de otra manera” (NOGUERA, 2018, p. 536).

Quando comecei a dar oficinas de arte para crianças de 2 anos, compreendi a difícil tarefa de escolher. Não dou à criança tudo pronto, mas tento reduzir as opções; em vez de dar a elas uma escolha entre cinco cores, ofereço-lhes duas, para que seja menos complicado e mais tarde possam trocar uma cor por outra. É importante que elas aprendam a saber escolher, mas sem se sobrecarregarem.

Tempos de olhar, ver e perceber

Fornecer quantidades demasiadas de materiais ao mesmo tempo tende a fazer com que a criança perca o interesse, ou faz com que ela use tudo de uma só vez, rapidamente e sem dedicar tempo para aproveitar o processo de escolha: perceber as propriedades dos materiais, contemplar suas possibilidades, pensar se já os conhece e como se sente ao utilizá-los; gosto, não gosto porque mancha, porque não sei usar etc. A falta de tempo para esse processo de familiarização com o material não favorece as leituras e contextualizações do que está acontecendo. Oferecer o material, bem como dar tempo para que pensem, ajuda a focalizar.

Lembro-me de uma obra que vi na ARCO 2020, de Antoni Muntadas, chamada *Mirar / Ver / Percibir* (2009). Era uma instalação feita com três luminárias de escritório acesas, cada uma focando uma das três palavras adesivadas e coladas na parede: *Mirar / Ver / Percibir*. Interpretei como uma peça que representa muito bem onde colocamos o foco, no ver, olhar e perceber. Se um dos focos se apaga, vamos perder informação, vamos deixar de ter a possibilidade de compreender o todo; nossas propostas de criação nas oficinas devem ser elaboradas iluminando os diferentes focos.

Tempos acelerados

Em meus grupos, houve crianças que tiveram acesso a muitos materiais de uma só vez. Elas pintaram e criaram, mas de uma maneira acelerada, e depois de pouco tempo queriam fazer outra coisa. Isso me fez pensar muito e tracei um paralelo para que eu pudesse entender o que estava acontecendo.

É como aquela criança que come muito bem, mas muito rapidamente, sem degustar o alimento e sem ser capaz de distinguir os sabores do alimento. Bem diferente é aquela outra criança que come bem, saboreando cada mordida, entendendo que quem cozinhou hoje usou um ingrediente diferente, sendo capaz de reconhecer a mudança e dizer se gosta ou não dela.

O fazer – brincando, descobrindo, surpreendendo

Trabalhar no chão sentados em roda

Ao preparar o espaço e a disposição dos participantes, sempre tento iniciar as sessões trabalhando no chão, formando um círculo onde os materiais com os quais vamos trabalhar serão compartilhados.

Estar posicionado dessa forma oferece muitas vantagens. Criamos um espaço comum que todos compartilhamos, oferecendo uma visão geral em todos os momentos a todos os participantes. Se é uma oficina com crianças e adultos sentados no chão, estaremos todos na mesma altura, no sentido literal e figurativo. Estando no chão, temos que respeitar o espaço, tanto o nosso quanto o dos outros. Na hora de oferecer os materiais e trocar um por outro, este ir e vir é mais fluido se estamos todos na mesma altura.

Cores primárias e mistura de cores

Geralmente começo a atividade com uma história ou com uma imagem. Por exemplo, se vamos trabalhar com a cor vermelha, podemos perguntar quem leva algo vermelho, o que temos de vermelho no espaço ao nosso redor, e podemos olhar para os materiais vermelhos que temos disponíveis, algum livro que tenha vermelho no contexto das histórias, artistas que realizaram obras utilizando diferentes materiais vermelhos etc.

Para partir para o fazer artístico, podemos oferecer giz de cera vermelho, adesivos, papéis e, no final, tinta vermelha.

Continuando com a base de não sobrecarregar com materiais, eu sempre proponho uma troca de materiais. A criança me devolve os gizes de cera e eu lhe dou os adesivos, depois jogamos os papéis vazios dos adesivos no lixo e eu lhe dou a cola e os papéis para que possa cortá-los como quiser. É uma dança entre as crianças e os materiais, assim elas se movimentam e percebem quando querem trocar os materiais. Nas atividades de grupos familiares, muitas vezes é todo um avanço a criança sair do lado do adulto de referência para ir pegar o material com a arte-educadora. Cada criança necessita do seu tempo e espaço, é importante que os adultos que estejam envolvidos nesse processo de aprendizagem entendam as necessidades individuais das crianças, e que pouco a pouco cada uma construa o seu caminho. Com grupos escolares, se estou com eles pela primeira vez, se noto algo diferente com alguma criança, peço ajuda ao professor ou professora responsável para entender o contexto da criança e que me indiquem qual a melhor maneira de me relacionar com ela.

São detalhes que vamos mostrando para as crianças e que elas vão assimilando, cada uma a sua maneira. Por exemplo, na hora de pintar elas mergulham o pincel na tinta como se fosse uma colher, digo que não é necessário tanta tinta e é melhor ir molhando pouco a pouco. Outro caso é quando elas dizem que não têm mais tinta, eu lhes mostro que, se virarem o pincel, há mais tinta do outro lado.

Ao recordar esses detalhes, vêm-me à mente imagens de seus rostos, imagens de surpresa, às vezes de frustração e depois de descoberta, porque a primeira coisa que elas querem é cada vez mais tinta, mas é importante transmitir essa apreciação e esse desfrutar pouco a pouco do processo.

O processo da mistura de cores sempre surpreende as crianças. Tenho uma série de oficinas que desenvolvem essa proposta, utilizando histórias como: *Pequeno azul e pequeno amarelo*, de Leo Lione, e *Splash! Uma história de misturas coloridas*, de Arree Chung[6], referências de artistas que realizam obras com cores primárias e secundárias, utilizam diferentes materiais e fazem mistura de cores.

As sessões vão se conectando umas com as outras. Depois do vermelho, conto a história do *Pequeno azul e pequeno amarelo*, usando pedaços de acetatos das duas cores cortados juntos, assim, quando estão juntos se vê verde. Dou um jogo de acetato azul e amarelo para cada um, e desse modo as crianças brincam e investigam o entorno usando essas duas cores.

6 No YouTube é possível ver um vídeo do próprio autor da história em inglês. Sempre recomendo aos professores e famílias que mostrem para as crianças. Disponível em: https://www.youtube.com/watch?v=mn0ep5u0kZo.

Somamos à proposta referências de artistas que usam predominantemente essas cores em suas obras, utilizamos diferentes materiais com essas cores e pintamos com elas. E surpresa: aparece o verde! Como utilizamos diferentes quantidades de pintura, criamos vários tons de verde.

Os livros infantis vão nos aproximando do contexto do que queremos trabalhar no mundo das crianças. No texto "Experiências de arte e inclusão: integrando crianças e famílias nos ateliês de San Fernando", de 2013, exponho a importância dos livros infantis para essa conexão com as crianças:

> Ao trabalhar com crianças tão pequenas, é fundamental enfatizar a aprendizagem das relações entre a criança e os objetos que as rodeiam, que é a ligação adequada entre o "mundo interior e exterior" da criança e seu ambiente. Os primeiros anos de vida são a etapa em que o ser humano desenvolve e aprende com maior rapidez, e é nestes primeiros anos que se constroem as bases para o desenvolvimento posterior (NOGUERA, 2013, p. 125).

Figura 3: Início da oficina no parque, contando o livro *Mixed*, em português: *Splash! Uma história de misturas coloridas*, de Arree Chung.

Fonte: Acervo Rita Noguera, 2021.

Com esta outra história, passamos a realizar a proposta de misturar cores-luz de uma maneira fácil e eficaz; começamos trabalhando com papel celofane, para que possam ver rapidamente que as cores podem ser misturadas. Para isso, desenvolvi uma técnica que, a cada vez que a coloquei em prática, fui realizando pequenas melhoras. Depois de uns quatro anos encontrei o que melhor funciona: utilizar rolos de papel higiênico de diferentes espessuras e papel celofane nas cores azul, vermelho e amarelo (Figura 4). Uma nota importante: verificar previamente que, quando você combina as cores azul e vermelho, conseguimos o roxo, mas nem todos os papéis dão resultado, pois dependendo da qualidade do papel, se tem uma pigmentação diferente, pode sair marrom.

Figura 4: Mostras dos materiais usados nessa proposta.

Fonte: Acervo Rita Noguera, 2022.

As crianças gostam muito do jogo dos óculos de exploradores de cores. A última vez que coloquei em prática foi com os *Exploradores del Parque*, em 2021. Seus rostos de surpresa quando viram que as misturas ocorriam eram grandiosos. A alegria e a excitação eram contagiantes. O momento de descoberta do roxo é geralmente o mais emocionante. Depois, eles investigam o meio ambiente e veem todos os elementos ao seu redor através dos óculos de pesquisadores: plantas, flores, árvores, pedras, pessoas etc. Também lhes dou mais pedaços de papel celofane para colocar dentro dos óculos e, assim, eles continuam a investigação, junto às famílias. Uma criança, ao ver a mistura de azul e amarelo, disse com grande euforia que havia visto ouro verde. Pura metáfora poética.

Aqui tivemos como referência o artista Olafur Eliasson, e muitas famílias conheciam suas obras por diferentes exposições ou documentários que viram do artista.

Depois de um tempo, as famílias contaram que as crianças passaram a usar os óculos de exploradores de cores brincando em casa, andando pela rua, indo de metrô, e que começaram a perguntar: Se misturamos tal cor com outra, que cor sai?

Sinto que as crianças e os adultos que participam das oficinas vão se contagiando com a arte e construindo seu próprio caminho de descobertas. Uma vez que as crianças tenham descoberto a combinação e a criação de cores, começamos a usar e combinar mistura de cor e pigmento com guache, usando o vermelho, o azul e o amarelo. Depois somamos novas propostas, artistas de referência que tenham sentido com o entorno das crianças, livros, imagem, lugares próximos etc.

Tema borboletas

Nesta proposta, o livro utilizado para aproximar o contexto ao mundo das crianças foi: *O nascimento de uma borboleta*, de Chiara Piroddi. A obra conta a evolução, passo a passo, desde o casulo até a transformação em borboleta. Existem muitos outros livros sobre borboletas para crianças que vocês podem escolher.

Como referência de obras de artista, aqui vou apresentar uma lista mais detalhada: *Mão com borboleta*, 1943, de Candido Portinari; *Rosa papilio (Flordali – Flora Dalinae)*, 1967, de Salvador Dalí; *Efecto mariposa*, 2017, de Natalia Tsvetkova; *Borboletas*, 2019, de Krytzia Dabdoub; do artista urbano Mantra mostrei diferentes imagens; e por último *Esperança*, 2020, de Eduardo Kobra.

Nesta última obra, *Esperança*, do artista Kobra, aparecem borboletas com asas de bandeiras de diferentes países, saindo de um frasco de vacina. Uma forma de constatar que a arte sempre está se tecendo do e no entorno, e nossas propostas se enriquecem muito com essas imagens.

Com este tema, mostro duas possibilidades diferentes que realizei: uma com sessões virtuais feitas na época da quarentena e outra no parque. A primeira proposta foi um trabalho em equipe, as famílias participavam ativamente das propostas. Para cortar as borboletas, tínhamos que dobrar uma folha de papel sulfite em quatro, depois uma vez mais, desenhar o perfil de uma borboleta e recortar. Saem quatro borboletas, bem diferentes, e os adultos perguntavam com receio: "Está bem?". Sempre animo tanto a pequenos como grandes: "Estão todas perfeitas, pois são originais e únicas". Estas borboletas foram pintadas com giz de cera, depois em uma folha como se fossem flores, e as borboletas eram seguradas só pela parte do meio, para parecer que estavam voando.

Em março de 2021, primavera na Espanha, se retomou com este grupo o tema das borboletas. Voltamos a ler o livro, vimos as referências artísticas, somamos imagens da artista Krytzia Dabdoub, que em três imagens ilustra a transformação das borboletas. A artista realiza uma pesquisa sobre as borboletas-monarca do México e as pinta em diferentes materiais e formatos.

Para falar da simetria das asas das borboletas, mostrei a foto de uma borboleta cobrindo a metade dela e perguntei: Que cor vocês estão vendo nesta borboleta? Como será do outro lado? Igual? Diferente?

Depois descubro a outra parte e pergunto como são... conversa... e termino falando que são simétricas.

Pintamos uma cartolina pequena pela metade, dobramos e... magia! O outro lado ficou pintado igual, era só esperar o papel secar para poder seguir.

Enquanto isso, as famílias tinham levado um material necessário para o próximo passo: transformar-se em borboletas. Para isso, pedi previamente este material: um lenço comprido, um elástico de cabelo ou uma fita e um pregador de roupa.

Figura 5:
Asas de borboleta.
Fonte: Acervo Rita Noguera, 2021.

Com as asas prontas, perguntei se eles(as) sabiam como as borboletas polinizavam as flores. Mostrei uma ilustração da artista Krytzia Dabdoub (Figura 6), em que podemos ver que a língua da borboleta é enrolada como uma espiral, e ela usa essa língua para sugar o pólen das flores e também poliniza as plantas. Para poder representar o exercício de polimerizar, usamos... uma "língua de sogra".

Figura 6: Krytzia Dabdoub, língua de borboleta.

Fonte: Arquivo Krytzia Dabdoub, 2021.

Utilizamos "línguas de sogra" como língua para polinizar as flores do parque. Esta foi uma proposta muito dinâmica e gerou muitos comentários. Lembro muito bem de dois:

P. 5 anos. Como a gente vai fazer as antenas?

Na verdade, eu não pensei nas antenas, mas para a próxima pode ser um diadema ou com certeza eles inventam algo.

S. 4 anos. Como chama a língua das borboletas?

Não sei, só sei que se enrolam. E ela respondeu: se chama *espiritrompa.*

Eu falei que para mim era novidade, eu não sabia, e fiquei de procurar mais informação para o próximo encontro. Pesquisei e, em espanhol, se chama sim *espiritrompa*, pois é como uma tromba de elefante: a borboleta desenrola e suga o néctar da flor através dessa língua-tromba. Na sessão seguinte, eu toda contente falando do porquê do nome *espiritrompa* e eles me fazem outra pergunta: "Essa língua é pegajosa?". Outra questão que não soube responder... Eles falaram que sim, era pegajosa.

Depois de toda esta transformação, as cartolinas já estavam secas. Eles recortaram as borboletas, depois do outro lado pintaram com giz de cera, pegaram papel, adesivos e passaram a preparar o outro lado da borboleta, com a proposta de reproduzir desenhos simétricos.

Ao terminar, colamos com fita adesiva uma medula vegetal flexível no meio da borboleta, e estas ao mexerem pareciam estar voando. Esta sessão foi especialmente ativadora de novas ações. As famílias me contaram algumas situações que passaram depois da atividade que me surpreenderam positivamente.

Uma das crianças contou à sua tia que as borboletas eram simétricas. A tia quis saber mais e perguntou o que era a simetria, e a criança respondeu: que um tem o mesmo desenho que o outro. Sobre as "línguas de sogra", me contaram que foi o aniversário de uma das meninas do grupo e teve língua de sogra na festa, então as crianças a utilizaram para "polinizar as plantas" como borboletas. Uma mãe me mandou uma foto de uma borboleta a pedido do seu filho. Viram uma borboleta, conseguiram tirar a foto e para ele era muito importante que eu visse a borboleta que ele encontrou. Nas considerações finais do texto "De cavalinhos a animais de brincar", Daniella e Rita escreveram: "A companhia do familiar adulto amplia essa experiência e possibilita que o que acontece no workshop seja conectado ao que acontece em suas vidas diárias"[7] (NOGUERA; ZANELLATO, 2018, p. 537, tradução nossa).

Mesmo quando os pais não estão presentes, é importante comunicar às famílias o que se está vendo e trabalhando na escola, para assim poder ter esta comunicação fluida entre o dia a dia da criança na escola e em casa. Podemos conhecer pessoas que pintam, bordam, tiram fotografia de borboletas, quem sabe conhecemos uma pessoa que estuda as borboletas. Muitas vezes, coloco a música "As borboletas", de Vinicius de Moraes, interpretada por Adriana Calcanhotto, e mesmo sendo em português, faz muito sucesso nas oficinas na Espanha. Podemos somar a outros temas, como flores, polinização, abelhas etc. Vamos somando conhecimentos, valores, referências.

7 No original: "La compañía del adulto familiar amplía esta vivencia y posibilita que lo que ocurra en el taller pase a tener conexión con lo que ocurre en su día a día" (NOGUERA; ZANELLATO, 2018, p. 537).

Conversas que costumam acontecer nos processos do fazer

Inspirar-se é diferente de copiar

Existem alguns diálogos que são bem recorrentes nas oficinas, sejam elas com famílias, só com crianças, em escolas. Um deles é quando alguém está pintando, desenhando, criando, um companheiro ou companheira olha e faz algo parecido, então se escuta uma voz indignada que diz: "Está me copiando!". Para esses momentos, tenho uma frase preparada: "Não está te copiando, está se inspirando, pois nunca vai ficar igual. Eu também me inspiro em diferentes artistas para desenhar e propor diferentes atividades, mas nunca fica igual. Dependendo da situação, sigo; é bacana reconhecer que uma pessoa nos deu a inspiração para fazer algo, pois constantemente nos inspiramos uns nos outros".

Não posso afirmar que essas intervenções são sempre bem-sucedidas, pois algumas crianças ficam verdadeiramente ofendidas quando alguém se inspira em sua obra, mas planto a semente. Os adultos no geral gostam da intervenção e dizem que vale utilizar, ótimo. Esse processo é valorizado ao fomentar que os participantes observem os trabalhos uns dos outros, durante o processo ou ao final.

Onde está a cor carne?

Discutirei, a seguir, aqui como atuo quando escuto esta frequente demanda. Pergunto: Mas que carne, carne de quem? Já aconteceu em uma classe de uma escola com crianças de nove nacionalidades diferentes, de diferentes continentes, e nesse instante juntei os braços de quatro crianças e perguntei: Qual é a cor carne? Elas continuavam mostrando o rosa-carmim, sendo que não se parecia a pele de nenhum dos alunos. Nesses momentos, sempre difundo, para os adultos que acompanham, familiares ou professores, o maravilhoso projeto Humanae, da artista Angélica Dass[8]. Também levo as oficinas de giz de cera de diferentes cores de peles. Já me comuniquei com a artista Angélica Dass pelas redes sociais, agradecendo por seu trabalho tão importante e necessário.

8 No II Congresso Internacional On-line entre Arte, Cultura e Educação: Reconexões da Abordagem Triangular no Ensino das Artes, na Universidade Federal de Goiás (UFG), realizei uma sessão dentro da proposta de Ateliê para crianças pequenas e grandes, chamada "Mão na massinha: a arte de ser, sentir e estar". Nessa sessão, faço referência ao trabalho da Angélica Dass. Disponível em: https://www.youtube.com/watch?v=BefIM4mP3MU.

Você gosta do meu trabalho?

Muitas vezes escuto esta pergunta e sempre respondo: "Você gosta do que você está fazendo, você se sente satisfeita ou satisfeito?". Quase sempre a resposta é um sim, com um sorriso. Nesses momentos comento: "Que ótimo, pois quem tem de gostar do trabalho que você está fazendo é você". Para mim, todos são diferentes e originais, e o importante é o processo que se está vivendo e o que vai ficar dele depois. Nesses comentários, estamos fomentando a criatividade, valorizando novas possibilidades, o diferente e o único. Nem sempre é fácil, muitas vezes as crianças querem fazer algo igual a uma referência. Um exemplo bem recente: dois irmãos, de 7 e 5 anos, estavam produzindo uma história em quadrinhos e ambos queriam contar a história na qual aparecia um javali. O irmão de 7 fez o seu javali e o de 5 estava frustrado, bravo, e não queria desenhar mais porque não saía igual ao do irmão, que para ele era o correto. Bem, indiquei várias possibilidades, falei que cada um tem seu estilo, sobre o tema de inspirar e não copiar, mas nada... Ele estava frustrado e eu também. Dei uma volta por todo o grupo e, depois de uns 15 minutos, voltei. E que surpresa! Ele fez um javali com formas geométricas, patas e focinho retangulares, rabo, e os dentes de presa do javali eram triangulares. Foi uma solução muito criativa, e muito gratificante ver que, depois de superar a frustração de não poder copiar, ele encontrou a solução de criar algo original.

Em cada oficina sempre aprendo algo novo

Esta é uma frase que utilizo muito cada vez que aprendo algo novo com o grupo, a lista de aprendizagem é enorme e faço questão de contar que não sabia, agradecendo pela informação. De companheiras já escutei comentários como: a criança vai achar que sabe mais que a professora. Na verdade, estou demonstrando que aprendemos juntos todo o tempo, e isso é uma sorte, nunca vamos nos aborrecer de aprender. Compartilho meu último aprendizado em uma oficina sobre a linguagem de história em quadrinhos dentro de uma biblioteca. Uma menina fez um quadrinho que se abria ao contrário, então perguntei o porquê. E ela respondeu porque era um mangá. Eu achei que era só no Japão, mas o pai da menina que estava perto me mostrou um mangá em espanhol, e seguia toda a estrutura do mangá original, em que se lê de trás para frente. Agradeci à filha e ao pai terem me ensinado algo novo.

O essencial para propor um fazer artístico coerente e significativo

Para mim, é impossível pensar em propor oficina de arte sem utilizar o zigue-zague da Abordagem Triangular; fazer só por produzir algo bonito e temporário é perder a oportunidade de associar ideias, de realizar conexões úteis para o desenvolvimento de nossas vidas no nosso dia a dia, conexões que podem nos mostrar outros pontos de vista. No livro *Mulheres não devem ficar em silêncio*, no capítulo sobre a arte-educadora Fernanda Milani, Ana Mae escreve: "D. Fernanda [Milani] nos comprovou que nada se constrói no vazio" (BARBOSA, 2019, p. 348). Esta frase me ajuda a pôr palavras às minhas intenções. Essa conexão entre projetos, a troca de informação, esse somar conhecimentos são muito ricos em possibilidades, e aqui reproduzo uma parte do texto de Fernanda Milani de 1963, que Ana Mae nos traz no capítulo já citado:

> [...] não tivemos somente o propósito de desenvolver uma linguagem plástica utilizando sua forma como meio de comunicação, mas aguçar o senso crítico, a consciência social, a criatividade, procurando formar homens[9] com conhecimento para integrar e agir sobre o processo histórico (BARBOSA, 2019, p. 349-350).

Aqui é uma mostra de por que tenho tanto respeito em escrever, pois penso que o que faço muita gente já fez. Como costumo dizer, não estou descobrindo a América, por isso é tão importante incluir outras referências, somar informações. Sempre comento nas oficinas que hoje podemos ter acesso a muita informação, graças às tecnologias, mas o importante é saber o que queremos e para que queremos, e citar de onde fomos construindo os conhecimentos.

Sempre podemos encontrar uma conexão com algo; se achamos uma atividade que nos chama atenção só pelo resultado, não é questão de descartá-la, mas sim é muito recomendado que se encontre um contexto, um significado coerente para articular a proposta. Talvez o resultado final não fique tão chamativo, pode

9 Relevem a linguagem. Ela escreveu na década de 1980. Prefiro, em vez de usar a palavra "homem" como um termo genérico que não me inclui porque sou mulher, utilizar "humanidade", "pessoas" etc. Guardei os textos apresentados por Fernanda Milani exatamente como foram entregues (BARBOSA, 2019, p. 350).

ser que nem tenha um produto final, mas com certeza as associações realizadas se farão mais potentes e significativas para ir somando conhecimento para formar um pensamento crítico.

No começo do capítulo identifico como minha fraqueza o fato de ser disléxica, de não poder lidar com temas complicados e desconexos. Em cada proposta transmito detalhes da vida que para mim são fundamentais, portanto, cada proposta está permeada por uma série de valores, como o respeito, inclusão, igualdade. Vou dar um último exemplo.

Durante nove anos, em um domingo ao mês realizava uma oficina chamada *Rincón del Arte, Talleres para disfrutar el arte en familia*:

> O Rincón del Arte é um espaço aberto ao público que a Prefeitura do Real Sitio de San Fernando de Henares, por meio do Departamento de Cultura, oferece a seus cidadãos. Em determinados domingos do ano, a Prefeitura convida crianças de 3 a 10 anos de idade, acompanhadas de suas famílias, para as exposições temporárias no Salão Juan Carlos I. M[10] (FONTAL; IBÁÑEZ-ETXEBERRIA; MARTÍN, 2014, p. 949, tradução nossa).

No domingo, dia 17 de janeiro de 2016, a exposição a ser visitada era: *El arte contra la guerra*. A exposição estava composta por obras de diferentes artistas que haviam exposto anteriormente nesse espaço e cederam uma obra desinteressadamente em nome da LIBERDADE. Dei muitas voltas até encontrar um modo de como falar desse tema com crianças e famílias a partir de um contexto próximo a eles. Como sempre, encontrei ajuda em um livro: *Los derechos y deberes de los niños*, de Mercè Arànega e Josep-Francesc Delgado, e na introdução constava: "Além de explicar os direitos das crianças, eles pensavam que, para cumpri-los, também era necessário respeitar certos deveres"[11] (ARÀNEGA; DELGADO, 2002, p. 1, tradução nossa).

10 No original: "Rincón del Arte es un espacio abierto al público que el Ayuntamiento Real Sitio de San Fernando de Henares, a través de la Concejalía de Cultura, oferta a sus ciudadanos. El Ayuntamiento invita, algunos domingos del año, a niños de 3 a 10 años, acompañados de sus familiares, a las exposiciones temporales de la sala Juan Carlos I. M" (NOGUERA, 2014, p. 949).

11 No original: "Además de explicar los derechos de los niños, pensaron que, para cumplirlos, también era necesario respetar unos deberes" (ARÀNEGA; DELGADO, 2002, p. 1).

Comentamos por que as guerras começam, por que brigamos, e perguntei se eles brigavam; a resposta primeira foi não, e depois questionei: "Vocês nunca brigaram por um brinquedo, porque não queriam tomar banho, porque não queriam comer?". Alguns começaram a fazer sim com a cabeça. "Sim, eu também, mas é importante que nos comuniquemos para chegar a um acordo, porque se não conversamos, podemos brigar". A conversa foi bem interessante, as famílias também participaram, depois vimos e comentamos algumas obras expostas. Para o fazer comentei que encontrei um livro que falava dos direitos e deveres das crianças, vi algumas páginas e lancei a proposta. "Temos o direito de crescer em um lugar saudável. E o dever de mantê-lo limpo para aqueles que vierem depois de nós"[12] (ARÀNEGA; DELGADO, 2002, p. 8-9, tradução nossa).

Cada criança (ou família) tinha que escolher uma frase impressa, com um direito unido ao seu dever, um rolinho de papel higiênico e uma folha colorida. Em família falar sobre as frases escolhidas, fazer um desenho que representasse esta ação, colar no rolinho de papel higiênico e colocar a frase dentro. Para terminar, colocamos as criações em círculo em um lugar de destaque para fazer parte da exposição. A obra coletiva se chamou *Sembrando paz* (Figura 7).

Figura 7: Obra coletiva *Sembrando paz*, realizada por todos os participantes da oficina *Rincón del arte*, do dia 17 de janeiro de 2016.
Fonte: Acervo Rita Noguera, 2016.

Esta foi uma oficina que demorei a elaborar, mas me trouxe muita satisfação, senti que fui coerente com a proposta da exposição, com o exposto, e porque as famílias se envolveram na atividade. Essas são algumas das minhas aportações

12 No original: "Tenemos el derecho a crecer en un lugar saludable. Y el deber de conservarlo limpio para los que vengan después" (ARÀNEGA; DELGADO, 2002, p. 8-9).

do fazer artístico no contexto da Abordagem Triangular, coerente e significativo. Partimos de um decálogo de intenções, com um claro propósito do fazer artístico, unindo uma variedade de materiais pensados, reciclados ou encontrados, sempre atentos ao entorno, dispostos a brincar, descobrir e surpreender-nos, e abertos às conversas que costumam acontecer nos processos do fazer, já que nessas conversas se revelam os pequenos tesouros da vida.

Referências

ARÀNEGA, Mercè; DELGADO, Josep Francesc. *Los derechos y deberes de los niños*. Barcelona: Edebé, 2002.

BARBOSA, Ana Mae. *A imagem no ensino da arte:* anos 1980 e novos tempos. São Paulo: Perspectiva, 2014.

BARBOSA, Ana Mae. *Mulheres não devem ficar em silêncio*: arte, design, educação. São Paulo: Cortez, 2019.

CHUNG, Arree. *Mixed. A Colorful Story*. New York: Henry Holt and Company, 2018.

CORDERO, Maita; AYUSO, Margarita Cordero; ESCRIVÁ, Ana L. *Pilocha*. Madrid: Libros Activos, 2009.

FONTAL, Olaia; IBÁÑEZ-ETXEBERRIA, Alex; MARTÍN, Lorenzo (coord.). Reflexionar sobre las experiencias. Una visión complementaria entre España, Francia y Brasil. *In*: CONGRESO INTERNACIONAL DE EDUCACIÓN PATRIMONIAL, 2., 2014, Madrid. *Anais* [...]. Madrid: IPCE/OEPE, 2014.

HERNÁNDEZ BELVER, Manuel; SÁNCHEZ MÉNDEZ, Manuel. *Educación artística y arte infantil*. Madrid: Fundamentos, 2000.

LIONNI, Leo. *Pequeño azul y pequeño amarillo*. Sevilla: Kalandraka, 2005.

NOGUERA, Rita Maria. Experiências de arte e inclusão: integrando crianças e famílias nos ateliês de San Fernando. *Revista Educação, Artes e Inclusão*, Florianópolis, v. 7, n. 1, p. 117-130, 2013. Disponível em: https://www.revistas.udesc.br/index.php/arteinclusao/article/view/3137. Acesso em: 20 jul. 2023.

NOGUERA, Rita Maria; ZANELLATO, Daniella. De caballitos a animales de jugar: arte/educación en talleres de arte para niños en España. *Gearte,* [*S. l.*], v. 5, n. 3, 2018. DOI: 10.22456/2357-9854.87861.

PIRODDI, Chiara. *El nacimiento de una mariposa*. Barcelona: Vicens Vives Kids, 2019.

Vídeo:

ABSTRACT*:* The Art of Design. Platon: Photography, Netflix, 2017.

10

Instalação artística na Educação Infantil: no zigue-zague da Abordagem Triangular e no vaivém das crianças

Márcia Dárquia Nogueira da Silva, Iza Rodrigues da Luz e Juliana Gouthier Macedo
Universidade Federal de Minas Gerais (UFMG)

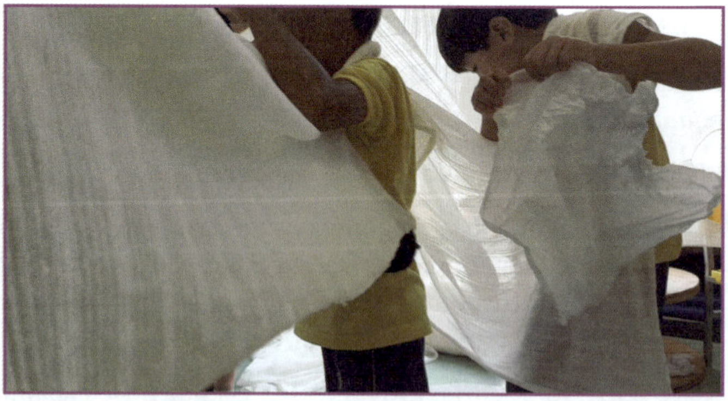

Figura 1:
Crianças vestindo os panos na instalação.
Fonte: Arquivos das autoras.

Este texto apresenta alguns resultados da pesquisa de doutorado realizada entre 2017 e 2021 no Programa de Pós-Graduação em Educação, Conhecimento e Inclusão Social da Faculdade de Educação da Universidade Federal de Minas Gerais (UFMG). O estudo buscou analisar como crianças de 5 anos vivenciam experiências em arte a partir da proposição de uma instalação artística. Para isso, iniciamos o trabalho discutindo e construindo para e com as crianças instalações nos espaços de uma Escola Municipal de Educação Infantil (EMEI) de Belo Horizonte. Considerando a instalação como um processo artístico potente para a inserção da criança no universo das Artes Visuais e contemporâneas, observamos e analisamos como as crianças vivenciaram experiências em arte a partir dessa proposição. O trabalho desenvolvido na escola possibilitou ainda ouvir e analisar o que disseram as crianças sobre o processo vivido.

A presença das Artes Visuais nos documentos curriculares para a Educação Infantil como um dos componentes das práticas educativas nos motivou a propor e desenvolver a experiência com instalação artística para e com as crianças. Além disso, fomos mobilizadas pelo crescimento das pesquisas com crianças no campo dos estudos da infância e pela ausência, nessas pesquisas, de trabalhos específicos que investiguem instalação artística na Educação Infantil. Durante a pesquisa, algumas perguntas guiaram o nosso olhar: O que as metáforas da arte contemporânea podem nos dizer sobre a infância? O que caracteriza a experiência estética no contexto de uma instalação artística na Educação Infantil? Como os estudos da infância, da arte e da Educação Infantil dialogam entre si e contribuem para responder a essas indagações?

Guiadas por tais indagações e desenvolvendo um trabalho de intervenção numa escola de Educação Infantil, conjugamos diferentes perspectivas metodológicas inspiradas nos estudos de Alison Clark (2005). Essa autora propõe estratégias variadas para a pesquisa com as crianças, sendo seus registros fundamentais para que elas expressem suas visões de mundo e façam sugestões, explorando e manifestando de diversas maneiras suas ideias de forma significativa para elas mesmas. Isso requer escutar as crianças em suas próprias reflexões, em diálogo com seus pares ou ainda em uma escuta coletiva.

Como a pesquisa se inscreveu no campo das Artes Visuais, inspiramo-nos na Abordagem Triangular de Ana Mae Barbosa ao elaborar a proposição de instalação artística na Educação Infantil. Essa autora propõe, dentre outras coisas, que a ampliação dos campos de sentidos por parte das crianças está ligada ao entendimento de que as práticas em Artes Visuais integram um movimento de afirmação da Arte como campo de conhecimento sistematizado e em diálogo com o processo de diferenciação cultural. Essa abordagem foi sistematizada pela autora trinta anos atrás e inclui o fazer artístico como processo de construção pessoal e coletiva; a leitura da imagem que possibilita o desenvolvimento do olhar crítico e da percepção envolvendo todos os sentidos; e a contextualização do que se faz e do que se vê como meio de ler o mundo e a si mesmo.

Quando apresentamos imagens às crianças, fazemos um convite para que elas possam olhar e produzir sentidos a partir do que estão vendo. Mais do que perguntar como elas interpretam as imagens, é necessário dialogar com a maneira que elas têm de perceber e de compreender o que viram e como viram. Interessa trabalhar a partir do que as crianças percebem nas imagens e nas relações que elas estabelecem. Nesse processo, o fazer, a leitura e a contextualização acontecem de forma articulada, a partir do encontro das crianças com as imagens. Segundo Barbosa (2012), a Abordagem Triangular não é um modelo para o que se aprende em arte, mas corresponde aos modos variados de como se aprende, articulando as ações mentais e sensoriais com as referências históricas e conceituais do campo das artes.

A instalação artística em processo: algumas reflexões

Algumas ações foram desenvolvidas junto às crianças, num processo construtivo de compreensão e produção da instalação artística, escolhida para possibilitar a experiência das crianças em arte. Para isso, buscamos observar e ouvir as crianças de várias maneiras, para entender o que elas fazem, sentem e pensam quando se engajam na construção de uma instalação artística. Considerando a necessidade de inserir as crianças no contexto mais amplo da arte, iniciamos o trabalho lendo com elas o texto "Como conversar com obras de arte" (SALLES, 2007), produzido especificamente para o público infantil. A aproximação inicial das crianças com esse texto e com os processos característicos de uma instalação artística possibilitou viver diferentes experiências e experimentações. Para o desenvolvimento de todo o trabalho, foi essencial estudar e dialogar com as crianças sobre concepções de instalação, apresentando dois artistas, Artur Barrio e Ernesto Neto, como os intercessores da pesquisa, que se dedicam a essa proposição artística.

Esses artistas experimentam de forma intensa a materialidade em seus processos criativos. As crianças, assim como Artur Barrio e Ernesto Neto, trazem em si essa capacidade de manipular, experimentar, interagir e transformar materiais e objetos, dando sentidos diversos a eles. Sendo assim, o contato direto com uma instalação foi fundamental, pois nossa percepção começa pelo corpo através de associações sinestésicas, que mobilizam vários de nossos sentidos de uma só vez. Como a criança habita o mundo com e por meio de seu corpo, uma prática instalacional tem o potencial de mobilizar inúmeras percepções e experiências estéticas. Ao escolher Ernesto Neto e Artur Barrio, consideramos as diferentes dimensões dos trabalhos desses dois artistas que, para nós, estão em diálogo com as ações das crianças de esmiuçar o mundo em busca de alguma coisa. Elas estão sempre revirando as caixas, abrindo gavetas, seguindo formigas, observando os bichos, embrulhando objetos e olhando o imenso vazio da existência em busca de respostas, como fazem os artistas. Além disso, a opção pela instalação como expressão artística desenvolvida pelos dois artistas tem relação também com aquilo que tematizam em algumas de suas obras, como, por exemplo, a ideia de "casa", convidando os espectadores a entrarem e permanecerem nesses ambientes de interação. Os dois artistas afirmam que uma instalação é como se fosse uma casa com muitas coisinhas dentro que nos ajudam a ter várias experiências. Em algumas instalações, podemos tocar e sentir diferentes sensações. Uma característica comum que os aproxima é o fato de explorarem a dimensão sensorial em seus trabalhos. Esse também foi um importante motivo que, pensando nas crianças de cinco anos, nos fez escolher *Ernesto Neto* e *Artur Barrio* como os intercessores desse trabalho.

Nesse sentido, iniciar a proposta com o texto, bem como apresentar os artistas intercessores para as crianças, foi tão importante quanto as demais ações que se sucederam, como conhecer algumas produções desses dois artistas, a produção de um desenho de memória da obra *Dengo*, de Ernesto Neto, a construção do caderno de registro com as crianças, o trabalho com as obras de Artur Barrio: pintura com café e nanquim, conhecer a instalação *Copulônia*, de Ernesto Neto, a criação da intervenção com meias e areia, a montagem da instalação na *Sala do Faz de Conta*, a entrada e experimentações das crianças na instalação construída, a modificação da instalação e, finalmente, a visita à instalação modificada por elas próprias.

Destacamos que a maneira escolhida para começar o trabalho com as crianças, utilizando o texto "Como conversar com obras de arte", foi importante para aproximá-las das obras de arte como algo que pode ser acessado por elas, como algo que está mais próximo e que até pode "falar". Nessa escolha, consideramos a condição e a capacidade da criança de imaginar e de simbolizar. Para Vigotski (2009), quanto mais a criança escuta, interage, aprende e vive experiências, mais dispõe de recursos para desenvolver sua imaginação criadora.

No entanto, é importante ressaltar que, ao nos relacionarmos com uma obra de arte, nossas percepções podem ser, ou não, mediadas pela palavra, sendo necessário refletir sobre o trabalho com Arte a partir do conceito de metáforas imaginativas, pois a Arte opera através de saltos metafóricos. Macedo (2010) e Efland (2005) apontam que a cognição humana, em todos os campos de conhecimento e não somente no campo das Artes, opera por metáforas e por imagens, sendo a imaginação um importante componente da cognição e dos processos racionais de abstração. Como esse trabalho aconteceu em uma turma de crianças com 5 anos de idade, foi necessário considerar as peculiaridades presentes nessa faixa etária, criando estratégias diferentes para que pudéssemos acessar esse universo infantil tão cheio de possibilidades e suspenses, assim como a própria experiência, que segundo Dewey (2010) pode provocar em nós um tipo diferente de relação e de interação em que se desenvolvam novas experiências. Nesse sentido, emoções, ideias, ações e pensamentos qualificam a experiência como uma unidade e podem fazer emergir e revelar, de maneira incidental e imprevisível, em cada atitude, gesto, frase, movimento ou palavra, o grau e a intensidade do envolvimento das crianças em uma instalação ou em qualquer outra produção artística.

Nesse trabalho com a instalação artística, foi possível perceber como a imaginação tornou-se a base para a criação coletiva e individual das crianças como inventoras desconhecidas e anônimas. Além disso, percebemos ainda que o processo de criação da criança se expressa principalmente na brincadeira e em seu corpo brincante. Ao brincar, as crianças não só imitam e reproduzem cenas vividas com os adultos, mas igualmente combinam elementos e imaginam situações inteiramente novas. A nova realidade imaginada responde às aspirações e aos anseios das crianças, sendo que as experiências anteriores são importantes para sua imaginação e a criação. No entanto, a combinação de novos elementos na atividade criadora representa algo novo e próprio da criança, que não reproduz mecanicamente o que ela teve a oportunidade de observar ou de ver. "É essa capacidade de fazer uma construção de elementos, de combinar o velho de novas maneiras, que constitui a base da criação" (VIGOSTKI, 2009, p. 17). Nesse mesmo sentido, Corsaro (2009) afirma que as crianças não reproduzem mecanicamente aquilo que o adulto faz e que elas tiveram a oportunidade de observar. O autor elaborou o conceito de *reprodução interpretativa* para explicar as ações das crianças na sua tentativa de ressignificar suas experiências no mundo, e expressar seus pensamentos e sentimentos.

Esse corpo brincante tão visível no processo de criação das crianças pode ser mais bem compreendido considerando as contribuições de Merleau-Ponty (2018) ao destacar que não se separa o corpo da criança do espaço. Para ele, o corpo da criança é o próprio espaço. Na visão desse autor, o corpo tem papel central para a experiência estética. Não o corpo como matéria e/ou como ideia, mas o corpo capaz de sentir e refletir. O corpo como ser vidente e visível, que olha todas as coisas e pode olhar-se, reconhecendo o outro lado de sua potência naquilo que vê. O corpo é visível para si mesmo. Ele toca tocando e se vê vendo. O corpo não é para si como o pensamento que só pensa assimilando o pensado. O corpo é para si por confusão, por mistura inerente daquele que toca naquilo que toca, daquele que vê naquilo que vê. Capaz de movimento e de visão, o corpo compõe o número das coisas e está preso ao tecido do mundo, mantendo a coesão de uma coisa. As coisas estão nele e ele está nas coisas. Ele é parte das coisas do mundo. O corpo manifesta e expressa a existência ambígua, sendo a identidade atravessada pelo outro, não como limite externo, mas como parte da própria experiência.

Para Merleau-Ponty (2018), é pelo olhar que primeiro interrogamos as coisas e o corpo deve ser entendido como um sistema que inspeciona o mundo. Todos olhamos e inspecionamos o mundo, mas é o artista quem mais interroga as coisas. Por isso mesmo, a arte não imita, não copia nem fabrica o real. Ela tão somente opera ao expressar e expressa ao operar. Diversos olhares, mãos e corpos atravessam o tempo e inspecionam o mundo, desvendam sentidos, traçam arabescos na matéria infinita e amplificam a maravilha da locomoção ou dos gestos. A corporeidade está em lugares que nem o olho alcança, porque nossos atos expressivos comportam e supõem o movimento do corpo.

Nessa perspectiva, Machado (2010) mostra que o investigador adulto deve buscar captar e compreender o olhar das próprias crianças sobre as coisas e não projetar sobre elas a sua visão de mundo. Por isso, quem pesquisa e estuda as crianças precisa questionar seus próprios preconceitos e suas representações, considerar a radical alteridade das crianças, abandonar o seu olhar adultocêntrico para percebê-las como são. Para a autora, reflexões apuradas nos possibilitam perceber a relação da criança com o outro, com seu próprio corpo, com a língua, o tempo, o espaço e o mundo. Todas essas dimensões que constituem a experiência infantil devem ser consideradas e observadas para que a criança como "fenômeno" possa surgir em si mesma. Somente olhando a criança em si mesma seremos capazes de interpretar os fatos que envolvem a infância (MACHADO, 2010). Para isso, é preciso observar como as crianças vivem as suas próprias experiências no mundo. Interpretar os fatos que as envolvem depende da compreensão de concepções, contextos, situações, e do meio social e histórico em que elas e os adultos estão engajados. Muitas vezes, queremos nos conhecer através de nós mesmos e nos esquecemos de que somente por meio dos outros poderemos nos conhecer mais e melhor. Nesse processo, é através do corpo que a criança se comunica e interage com os outros. Na interação com os demais, toma consciência de si mesma, percebe seu corpo visto do exterior e percebe também a percepção dos outros (MACHADO, 2010).

Devagar e aos poucos a criança toma consciência de si e de seu corpo. Um corpo muitas vezes sitiado e limitado, mas situado aquém e além de toda e qualquer cultura, aquém e além de toda humanidade. Percepção, movimento, visão e sentidos se entrelaçam no corpo fazendo dele um veículo de nosso "ser" no mundo, um veículo de nossa "existência" e de nossa "experiência". O corpo pertence, ao mesmo tempo, à ordem do "sujeito" e à ordem do "objeto", porque o mundo é carne e os corpos pertencem ao mundo das coisas. Nesse processo, a imaginação se aproxima da observação e também da descrição daquilo que vemos no movimento das crianças. As crianças atuam, vivem experiências e transformam o mundo através de opiniões, interpretações e ações próprias.

Nessa perspectiva, John Dewey (2010) argumenta que a dimensão estética não se intromete na experiência como algo que vem de fora para dentro. A estética é o desenvolvimento intensificado de um traço que pertence e que participa de toda experiência. Uma habilidade artística e/ou estética expressa e manifesta o esforço em direção à "perfeição" almejada. Uma habilidade assim concebida, quase pura e quase impecável, precisa sempre ser "amorosa" e estar ligada profundamente ao objeto ou ao tema a que se dedica. É por isso mesmo que "[...] a experiência estética é vista como inerentemente ligada à experiência de criar" (DEWEY, 2010, p. 129). Quando a experiência é estética, a mão e o olho são sensores pelos quais opera a criatura viva, impulsionada durante todo o tempo da criação. É esse "controle" da profusão criativa, do impulso pelo desvio e pela ruptura que dá à experiência uma natureza predominantemente estética e expressiva, que faz o artista e a criança se aperfeiçoarem à medida que aperfeiçoam suas ações.

A experiência estética envolve o corpo inteiro que pensa, age e faz, que reflete, problematiza e produz. Nesse movimento, sentidos e significados são feitos e refeitos, construídos e reconstruídos na aproximação e no estranhamento com o objeto. A relação que procuramos estabelecer entre arte, infância e metáforas contemporâneas contribuiu para refletirmos sobre as experiências estéticas das crianças, vivenciadas na instituição de Educação Infantil, no sentido de desenvolver uma proposta que dialogasse com as inúmeras elaborações construídas por elas durante todo o processo de conhecimento, experimentação e produção das instalações. John Dewey (2010) discute o sentido de se ter uma experiência ou de viver experiências, e afirma que "[...] a experiência ocorre continuamente, porque a interação do ser vivo com as condições ambientais está envolvida no próprio processo de viver" (DEWEY, 2010, p. 109). Nesse sentido, nem tudo o que é "experimentado" se constitui em uma experiência "singular"; que é "singular" porque uma parte dá continuidade à outra, fazendo com que o todo duradouro seja composto por momentos e etapas que são ênfases de suas cores variadas.

Levando em consideração as contribuições desses autores, e para que as crianças pudessem ver e interagir com as imagens das obras de *Artur Barrio* e de *Ernesto Neto*, foi importante apresentar informações sobre os artistas e sobre os trabalhos deles com instalações, visando contextualizar a proposta do trabalho e, assim, mobilizar a atenção e o interesse das crianças. Não havia a intenção de priorizar o estudo sobre a história de vida de Ernesto Neto ou Artur Barrio, mas possibilitar a aproximação das crianças com os dois artistas através de seus trabalhos instalacionais, destacando a materialidade presente em suas produções e a maneira como cada um trabalha.

Ernesto Neto, por exemplo, joga e se movimenta entre o peso e a suavidade, a leveza e a gravidade, o equilíbrio e o desequilíbrio entre o maleável e o transparente, buscando integrar e acolher o corpo numa ancestralidade simbólica. Acredito que a característica dos seus trabalhos tem profunda relação com o movimento e as ações das crianças. Ao incorporar, em suas obras, os cheiros de cravo, açafrão, cominho, pimenta e gengibre, ele estimula os sentidos e nos convida a voltar ao ambiente mais primitivo da casa tocando e cheirando os objetos. O que se nota em suas produções é a capacidade de incorporar "materiais customizados e também materiais prontos", principalmente têxteis. Com a elasticidade das meias, ele trabalha e explora a gravidade. Nos anos de 1990, Ernesto Neto desenvolveu instalações utilizando poliamida, isopor, areia e cravos. A partir da série nomeada por ele de *Naves*, surgiu a ideia de oferecer aos espectadores uma experiência física que lhes permitia perceber-se como indivíduos ou como parte de um corpo maior. Essa preocupação do artista tornou-se cada vez mais elaborada nos seus trabalhos posteriores. Em *Naves*, ele exercita a ideia de coabitação do espaço, e suas esculturas posteriores parecem experimentos sobre estruturas sociais.

Por sua vez, Artur Barrio, com sua arte antiestética e antissistêmica, procura, através de materiais aparentemente desprezíveis e insignificantes para uma produção artística, como o sal, o papel higiênico, o sangue, o pó de café, o pão e a carne etc., captar e revelar o efêmero e o passageiro de nossa existência. Nesse sentido, as crianças também fazem isso com grande facilidade, recolhendo sobras, resíduos e detritos esquecidos nas gavetas do passado para organizar e instalar coleções que revelam seu universo imaginário. Ao manipular sobras e detritos, as crianças identificam o rosto que o mundo das coisas assume para elas. Nas paredes, Artur Barrio utiliza muitas frases, palavras que se repetem e são rasuradas e mantidas nas instalações que constrói, sem a preocupação com a estética que critica. Em seus "cadernos-livros", que utiliza desde 1960, faz anotações que o instigam a criar. Barrio define seu trabalho como criação de "situações" decorrentes de uma atitude que faz irromper sensações fluidas, com significativas conotações políticas e sociais em que *corpo e espaço* se atravessam, se desdobram e intensificam diferentes formas de percepção.

Ao apresentar algumas das produções de Artur Barrio, as crianças puderam identificar que, além da utilização da escrita e do pó de café, ele usa também sangue, caixas, pedras, milho, sacos plásticos, fios elétricos e até peixe. As caixas de bacalhau utilizadas por Artur Barrio na instalação intitulada *Para quando no mar mais peixe não houver* chamaram muito a atenção das crianças. Toni[1], ao olhar essa imagem, perguntou: "O que tem nessas caixinhas?". Explicamos que era bacalhau e lemos para ele a frase escrita no chão. Toni apenas comentou pausadamente: "Que doido!". O que é doido para Toni? Os peixes na caixa? Os peixes? A frase? O que essa criança assimilou dessa imagem e de nossa conversa? Em uma entrevista, Barrio afirmou: "Defendo uma arte que faz pensar, não uma arte em que a pessoa fica pateta ou nem pensa. O espectador diz 'eu não entendo'. Que bom! A arte tem de fazer pensar, no mínimo" (BARRIO, 2017, n. p.). Toni disse "que doido" ao ver a imagem dessa instalação e as palavras escritas no chão. As crianças pensam e agem diante daquilo que é posto para elas, e nem sempre as palavras dizem tudo o que pensaram. As pausas de Toni dialogam com a preocupação de Barrio de não se deixar diluir no contato com as palavras, insinuando-se diante daquilo que não pretendeu dizer, deslocando pensamentos. As frases "Não funciona! Produz! Acontece! Desmerece! Refaz! Não esmorece!", escritas em sua instalação *Registros + (Ex)tensões y Pontos*, também foram alvo de interesse e de curiosidade por parte das crianças. Conversamos sobre essas palavras e Ana disse: "Eu não estou desanimada". Toni se posicionou novamente: "Eu estou assim, tontinho!".

Sendo assim, é preciso destacar que o diálogo com as crianças, sobre as imagens das obras, ocorreu durante todo o processo. Procuramos mostrar a relação entre palavra, imagem e semântica para contextualizar o artista e sua obra, e para perceber o que acontece quando tentamos nos aproximar da obra de um

1 Esse é um nome fictício. Todos os outros nomes de crianças utilizados a seguir são fictícios, para preservar a identidade e o anonimato delas.

artista. Fizemos a proposta de pintura com o café que coamos na sala utilizando um ebulidor. Com essa proposta, buscamos envolver as crianças para ativar a percepção e os sentidos. A dimensão sensorial e o processo de experimentação a partir do aroma, do cheiro e da degustação do café estiveram presentes na proposta de pintura com café e nanquim, feita em diálogo com as imagens da obra de Artur Barrio. As sensações, as reações e as manifestações das crianças foram diversas.

Ações desenvolvidas no zigue-zague da Abordagem Triangular

Durante o trabalho, vimos imagens das obras dos artistas, no sentido de contextualizar a produção deles, o que possibilitou o fazer artístico das crianças. O desenho de memória elaborado pelas crianças após uma longa conversa sobre a obra *Dengo*, de Ernesto Neto, e sobre o sentido dessa palavra para elas, e para o próprio artista, foi um exemplo de como a contextualização, a leitura/percepção de imagens, o fazer artístico presentes na Abordagem Triangular podem acontecer sem uma ordem determinada. Buscando entender a imagem projetada na parede, as crianças afirmaram que era uma teia gigante; meias com areia; uma colmeia pendurada; aquele negócio grande; amor; cuidado; abraço; beijo; carinho. Observando o interesse das crianças pela obra e pela palavra, procuramos no dicionário seu significado, que foi definido como "mimo; carinho e afetuoso". Foi importante apresentar para as crianças o sentido atribuído pelo artista à sua obra, por isso assistimos a um vídeo em que Ernesto Neto diz que a obra *Dengo* teve início em uma exposição em Nova York chamada *Nave Denga*, e na forma carinhosa de chamar sua namorada, "Denga". Além disso, ele se inspirou na música "Disritmia", de Martinho da Vila: "Me deixe te trazer num dengo...", que ele canta desde criança. Para ele, "Dengo" é uma situação importante que existe entre nós. A palavra tem sonoridade e conteúdo inusitados, pois começa e termina nela mesma. Essa palavra reúne esperança e desesperança dentro dela, parecendo solitária, mas é articulada com suas partes e com o ambiente.

As ações desenvolvidas com as crianças estiveram em diálogo com as três dimensões da Abordagem Triangular, sistematizada por Barbosa (2012) ao pontuar, entre outras coisas, que o movimento de *zigue-zague* talvez seja o mais adequado hoje para a caracterização dessa abordagem, pois a contextualização nos ajuda tanto no fazer como no ver. O trabalho com as imagens das instalações dos dois artistas tomou diferentes caminhos em que o contexto, o fazer e o ver se cruzaram e voltaram a se encontrar em vários momentos. Nesse sentido, passamos pelo ver, pela contextualização das imagens das obras de Ernesto Neto e Artur Barrio e pelo fazer artístico das crianças. Passamos pela contextualização e pela leitura de imagens. As imagens projetadas na parede ou manipuladas pelas crianças foram selecionadas e organizadas de maneira que elas pudessem interagir, manipular e observar os detalhes nas produções desses dois artistas. Sobre o fazer, as crianças realizaram e produziram seus trabalhos, considerando a experiência estética e sensorial no contexto da instalação artística, realizando ações *zigue-zague* do ver ao contextualizar, deste ao fazer e do fazer ao ver novamente.

Na realização do trabalho com as crianças, procuramos explorar diferentes ações físicas e mentais, movimentos sensoriais e corporais, movimentos cognitivos e perceptivos, buscando despertar memórias, emoções e lembranças. A cada novo encontro, era retomado o processo já vivido, no sentido de fazer conexões entre o já feito e o que estava sendo apontado, buscando ativar a memória das crianças em relação aos momentos anteriores, tais como a conversa com a obra de arte, as imagens das obras dos artistas, as sensações percebidas, o desenho de memória e a pintura com café e nanquim. O diálogo permanente e a retomada constante buscaram garantir um sentido de continuidade junto às crianças.

Nesse contexto, inserimos no ambiente da turma a imagem da obra *Copulônia*, de Ernesto Neto, na qual ele utiliza meias de poliamida, recheadas com esferas de chumbo, que tomam forma aleatoriamente. A conversa com as crianças sobre o possível nome da obra e sobre os materiais utilizados pelo artista suscitou a formulação de várias hipóteses para nomear a obra e os materiais: balão, lâmpada, lanterna, corda, pau, chumbo, arma, saquinho, cocô, arco, meia, ímã, robô, massinha e piano. Percebemos ainda a relação que as crianças fizeram dessa obra com a luz. Aquilo que tem luminosidade. As crianças indicaram três nomes para essa obra: "Arte do Foguete", "Arte Esticada" e "Lanterna Esticada". Dialogamos sobre os materiais utilizados pelo artista, levantamos hipóteses sobre o sentido da obra para cada um(a) e conversamos sobre o nome que Ernesto deu para seu trabalho. Luís disse: "O nome vem de copo mais colônia". Após a experiência de ver, pensar, refletir e contextualizar essa obra de Ernesto Neto, fizemos a proposta de realização de uma intervenção, utilizando meias-calças e areia.

Foi grande o envolvimento das crianças no trabalho com as meias. A dimensão sensorial da proposição possibilitou que elas vivessem experiências distintas. A forte movimentação e o constante deslocamento dos corpos evidenciaram interesse, e revelaram comprometimento e participação. Além das meias, as crianças manusearam copos plásticos e areia. Os objetos foram arrastados, girados e expostos na grade da escola numa primeira tentativa de instalar. Bruno, umas das crianças, se levantou do chão após acabar de encher a meia e saiu correndo para mostrar aos demais o que tinha feito, com muita euforia. Pedro colocou a meia nas costas, segurou na altura do pescoço e ficou empolgado andando de um lado para o outro. Luís e Joaquim foram até a grade para tentar amarrar suas meias e gritaram para mostrar aos demais o que estavam fazendo, seguidos por André, que também foi amarrar sua meia na grade. A exploração dos materiais e do ambiente mostrou que o estudo sobre a obra trouxe novos elementos para a experiência das crianças.

Figura 2: Experiência com meias.
Fonte: Arquivos das autoras.

Ao manusearem a areia e as meias, as crianças experimentaram a textura e elaboraram hipóteses sobre os objetos a serem feitos. O trabalho com a areia e as meias foi proposto às crianças em dois momentos, pois a areia que estava molhada mofou e as meias rasgaram devido ao intenso processo de experimentação das crianças. No primeiro momento, a proposta aconteceu com todas as crianças reunidas. No segundo momento, organizamos as crianças em pequenos grupos, o que facilitou o manuseio da areia e das meias, experimentando as texturas e elaborando hipóteses sobre os objetos construídos. As crianças nomearam os objetos com palavras diversas relacionadas ao humano e a partes do corpo: "um bebê, um cocozinho, um palhaço, uma teta, um peito de mulher, um homem doido, um pintor"; relacionadas a alimentos: "uma pizza, um biscoito, um abacate, uma peta, uma panqueca, uma pera, uma torta, um morango, uma pipoca"; relacionadas a animais e a coisas naturais: "uma chuva, um leão, um balanço, uma lua, um bicho"; relacionadas a alguns artefatos da cultura: "um saco do Papai Noel, uma arte vermelha e uma instalação".

Nos dias que se sucederam, trabalhamos com os objetos construídos, conversando com as crianças sobre todo o processo vivenciado até então. Utilizamos, para isso, o projeto e a imagem da instalação *Universo Bebê*, de Ernesto Neto, relacionando essa obra com as instalações *Dengo* e *Copulônia* com as quais trabalhamos nos encontros anteriores. Foram destacados os suportes que o artista usou para construir suas instalações e os ambientes em que elas foram expostas. Apresentamos para as crianças uma arara de roupas como um possível suporte para a intervenção na EMEI com seus objetos. Explicamos que alguns artistas elaboram desenhos, projetos e esboços para suas instalações antes de fazerem a montagem. Mostramos para as crianças o desenho/projeto/esboço feito por Ernesto Neto para a instalação *Universo Bebê,* e fizemos a sugestão de elas elaborarem projetos e esboços para a intervenção. Cada criança desenhou seu projeto no caderno de registro, indicando como os objetos com as meias seriam expostos na arara. Após a elaboração dos projetos individuais e a reflexão sobre a intervenção a ser realizada, as crianças iniciaram a organização dos objetos na arara. Em seguida, fizemos a escolha coletiva do nome da intervenção. O nome mais votado seria o escolhido. Em todo momento procuramos fazer com que elas pensassem no processo vivido desde o começo do trabalho, lembrando que o nome escolhido deveria expressar o que haviam feito. Os nomes sugeridos foram: meias artísticas, ver, vento, ró, céu, início das meias, jore e meias. Ao falar sobre a sua sugestão, cada criança explicava o motivo. Em seguida, fizemos a votação e o nome escolhido foi *Início das meias*. Luís, o autor do nome escolhido, disse: "Tivemos que fazer tudo de novo, desde o início".

Inspirados principalmente pelas obras de Ernesto Neto, decidimos construir uma instalação na *Sala de Faz de Conta* da EMEI, para que as crianças pudessem ter a experiência de entrar num espaço instalacional organizado para elas. Para a construção do espaço utilizamos malha branca transparente, meias, bolinhas de gude, cravos-da-índia, sachês de chá variados, almofadas de isopor, almofadas macias, campainhas, sacos de papel com talco, papéis de seda, fitas de cetim, fitas coloridas, guizos dentro de meias, pregadores de roupa, som ambiente com barulho de cachoeira, dentre outros, que pudessem provocar experiências sensoriais diversas, incluindo vários tipos de texturas, sons, cores, cheiros etc.

Antes de visitar a instalação, conversamos com as crianças sobre a importância dos sentidos e das sensações através do olfato, do tato, da visão, da audição e do paladar, para a nossa relação com a arte. Logo na entrada, as crianças revelaram muita surpresa e interesse pelo ambiente e pelos objetos da instalação. Elas entraram devagar, com os olhos atentos, tocaram a almofada, apalparam as meias penduradas, escutaram o barulho, disseram que parecia um sininho, circularam em todas as direções, tocaram nos objetos, se concentraram nas meias com bolinhas de gude, descobriram um túnel e entraram nele cantarolando durante o percurso. As sensações e as experimentações foram intensas com os materiais disponibilizados. Destacaram-se a almofada de isopor, os guizos, o barulho de água, os papéis, as meias dependuradas, os cheiros, os toques, os panos, os varais, as bolas, a mesa, as cabanas etc. O ambiente, a proposta e a materialidade possibilitaram que as crianças vivenciassem experiências na relação com seus pares. Esse trabalho foi dividido em dois momentos com objetivos distintos. A princípio exploraram todo o espaço, experimentaram todos os objetos presentes na instalação e, em um segundo momento, puderam modificar todo o espaço.

Ao modificarem o espaço, sensações, experimentações e experiências diversas foram vividas e relatadas pelas crianças após terem tido a possibilidade de refazer a instalação. Os materiais disponíveis favoreceram a interação e a mobilização das crianças em torno da proposta. Novas sensações foram vividas e processos imaginativos despertados. O engajamento sensorial foi tão expressivo durante a experiência, que ficou difícil conversar com elas sobre o que estavam experimentando, vivendo e fazendo. Os corpos das crianças estavam inteiramente envolvidos na instalação. Elas pensavam, imaginavam, faziam e refaziam, totalmente imersas naquele ambiente. O movimento, a participação e o envolvimento evidenciaram o protagonismo das crianças, revelado desde o início do processo. Elas trabalharam e colaboraram com muita concentração. O varal verde feito por Carlos com a ajuda dos colegas mostrou esse processo colaborativo. As experimentações aconteceram de variadas maneiras. O envolvimento foi tão intenso, que ficou difícil finalizar dentro do horário previsto, principalmente depois que a primeira autora decidiu fazer parte da instalação, tornando-se uma *performer*, ou seja, seu corpo passou a integrar a instalação, sendo construído e modificado pelas crianças.

Apesar de as crianças terem modificado e transformado a instalação, elas se mostraram surpresas com o próprio resultado quando saíram da sala e entraram novamente para visitar a instalação modificada por elas mesmas. Todas queriam ficar mais tempo na visita. A *performer* ou "estátua", assim definida pela turma, chamou bastante a atenção das crianças por causa do apelo visual. Ricardo ficou deitado em uma almofada e não queria ir embora. Ele permaneceu com os olhos fechados, como se estivesse dormindo.

Na conversa que tivemos logo após a experiência de visitar e de modificar a instalação, a almofada de isopor, a estátua e os materiais disponíveis foram destacados pelas crianças. Esse movimento nos remeteu ao trabalho de Clark (2005), que em uma de suas pesquisas introduziu objetos no espaço e propôs diálogos com as crianças, buscando captar significados e reavaliar entendimentos dos participantes.

A instalação artística, a experiência estética e o diálogo com as crianças

O envolvimento das crianças durante o trabalho na construção da intervenção *Início das meias* e da instalação artística na *Sala do Faz de Conta* foi potencializado pelos conhecimentos e pelas experiências anteriores. O processo de análise do material empírico foi recursivo, dinâmico, interativo e não linear, possibilitando observar e apontar algumas dimensões preponderantes que se destacaram durante as ações desenvolvidas com as crianças, tais como: a experiência estética, a materialidade e os registros, os corpos em movimento, as relações e as interações, a almofada de isopor e o ato performático, sendo ainda mais intenso o envolvimento das crianças com a almofada de isopor e o ato performático. No entanto, todas as dimensões estiveram inter-relacionadas, ou seja, o movimento dos corpos das crianças em direção à materialidade e aos registros supõe a relação e a interação delas entre si, com a proposta, com o espaço e com o ambiente. A análise das experiências estéticas das crianças no contexto de uma instalação artística revelou a importância de entender que a estética não é algo externo à experiência, mas constitui a própria experiência de criar. Cada dimensão exigiria uma apresentação específica, mas optamos neste texto por apresentar brevemente a experiência com a almofada e o ato performático.

Foi intensa a movimentação das crianças em direção à almofada recheada de pedacinhos arredondados de isopor, que emitia um ruído ao ser manipulada. Juninho definiu esse ruído como "*clic...clic...*" e disse que teve vontade de pular em cima. Ele apertava o isopor com os dedos numa tentativa de pegar, e sentir melhor a textura e o barulho. Luís e Rafael deitavam sobre a almofada de isopor e depois se levantavam. Repetiram esse movimento outras vezes. Na sala havia outras almofadas com tamanhos, formas e cores diferentes. Inclusive, uma grande que o Ricardo nomeou como sua cama. No entanto, a almofada de isopor foi a que mais chamou a atenção das crianças. Além do barulho, o isopor se movimentava dentro do tecido de malha branca transparente, causando sensações diferentes, fazendo-nos refletir sobre os motivos que levavam as crianças a escolherem essa almofada de isopor no meio de tantos outros objetos presentes na instalação. Durante a conversa e no trabalho seguinte em que fariam a modificação na instalação, a almofada de isopor ficou esquecida, por um tempo, em cima da "cabaninha", assim denominada pelas crianças. Mas depois ela voltou para o novo espaço construído pelas crianças e, então, novamente passou a ser explorada. Esse processo durou até a conclusão do trabalho.

É preciso destacar que o isopor é um material simples, mas que ao ser deslocado e utilizado em uma almofada tornou-se alvo de grande interesse e exploração pelas crianças. Ernesto Neto, por exemplo, explora as bolinhas de isopor em suas produções. Na obra intitulada *Pele em fuga*, ele utiliza material também transparente e deixa as bolinhas aparecerem de forma insinuante, mas não totalmente, criando assim um jogo de sombra e luz, com forte apelo sensorial, causando no espectador um desejo de tocar. Desejo esse sentido pela primeira autora ao visitar a exposição *Sopro*, na Pinacoteca em São Paulo, e ter contato visual com a obra *Pele em fuga*.

A autora não conhecia esse trabalho de Ernesto Neto e teve a mesma necessidade de tocar a obra, tal como as crianças tiveram de tocar e manipular a almofada. Por isso, pensamos que é muito importante que as crianças tenham acesso a diferentes produções artísticas que possibilitem esse tipo de interação. Certamente a sua formação em Artes Visuais e a experiência como professora de Arte na Educação Infantil contribuíram para que ela pudesse acessar as produções artísticas de Ernesto Neto, e fazer as conexões entre sua própria experiência e as experiências das crianças como um processo de construção e aprendizagem. Além disso, é preciso destacar que a relação e a interação das crianças com a almofada de isopor não estavam definidas *a priori*. Elas emergiram a partir de sua experiência concreta na instalação artística. Quando decidimos introduzir a almofada com isopor na cena da instalação, nós o fizemos em função da importância dos elementos sensoriais nas produções de Ernesto Neto e Artur Barrio, e também do significado desses elementos para o trabalho em arte com crianças. Sendo assim, a formação em Artes Visuais fez toda a diferença na exploração e na potencialização das ações propostas com crianças, que pensam, agem e se deslocam com o corpo inteiro, sentindo, percebendo e falando.

Nesse mesmo sentido, o ato performático aconteceu em função de um gesto assumido pela primeira autora, numa tentativa de refletir e responder a algumas questões que surgiram no momento em que as crianças estavam modificando a instalação na *Sala do Faz de Conta*. As crianças, ao observarem a ação da autora de se posicionar como uma *performer*, ficaram, inicialmente, desconfiadas. Mas, à medida que ela foi explicando o que estava acontecendo, logo passaram a atuar, experimentando diferentes objetos em seu corpo, fazendo e desfazendo novamente. Foi nesse exercício, junto às crianças, que se transformou naquilo que elas definiram como sendo uma "estátua". Tudo aconteceu tranquilamente, mas não por acaso, e ela se permitiu ser guiada pelas crianças, que escolheram, inclusive, onde ela, ou melhor, a "estátua", deveria ficar no espaço da instalação. Várias crianças se aproximaram e ajudaram na produção da *performer*, pregando e amarrando fitas coloridas, anexando diferentes objetos e ajeitando a roupa improvisada. Nos registros produzidos pelas quinze crianças, onze delas destacaram a presença da "estátua" em seus desenhos, sendo possível perceber o ato performático como uma ação importante.

"Aqui é a estátua".

"A estátua que você fez".

"Que estátua bonita. Olha o colar dela. O cabelo dela".

Figura 3: Vestindo a *performer*.
Fonte: Arquivos das autoras.

Seu corpo vestido e preenchido pelas crianças com diferentes objetos implicou uma transmutação expressivo-corporal e causou nelas formas distintas de perceber o movimento da sua *performance*. Ao carregar no corpo esses objetos, procurou, com seu gesto, acolher as ações das crianças, sintetizando nesse gesto uma totalidade que exigiu participação corporal direta. O envolvimento das crianças nos fez lembrar do conceito de "ciclo de participação" de Hélio Oiticica (1986), em que o espectador é convidado a "vestir" a obra, para que tenha uma completa visão dessa obra situada no espaço e no tempo. Nesse caso, podemos dizer que tanto a primeira autora quanto as crianças incorporaram os elementos constitutivos da experiência e da vivência de vestir e ser vestida, numa ação coletiva do grupo. Em diálogo com Oiticica (1986), ao refletir sobre os seus parangolés, podemos dizer que o instituído e o criado no espaço intercorporal foram assumidos e reconhecidos pelas crianças. Ao se vestirem com capas e vestirem a primeira autora, é possível dizer que "[...] o vestir em si já se constitui numa totalidade vivencial" (OITICICA, 1986, p. 71), em que o próprio corpo se percebe como núcleo estrutural e desdobrado da experiência.

As crianças mobilizaram estruturas perceptivas e criativas ao vestirem a "estátua"; na transformação ocorrida, algumas delas olharam-na desconfiadas e outras com sorriso no rosto. Depois do trabalho parcialmente concluído, foi o momento de encontrar um lugar para a "estátua" na instalação. Maria Luísa colocou-a inicialmente em pé, próxima da porta, e ainda corrigiu sua postura. Em seguida, Ana se aproximou e falou que ela deveria ficar na cadeira, o que foi feito. As crianças foram saindo da instalação organizada por elas para entrarem novamente para a visitação, que aconteceu em seguida.

Ana afirmou que a primeira autora era uma obra de arte construída por elas. Ao ser questionada se era uma "estátua" e ela dizer que sim, a autora perguntou se não seria uma *performer*. Ana não se convenceu disso e pontuou que ela era uma "estátua". Na fala de Ana, a autora havia se transformado em obra de arte que fazia parte da instalação. Para as crianças, a *performance* foi um momento no qual os objetos e os espaços se articularam, se separaram e se misturaram, em que as fronteiras entre o mundo dos adultos e o mundo delas, como participantes da instalação artística, se misturaram, revelando uma experiência aberta e inacabada. Quando a produção estética se constitui sem horizonte previamente definido e admite movimentos sem previsão, as crianças tendem a se envolver e a participar mais diretamente. Allan Kaprow, por exemplo, em suas *performances*, propõe situações relacionadas diretamente ao mundo cotidiano, convocando e desafiando os participantes a saírem da inércia e a atuarem nas cenas da arte da mesma forma que atuam nas cenas da vida. Para isso, Kaprow combina elementos compositivos, combatendo espaços artísticos consagrados e convenções estéticas.

Como destaca Oiticica (1986), ao enfatizar a importância da participação dos espectadores na obra de arte, é possível dizer que nessa pesquisa as crianças participaram de forma intensa, tanto em seus movimentos corporais quanto em suas diversas manifestações orais. No momento do ato performático, isso ficou evidente. Para Oiticica (1986), é fundamental superar a postura contemplativa, e as crianças, diante do gesto da *performer*, se posicionaram ativamente, decidindo onde ela deveria ficar, mudando sua postura e conferindo o que de fato deveria ser o seu desempenho performático. Luís, uma das crianças, disse para jogar uma moeda para observar se ela se mexia. Outra criança soprou em seu ouvido para observar se ela falava etc. Como afirmou Ana, no final a autora acabou se tornando uma obra de arte que foi construída por elas.

Ouvir as crianças: percepções sobre a experiência vivida

Após o desenvolvimento do trabalho, ouvimos as crianças sobre o processo vivenciado. Para ver e ouvir as crianças, conjugamos diferentes estratégias, procurando observar como elas falam, interagem, reagem e participam. Após entrevistar as crianças individualmente ou em dupla, foram realizadas as entrevistas com três grupos, com o objetivo de captar os pontos de vista das crianças que pudessem refletir inclusive resíduos ou memórias de conversações passadas. Ao ouvir as narrativas das crianças, foi possível perceber que alguns elementos da experiência vivenciada foram recuperados e descritos por elas, revelando pensamentos, sentimentos e percepções. Durante as entrevistas com os grupos, além das polarizações e dos embates de posições entre as crianças, essa estratégia possibilitou um nível de envolvimento e de participação que enriqueceu muito a conversa com as crianças sobre o processo vivenciado. De acordo com Gaskell (2013), na situação grupal emergem conflitos, divergências que permitem explorar metáforas e imagens, revelando partilhas e contrastes de experiências no quadro de preocupações e interesses presentes no cotidiano.

O diálogo com as crianças durante as entrevistas foi ancorado na predisposição de escutar o que elas tinham a dizer sobre as experiências vividas, e assim acolhemos as crianças na construção de suas narrativas, no sentido de compreender o posicionamento delas. Procuramos criar um ambiente de segurança e confiança, encorajando-as a se manifestarem. Para isso, organizamos a sala com elementos e objetos que haviam feito parte do trabalho com a instalação, tais como imagens, fotografias, pinturas, desenhos, cadernos de registros e materiais diversos utilizados no decorrer do trabalho.

As entrevistas com as crianças foram gravadas em áudio e em vídeo, sendo transcritas e analisadas posteriormente. A reflexão sobre o material organizado possibilitou a construção de eixos analíticos que emergiram das falas das crianças, tais como: a ambientação; os artistas intercessores; as imagens das obras desses artistas; o caderno de registro; a intervenção *Início das meias*; a instalação na *Sala do Faz de Conta*; a modificação na instalação; e a materialidade. Aceitando o valor essencial do que foi falado pelas crianças, procuramos realçar e acentuar o dito e o não dito por elas na construção dos temas e dos enfoques analisados.

No momento da ambientação, procuramos registrar as falas e movimentações iniciais das crianças antes da entrevista propriamente dita, para que elas se familiarizassem com o espaço, os objetos, as câmeras e com a auxiliar de entrevista. Sobre os artistas intercessores, selecionamos as falas das crianças sobre o que elas acharam de Artur Barrio e Ernesto Neto. Em relação às imagens das obras de Barrio e Ernesto, solicitamos que falassem sobre as obras observadas que mais lhes chamaram a atenção, apresentando uma justificativa. Durante a entrevista, as crianças acessavam as imagens que estavam dispostas sobre a mesa, facilitando a conversa. Os cadernos de registros também estavam na mesa e elas puderam contar como os utilizaram e falar do que gostaram de fazer nele. Importante ressaltar que as crianças tiveram acesso aos cadernos no momento da entrevista. Em relação à intervenção *Início das meias*, procuramos captar as impressões das crianças sobre a experiência vivenciada, sobre o espaço e os materiais utilizados. Sobre a instalação artística na *Sala do Faz de Conta*, registramos o que as crianças disseram sobre a sensação de entrar na instalação preparada para elas. Registramos ainda aquilo que elas mais haviam gostado de fazer ao visitarem a instalação. No que tange à interferência realizada por elas na instalação, anotamos o que foi dito pelas crianças sobre as mudanças que a turma fez na instalação, os materiais utilizados e o que elas mais haviam gostado de fazer. Registramos ainda a opinião das crianças sobre a materialidade disponível, como haviam feito uso dela e sobre outros materiais que poderiam ter sido utilizados.

Em relação à ambientação, podemos dizer que o resultado de uma entrevista com crianças depende da preparação de um espaço adequado e do contexto da conversa. O espaço organizado com as fotografias, os objetos utilizados na instalação, os cadernos de registros, as imagens dos artistas, as imagens de suas produções possibilitaram a ativação da memória e a reaproximação da experiência, impulsionando o diálogo das crianças entre si e com a primeira autora. A possibilidade de ver e rever cenas nas fotografias gerou nas crianças uma sensação de conforto e reconhecimento do processo vivenciado. Assim, ficaram à vontade para falar, conversar e trocar ideias. Uma questão importante nesse processo, e que gostaríamos de destacar, se refere ao cuidado de organizar as fotografias antes da entrevista, de maneira que todas as crianças participantes da pesquisa apareçam nas cenas registradas a partir das ações desenvolvidas, pois elas sentem necessidade de se verem e também verem os colegas. Nesse sentido, foi possível observar, nas falas das crianças, reações de euforia e contentamento aos se verem nas fotos, como foi o caso de Luís, que disse: "Aqui sou eu! Saiu eu inteirinho!". Ele olhou novamente a foto e comentou: "Metade porque eu estava sentado". Houve também reações de muita euforia quando identificavam os colegas nas fotos, como aconteceu com Ana ao perceber o André na fotografia: "Olha o André!" Na maioria das vezes, esses exclamações vinham acompanhadas por movimentos corporais intensos e um sorriso largo: "Olha o Rafael aqui, que massa!" (Luís). No entanto, aconteceu de algumas crianças não se verem nas fotos, o que foi bem frustrante para elas, problema que só foi possível perceber naquele instante. Um exemplo foi o Pedro, que escolheu a foto de uma cena na instalação na *Sala do Faz de Conta* e, olhando para ela, disse: "Eu não estou aqui, não. Cadê eu, não apareci em nenhuma foto?" "Onde é que eu estava, eu estava aqui. Você percebeu?" Ele não conseguiu explicar sua ausência naquela cena, mas insistiu em mostrar na foto onde ele estaria. Pedro circulava entre um tempo passado e um tempo presente, entre um lugar presente e um lugar ausente. Ele estava presentificando a experiência vivida e se localizando nela.

João foi outra criança que olhou uma foto e disse: "Ué. Cadê eu? Olha!! Eu estou aqui. Onde é que eu estou? Não estou vendo eu". É preciso ressaltar que praticamente todas as crianças tiveram essa mesma atitude diante das fotos, revelando o desejo de se verem nas imagens das cenas fotografadas. Ao analisar mais detalhadamente as falas das crianças, podemos pontuar que não foi somente Pedro que presentificou a experiência vivida. De maneira geral, as crianças estavam transitando e jogando entre o real, o simbólico e o imaginário. De acordo com

Sarmento (2004), a criança ao imaginar e simbolizar, tendo algum objeto como referência, não perde sua identidade própria. Uma criança, por exemplo, pode se transmutar em um astronauta, um gato ou um super-herói e não deixar de ser ela mesma. Ela pode transformar uma vassoura em uma espada ou um cavalo, transformar uma toalha em uma bandeira ou numa túnica, sem perder a consciência da origem desses objetos. As falas das crianças e as considerações de Sarmento (2004) nos fizeram refletir sobre a estratégia de apresentar fotografias de cenas para rememorar o processo vivido. O diálogo com elas durante as entrevistas revelou a necessidade de incluir e contemplar imagens de todas as crianças nas fotografias utilizadas.

Em relação às percepções das crianças sobre os artistas intercessores, foi possível identificar que havia uma compreensão das diferenças existentes nas produções dos dois. De acordo com Pedro, Ernesto Neto e Artur Barrio, "são diferentes, mas têm muitas obras". Além disso, ao perguntar sobre o que os dois artistas faziam, Pedro afirmou que "eles são artistas e fazem uma instalação artística, e quem produziu foram eles". Diante dessa fala, podemos destacar que Pedro conseguiu identificar e entender quais eram as produções desses artistas e as diferenças entre elas.

O diálogo durante a entrevista ocorreu também mediado pelas fotografias de Artur Barrio e Ernesto Neto e as imagens de seus trabalhos, que serviram de referência para suscitar lembranças e memórias. Quando as crianças falaram das diferenças entre os dois artistas, elas o fizeram a partir de suas produções e de suas características físicas, incluindo a idade. Além disso, por meio de comparações, as crianças fizeram uma tentativa de se aproximar dos dois artistas relacionando a idade deles à idade de pessoas mais velhas de suas famílias. Acreditamos que essa atitude de se aproximarem dos dois artistas da maneira como o fizeram talvez tenha a ver com o Projeto Cultural da EMEI, que tem como um dos objetivos a presença de um artista na escola para encontros e bate-papo com as crianças, que acontece todo ano. Sobre isso, podemos destacar aqui o que falou Maria Luísa sobre Barrio: "Ele vai vir conhecer a nossa escola? Já está acabando o ano!" Após Maria Luísa ter feito essa pergunta, Pedro aproveitou a fala dela e completou: "O Artur Barrio, ele tem que fazer uma obra nova. Você pode mandar uma mensagem para ele e aí ele vai responder! E fala assim: Artur Barrio, você pode fazer uma obra na nossa escola?"

O que podemos destacar das falas dessas crianças? Nas falas de Pedro e de Maria Luísa observamos um deslizamento entre realidade, experiências anteriores e imaginação criativa. A imaginação depende de experiências passadas, mas aponta para o futuro e pode modificar o presente. Como os artistas que foram apresentados para as crianças não estiveram na escola e só puderam conhecê-los via fotografias, percebemos na entrevista que elas estranharam a ausência deles na escola e sugeriram que se enviasse uma mensagem a eles. Era comum no projeto da EMEI as crianças trocarem mensagens por *WhatsApp* com os artistas que visitavam a escola.

Ao falar a idade do Artur Barrio, Maria Luísa disse: "Velho, né!?" Helena completou: "Velho mesmo". Ao falar da idade de Ernesto Neto, Maria Luísa afirmou: "Mais velho ainda". Ao ouvir essa fala de Maria Luísa, Pedro respondeu: "Mais novo, ele tem 50, e 70 é mais. 70 é mais". A experiência das crianças fazendo comparações entre suas idades, a idade dos seus parentes e a idade dos artistas nos fez pensar na definição de infância como uma categoria estrutural e social de tipo geracional proposta por Manuel Sarmento (2005), ou seja, cada criança cresce e se desenvolve, mas a infância permanece como estrutura a ser vivenciada pelas crianças que nascem. A infância que elas estão vivendo já foi vivida pelas gerações mais velhas e será vivida pelas mais novas. As crianças estavam vivendo sua infância como uma geração, dialogando e presentificando outras gerações, ao mencionarem o pai, o avô, a avó e ao nomearem os dois artistas como "velhos".

As imagens das obras dos artistas

Ao analisar as falas das crianças a partir da sua percepção sobre as produções dos artistas, foi possível identificar que as imagens das obras de Ernesto Neto se tornaram objeto de pesquisa pelas crianças em três perspectivas: na interação entre o corpo e o brincar; na definição por analogias; e na sensação de aconchego. Ao falar da instalação *A vida é um corpo do qual fazemos parte*, de Ernesto Neto, João fez o seguinte comentário sobre a obra: "Porque a gente pode pegar aqui, e pular, escalar". Sobre essa mesma obra, Juninho disse: "Porque dá para escalar aqui este negócio, dá para passar, dá para correr, dá para montar". Percebemos assim que essa obra possibilita infinitas explorações com o corpo no espaço da instalação. Essa visão das instalações de Ernesto Neto, como espaço de exploração em que o corpo se desloca constantemente e permite o brincar, ficou evidente na fala das crianças. Elas também utilizaram analogias para definir as obras de Ernesto Neto. Luís, conversando com Toni, comentou: “Tem outra, Toni! Aqui, Toni, parece... um monte de esponja aqui, ó!” Passou a mão sobre a imagem para ver se sentia a textura da esponja. Ele estava falando da obra *Célula Nave*. Sobre a mesma obra, Ana disse: “Isso aqui parece uma espuma”. E continuou falando: “Parece iogurte... por causa desta cor aqui”. Rafael perguntou em seguida: “É um milho? O que é isto?”. Lucas escolheu a mesma imagem. Ao ser perguntado por que havia gostado da imagem, ele respondeu: “Porque parece uma boca”. Manoel também disse: “Parece que estão dormindo”. Ele se referia às pessoas que estavam dentro da instalação. Outras crianças indicaram as instalações de Ernesto como espaço de aconchego. Foi o que Amanda falou ao ver a obra *Universo bebê*: “Essa aqui é muito legal para ficar aqui dentro. É muito macio lá”. Helena, ouvindo o comentário de Amanda, afirmou: “Essa aqui também é a melhor”, referindo-se à mesma obra. A obra *Célula Nave* de Ernesto também foi muito citada pelas crianças como um espaço macio e aconchegante. Paula, com a imagem na mão, disse: “Eu gostei de tudo! Porque tudo é mole!” Amanda passou a mão sobre a imagem, tentando sentir a maciez, e comentou: “Aqui olha, é macio!”. Maria Luísa, com a mesma imagem na mão, disse: “Já pensou se a gente estivesse naquela bola ali atrás?”

Já as produções de Artur Barrio, segundo as crianças, revelam coisas ao mesmo tempo visíveis e invisíveis, em um jogo de esconde-esconde que revela, não revelando. Além disso, as palavras utilizadas por Artur Barrio e a presença do café em suas obras foram várias vezes destacadas pelas crianças. Pedro disse que Barrio fazia “uma obra escrevida”. Como Artur Barrio utiliza café, dentre outras coisas, para pintar paredes e chão, fizemos um experimento com as crianças com o café coado na sala, buscando ativar as memórias olfativas e afetivas. Esse trabalho fez Helena se lembrar da casa da bisavó: “Parece com o cheiro da casa da minha bisavó. Lá tem cheiro de café”. No entanto, para falar das obras de Artur Barrio e as percepções das crianças sobre elas, talvez seja importante considerar o que Basbaum (2008) pontua. Para esse autor, Barrio “[...] sempre teve como estratégia desafiar o traço de organicidade física e semântica incorporado pelo trabalho de arte contemporânea, mas ainda assim buscando referências nessa organicidade, ainda que enquanto linha de fuga ou desvios" (BASBAUM, 2008, p. 31). Abandonando qualquer percurso linear ascendente, a obra de Barrio nos convida a uma experiência complexa e fragmentária, em que cada um entra em um redemoinho de si mesmo, de consequências imprevisíveis.

As vivências em uma instalação de Artur Barrio são mutantes e escapam ao controle de qualquer vitalismo e organicismo. As crianças também são seres mutantes e podem encontrar maneiras de escapar ao controle. Possuem uma organização própria que foge de um vitalismo determinista e naturalizante, em que a sua vivência seguiria um rumo fixo. As crianças que participaram desse trabalho se mostraram abertas ao inusitado, assim como Barrio. Ao falarem das produções desse artista, elas trouxeram suas impressões e os sentimentos em relação à escolha das imagens de que gostaram. Helena escolheu uma imagem que fazia parte da exposição *Experiências e Situações.* Artur Barrio não se preocupa com as regras convencionais das galerias. Faz uso de uma escrita própria, em que palavras, frases e desenhos, riscos e rabiscos se misturam, criando assim uma linguagem própria. Helena percebeu isso e disse, observando a imagem que estava em suas mãos: "Eu gostei também dessa, parece sangue. A gente não sabe, está escrito alguma coisa aí?" Na imagem escolhida por Helena havia alguns papéis espalhados no chão, e como o artista jogou pó de café, algumas palavras ficaram camufladas entre aquele pó marrom e o imaginário de Helena que se fixou no sangue. Ainda observando as imagens dessa exposição, Helena encontrou a palavra "*nada*", que diz quase tudo, e comentou: "Porque essa aí dá para a gente ver direito e nas outras não, porque o chão está manchado". As manchas destacadas por Helena são as porções de café espalhadas pela sala que ora escondiam palavras, ora insinuavam ideias, deixando o espectador confuso com o esconde-esconde. As crianças tiveram acesso a essas imagens mostrando Barrio ainda num processo de construção da instalação, e as palavras novamente tomaram lugar central nas falas das crianças. Quando na entrevista com Manoel foi perguntado o que havia gostado das obras de Barrio, ele respondeu: "As letras". Manoel sinalizou, em outros momentos, seu entusiasmo com a escrita do artista. Esse interesse de Manoel teria relação com seu processo de escrita? Ele já lia e escrevia, demonstrando gosto por isso.

O caderno de registro

A partir das falas das crianças, foi possível concluir que o caderno de registro possibilitou a tomada de consciência das experiências vivenciadas, a reconstrução de narrativas e a transformação de percepções anteriormente construídas. Nesse sentido, os registros garantiram às crianças seu lugar de autoria, autoridade e protagonismo sobre o que foi desenvolvido e sobre a memória daquilo que produziram no contexto de uma instalação artística. O caderno de registro foi utilizado para captar as percepções das crianças acerca do trabalho, combinando estratégias tradicionais, como observação, entrevistas, uso de fotografias, desenhos e o caderno de registro, com o objetivo de ouvir melhor as crianças e valorizar suas diferentes falas e "línguas". Nesse sentido, Bujes (2008), Horn e Fabris (2017) mostram a importância de registrarmos as vivências das crianças no cotidiano escolar para possibilitar que elas voltem àquilo que já produziram, ao modo como sentiram ao atuar nessa produção, refletindo sobre a sua participação em diferentes projetos. João, ao manusear o caderno e observar seus desenhos, disse: "Eu queria dizer que eu gostei do travesseiro de isopor, daquela que eu e o Carlos fizemos". Essa fala evidencia seu protagonismo e autoria, apontando o que ele e Carlos fizeram na instalação. Importante destacar que todas as vezes que as crianças tiveram a possibilidade de utilizar o caderno, os registros tiveram a função de apoiá-las no processo vivenciado.

Para Paula, o caderno serviu para tomar consciência da experiência, ao dizer: "Isso aqui era aquele negócio de meias. Aquilo que parece um nome de papagaio, arara, e também a gente põe no sol aqui". Ela estava se referindo à arara de roupa utilizada como suporte para construir a intervenção *Início das meias*. Ana também destacou essa intervenção como algo que gostou de registrar no caderno e comentou: "Foi a arara. Foi aqui que a gente colocou nossas meias". Nesse mesmo sentido, ao observar seu desenho no caderno, Pedro destacou: "Era o primeiro desenho e o segundo desenho", deixando claro que havia desenhado no caderno os dois momentos na instalação do *faz de conta*, ou seja, desenharam o que sentiram e pensaram ao entrar na instalação pronta e, no segundo momento, desenharam o que pensaram e sentiram ao interferir e modificar a instalação.

Ana e Rafael destacaram a presença da *performer* como algo que gostaram de registrar no caderno, *performer* que as crianças definiram como "estátua". Ana, olhando para a primeira autora e para o desenho, comentou: "Você estava assim, para a gente conseguir colocar as coisas em você. Se você estivesse em pé, a gente não ia conseguir colocar não. Só nos pés". Para falar isso, ela se levantou da cadeira e imitou a maneira como a autora ficou no chão. Rafael foi direto ao desenho da "estátua" e disse que era aquele registro que ele havia gostado de fazer no caderno: "Porque eu vi a estátua. Que era você". Percebemos, no dia da instalação e nos vídeos, que Rafael demonstrou grande interesse pela "estátua".

Esse diálogo com as crianças, a partir do caderno de registro elaborado por elas no decorrer da pesquisa, nos remeteu ao caderno-livro de Artur Barrio, seu Ateliê Portátil, onde o artista registra as experiências, os processos e as situações vivenciadas por ele. Artur Barrio evidencia a importância desses registros, afirmando que "[...] o meu trabalho em geral é efêmero, em si e nos materiais. Evidentemente, o objeto não prevalece, o que prevalece é o registro" (BARRIO, 2017, n. p.). O processo de instalação artística vivenciado com as crianças foi algo mais amplo que o caderno de registro produzido por elas. No entanto, esse caderno foi essencial para rememorar as experiências e possibilitou o diálogo com elas no momento das entrevistas.

A intervenção *Início das meias*

Ao falarem sobre a intervenção *Início das meias,* foi possível perceber que as crianças revelaram grande interesse em relação aos materiais utilizados e ao processo desenvolvido na intervenção. Além disso, deram destaque aos espaços diferenciados onde realizamos esse trabalho, como, por exemplo, o pátio da escola. Ficou evidenciada ainda a identificação das crianças com os objetos construídos a partir das meias e areia. Ao falar dos materiais, João disse que a experiência "foi legal, a gente mexeu com areia". Juninho descreveu o processo vivido, destacando que esse trabalho aconteceu em dois momentos porque a primeira vez deu errado, pois a areia mofou e as meias rasgaram. O exercício de repetir o trabalho foi um processo de aprendizado para todos nós, pois isso faz parte da constituição da arte, que inclui a experimentação. Juninho falou: "Deixa eu olhar essa imagem das meias. A gente colocou areia e podia colocar arroz. E aí depois quando a gente colocou arroz e areia, não deu certo. E aí a gente fez outra e colocou só areia. E aí deu certo, e a gente pintou e brincou quando secou".

Diferentemente de Juninho, quando pontuamos que não houve erro, Luís entendeu e falou: "Hum-hum. A gente estava acostumando". Fazer de novo, repetir, são ações que as crianças experimentam com o corpo todo, e assim demonstram seu desejo insaciável de viver outras experiências. Além disso, de acordo com Dewey (2010), a experiência interliga incidentes variáveis e contém em si mesma materiais carregados de suspense, em que emoções, ideias, ações e pensamentos formam uma unidade composta cujo desfecho encerra um grau de incerteza. Sobre o espaço onde desenvolvemos o trabalho, Maria Luísa disse: "Eu achei muito legal, porque foi lá fora". Essa fala de Maria Luísa veio para responder à pergunta sobre o espaço utilizado para construir os objetos da intervenção. Anita comentou que: "Lá fora tem ar puro. Tem ventinho". Lucas disse que gostou de trabalhar no parque, "porque estava calor, estava um sol gostoso!". O sol estava gostoso e quando esquentava também tinha sombra onde as crianças podiam se esconder e trabalhar com calma. Nesse sentido, Merleau-Ponty (2018) contribui para pensarmos os espaços onde as crianças circulam. A escola é um desses lugares que podem ser mais cuidados para que as crianças se apropriem melhor dele. O corpo da criança não está no espaço, ele é e existe no espaço. De acordo com Merleau-Ponty, espaço, corpo, lugares e experiências são componentes indistintos e inseparáveis. Horn (2004) também pontua que é no espaço que a criança entra no mundo e se relaciona com as pessoas, transformando ambientes, lugares e paisagens de forma inventiva e não linear.

Durante a entrevista, as crianças demonstraram preocupação e interesse na identificação dos seus objetos produzidos com meia e areia, observados nas fotografias que estavam disponíveis. Além de reconhecer seu objeto, elas apontavam qual era o do colega. João, no início, teve dificuldades de localizar o seu e falou: "Cadê o meu? É isso, eu lembro. É assim!". Rafael reconheceu seu objeto na foto e apontou para o objeto da sua colega: "Este é o meu. Olha o da Alice!" Luís, sempre muito intenso, falou rindo: "Este aqui é do André e essa aqui é a minha". Praticamente todas as crianças se envolveram na procura dos seus objetos nas fotografias que estavam dispostas sobre a mesa.

É importante registrar a relação das crianças com a obra *Copulônia* de Ernesto Neto, que foi nossa referência para criar a intervenção *Início das meias*. A rigidez e a flexibilidade presentes na produção desse artista, e na obra *Copulônia* em especial, foram percebidas e de alguma maneira assimiladas pelas crianças. Pedro ficou muito envolvido com essa obra e se referia a ela sempre como chumbo. Ao perguntar qual foi a obra de Ernesto Neto que utilizamos para criar a intervenção *Início das meias*, ele logo disse: "É. Placas de chumbo". Pedro ainda continuou: "Esta é da parte do chumbo. É a obra do chumbo". Ao dizer que o nome da obra era Copulônia, ele falou: "Mas é tipo uma explosão". Ana, observando a imagem, disse: "Lembro, é esta aqui, as meias com as bombas dentro". Nessas falas podemos perceber que identificaram a rigidez da obra que estava representada pelo chumbo. Luís, como sempre empolgado e intenso, disse: "Sabe o que é? Elástico". E continuou olhando para a imagem e comentou: "Não, é impossível fazer isso!" Falou incrédulo e ao mesmo tempo surpreso com a produção de Ernesto. Esticar e equilibrar são sensações que temos quando olhamos essa obra. Ela se fragmenta em múltiplos elementos que se espalham e ganham formas aleatórias entre o peso de um material e a leveza do outro, como percebido por Pedro ao afirmar que era uma explosão. O contato com a imagem da obra foi vivenciado como uma experiência própria das crianças, como um acontecimento carregado de surpresa, criação e liberdade. Nessa experiência com as crianças, constatamos que houve uma proliferação de sentidos, infinitos desdobramentos e constantes transformações, em que as crianças se encontraram com a arte como força poética e ação criadora.

A instalação na *Sala do Faz de Conta*

Ficaram destacadas, nas falas das crianças, suas impressões sobre as cores do espaço instalacional construído na *Sala do Faz de Conta*. Inicialmente, Maria Luísa disse: "Eu senti sem graça". "Estava tudo branco." Ao ouvir Maria Luísa, Helena também comentou: "Eu senti sem graça, só que depois ficou legal e mais divertido. E depois a gente pôde entrar". As crianças tinham razão, pois utilizamos malha branca transparente e os outros objetos tinham cores claras. A organização do espaço também foi percebida e destacada nas falas das crianças. Maria Luísa novamente trouxe suas contribuições ao dizer: "E também tinha um trem que tinha um tanto de buraquinho para entrar". Pedro, olhando as fotos da instalação, apontou com o dedo: "Aqui. Aqui os paninhos". Ainda continuou falando o que mais tinha na instalação: "Tapete de tecidos. Tinha tecido. Meia". As bolinhas de gude que estavam dentro da meia foram alvo de manipulação e de exploração dos sons.

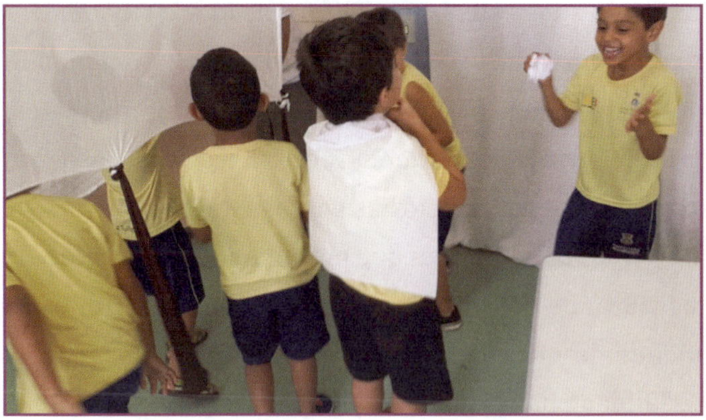

Figura 4: Interagindo com a instalação.
Fonte: Arquivos das autoras.

Sensações, sentimentos e emoções estiveram presentes nas falas das crianças ao se referirem à instalação. Crianças como o Luís, ao ser perguntado pelo sentimento de entrar na instalação, disse: "Eu senti uma alegria no meu coração". Essa resposta foi ao mesmo tempo surpreendente e previsível, pois Luís se envolveu muito com todo o trabalho desenvolvido. Seu corpo nos contava o tempo todo de suas sensações e emoções. Ana foi outra criança que trouxe em sua fala a mesma perspectiva de Luís. Ela falou com seu jeito empolgado de sempre: "Eu senti uma coisa, uma coisa que eu nunca vi na minha vida". Ao solicitar que ela explicasse melhor o seu sentimento, Ana voltou a falar: "Ué, como a inspiração da gente!!". Outras crianças destacaram o espaço como um lugar divertido. Juninho, por exemplo, disse: "Eu achei muito legal, porque foi muito divertido, por causa daquele negócio e do isopor, e também aqueles panos e também aquele gut-gut igual de bebê". Paula, por sua vez, deu ênfase a um lugar específico: "Eu gostei daquela cabaninha de entrar. Essa aqui que entra, e também gostei daquela almofada lá". Como na instalação fizemos uso de diversos elementos sensoriais, tais como sino, chá, isopor, fitas, saco com talco, bolinhas de gude etc., as crianças manipularam vários desses elementos e alguns chamaram mais atenção do que outros. Os sacos de papel que continham talco e estavam pendurados foram alvo de interesse de algumas crianças. Luís explicou para Toni do que tinha gostado e falou: "Era um pacote de papel e saía muito negócio dele".

A interação das crianças com os objetos na instalação se deu de maneiras diferentes e distintas. De acordo com Basbaum (2008), em uma instalação há sempre um jogo que mobiliza o olhar, constrói alteridade e produz sentido. "O artista parece ser aquele que inventa cuidadosamente um centro de atração frente ao qual as coisas são reveladas em suas estruturas de formação e intensidades" (BASBAUM, 2008, p. 27). Ao criarmos a instalação na *Sala do Faz de Conta* como um centro de atração, não tínhamos como objetivo alcançar resultados imediatos, mas possibilitar às crianças a vivência de experiências estéticas. Para Basbaum (2008), não há receitas para a arte. Apenas trajetórias em fuga. Não existe o lugar da arte, puro ou isolado, mas criamos certos lances que permitem variadas relações e encontros em que as coisas vibram e nós vibramos com elas. A arte é um traço de intervenção na materialidade do mundo. Quando construímos a instalação, alteramos o espaço e a materialidade da escola.

Modificações que as crianças fizeram na instalação

Nas falas das crianças, ficou evidenciado o quanto elas transformaram situações; interferiram na instalação criando e recriando; produzindo e reproduzindo; vivendo e interpretando; elaborando e reelaborando acontecimentos, objetos, materiais, falas e sugestões diversas. Na entrevista em grupo, as meninas destacaram o trabalho na cabana como algo que gostaram muito de fazer, e o envolvimento delas ficou bem claro ao utilizarem as fitas no teto da cabaninha. Amanda explicou como fizeram com as fitas coloridas: "Foi aqui! Essa fita aqui foi até aqui. É. E aqui ficou só um pouquinho caída. E aí a gente esticou". As meninas esticaram as fitas de um lado ao outro e Amanda foi mostrando com a mão como fizeram.

Percebemos ainda que a cabaninha, as "meias embrulhadas", os sininhos e as fitas foram os elementos e espaços preferidos pelas crianças durante as modificações produzidas na instalação. Observando as fotos e os desenhos do caderno de registro, João descreveu as modificações que fizeram: "A gente fez uma cabana desta daqui. A gente fez isso, a gente fez negócios com as meias no varal. E aí a gente cortou para a gente fazer os nossos negócios". "A gente usou pano, a gente usou frutinhas. A gente usou sininho." Ao questionar o grupo de meninas, se elas haviam trabalhado no varal, Paula respondeu: "Não. A gente estava fazendo uma casinha". Paula transformou a cabana em casinha, e as outras meninas concordaram com ela. A primeira autora comentou: "Então, quer dizer que vocês transformaram a cabana em casinha!?". Maria Luísa respondeu: "Sim. Para a gente brincar". Paula falou novamente sobre a cabana: "É, a gente estava fazendo uma cabana muito grande, deitada, para parecer que era a nossa casa. Só que a cabana não tinha comida. A gente fez comidinha aqui". Nessa conversa com as meninas e os meninos, consideramos as contribuições de Sarmento (2004) ao afirmar que, no processo de transformação de situações vivenciadas em realidades imaginárias, está presente o jogo simbólico das crianças. Nesse jogo de faz de conta, o que é verdadeiro e o que é imaginário se confundem para que a experiência vivida por elas valha a pena. As crianças fazem a transposição de personagens ou situações, introjetando imaginação na realidade e realidade na imaginação.

Figura 5: Modificando a cabaninha.
Fonte: Arquivos das autoras.

As crianças falaram das sensações experimentadas ao alterar a instalação, destacando o momento da *performance* e as interferências que fizeram na "estátua". Helena afirmou: "Eu gostei da profissão de instaladora e de grafiteira". Nessa fala de Helena, percebemos que ela havia trazido conhecimentos construídos no trabalho que estavam desenvolvendo na escola com o grafite, a partir do estudo das obras do artista e grafiteiro Nilo Zack. Helena ainda completou: "Eu também gostei do lugar porque era tudinho branquinho de paz". Nesse caso, o branco sem graça virou o branquinho da paz.

Como mencionado anteriormente, o ato performático ou a "estátua", assim nomeada pelas crianças, foi o resultado de um gesto assumido pela primeira autora, no momento da modificação da instalação. Rafael foi uma criança que ficou muito interessada nessa ação. Ele disse sorrindo: "É a Márcia. Ela era a estátua. Você era uma estátua, mas você estava gravando. Você estava fingindo que você era uma estátua". Luís fez um cabelo com papel de seda para a "estátua" e Paula comentou: "Ficou parecendo que pintou o seu cabelo". Para refletir sobre esse ato performático, retomamos estudos sobre Allan Kaprow, que foi influenciado por um movimento artístico e cultural que tornou difusas as fronteiras entre o mundo dos artistas e o mundo dos espectadores. Nesse movimento, espaços e objetos se misturam, se articulam e se separam, ficando a Arte sempre aberta, fluida e inacabada; uma produção sem plano, sem previsão, sem horizonte definido. Os objetos produzidos são, assim, efêmeros e apresentados em sua brevidade, não são ofertados como mercadorias para consumo.

Materialidade

As crianças revelaram a importância dos materiais disponíveis e apontaram outros que poderiam estar ao alcance das mãos. Destacaram ainda os materiais de sua preferência utilizados na instalação e indicaram que os objetos da intervenção *Início das meias* poderiam também terem sido utilizados na instalação na *Sala do Faz de Conta*. Sugeriram ainda outros materiais, tais como alicate, martelo, cola forte, parafuso, madeira, ovo, *videogame*, computador, *tablet*, papel etc. As crianças revelaram compreender o valor dos espaços organizados e dos materiais disponíveis.

Paula e Maria Luísa, ao falarem dos materiais disponíveis, ressaltaram o barulho da cachoeira. Paula disse: "Eu queria que a cachoeira fosse de verdade. Eu já vi uma cachoeira de verdade". Ao perguntar se elas haviam gostado do som de cachoeira, Paula respondeu: "Sim, eu queria que tivesse a cachoeira para a gente molhar". Ao falarem da cachoeira, as crianças estavam se referindo ao som de água tocado na instalação por uma caixinha de som escondida atrás da malha transparente.

Algumas crianças sugeriram outros materiais além daqueles disponíveis. Luís disse que gostaria de ter usado *glitter* e começou a explicar como faria. Toni, ouvindo a explicação de Luís, disse: "Com *glitter* isso aqui ia ficar legal".

Em seguida, ao ser perguntado como ele usaria o *glitter*, respondeu: “Uai, eu ia pegar a cola e colar nos negócios”. Ao ser indagado se era mesmo com cola, ele respondeu: “Sim. Cola forte”. Para Luís, nós poderíamos ter utilizado cola forte na instalação. Quando a primeira autora falou que não sabia o que era cola forte, ele disse surpreso: “Nunca viu cola forte?” E continuou: “O meu pai tem cola forte. E aí a cola forte deixa as coisas muito grudadas e você não consegue nem tirar”.

Considerando as falas das crianças, podemos pensar em rascunhos, rasuras, começos intermináveis, conclusões provisórias, experimentações permanentes, indicando que a arte é marcada por insatisfações, instabilidades e imprevisibilidades. Buscamos formas perfeitas para conteúdos acabados. Colhemos imperfeições formais e inacabadas. Para Salles (1997), a incompletude é inerente ao gesto criador. Essa é a grandeza e o dilema da criação artística. Quem se esquiva dessa certeza radical está radicalmente fugindo dessa certeza inexorável. Um objeto acabado e concluído pertence a um processo visceralmente inconcluso e inacabado. O fim é um instante inconclusivo. A entrevista com as crianças sobre os materiais utilizados por elas na instalação; o que elas mais gostaram de utilizar; e as sugestões de novos materiais que poderiam ser utilizados mostraram o quanto a pesquisa com as crianças precisa ser compreendida como um gesto inacabado e um movimento aberto. As suas preferências são carregadas de sagacidade e engajamento reflexivo, sensorial e perceptivo. Ao apontarem outras possibilidades de objetos a serem incorporados à instalação, revelaram, em suas palavras, a presença de elementos da cultura familiar, infantil e escolar.

Ao conversar com as crianças sobre as imagens das obras, o caderno de registro, a intervenção *Início das meias*, a instalação na *Sala do Faz de Conta*, as modificações feitas por elas na instalação, a materialidade disponível e as sugestões delas de materiais que poderiam ser utilizados, foi possível perceber que na experiência vivenciada há um processo de imaginação e de criação potencializado pelas dimensões da Abordagem Triangular, em que a leitura/percepções das imagens, a contextualização e o fazer artístico aconteceram em zigue-zague a partir do vaivém das crianças.

Com esse trabalho, foi possível perceber ainda que as experiências estéticas das crianças em uma instalação artística ocorrem a partir da relação profunda entre corpo, materialidade, experimentação, pesquisa e criação. Uma instalação possibilita e potencializa essa relação se o corpo da criança estiver livre para se deslocar e participar ativa e diretamente em todo o processo. Uma prática instalacional mobiliza percepções e experiências estéticas, possibilitando a construção de diversos conhecimentos em arte, ao acolher e aproximar o ser brincante, instalante e poético das crianças. A proposição de uma instalação para e com as crianças supõe ainda o estudo desse campo no conjunto das Artes Visuais, o conhecimento dos artistas que se dedicam a essa produção, o entendimento e a compreensão da necessidade de ver e ouvir o corpo da criança, a disponibilidade de materiais para a organização da proposta e a definição do espaço para essa finalidade, conjugando ação, imaginação e cognição.

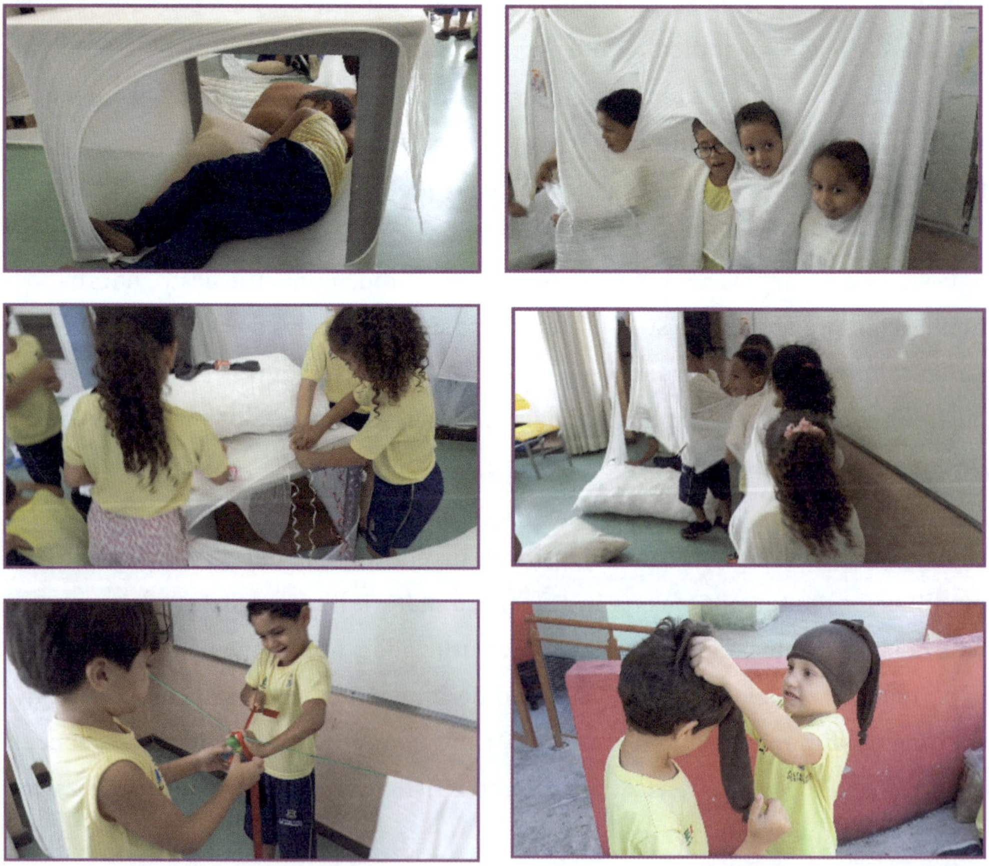

Figura 6: Mosaico de imagens. Fonte: Arquivos das autoras.

Referências

BARBOSA, Ana Mae. *A imagem no ensino de Arte.* São Paulo: Perspectiva, 2012.

BARRIO, Artur. *Entrevista concedida ao "Observador" sobre o Grande Prêmio Fundação EDP Arte*, 2017. Disponível em: https://observador.pt/2017/02/03. Acesso em: 19 set. 2020.

BASBAUM, Ricardo. V.C.P. – vivência crítica participante. *ARS*, São Paulo, v. 6, n. 11, p. 26-38, 2008.

BUJES, Maria Isabel Edelweiss. Artes de governar a infância: linguagem e naturalização da criança na abordagem de Educação Infantil da Reggio Emília. *Educação em Revista*, n. 48, p. 101-123, 2008.

CLARK, Alison. Ways of seeing: using the mosaic approach to listen to young children's perpectives. *In:* CLARK, Alison; KJORHOLT, Anne Trine; MOSS, Peter (org.). *Listening.* Bristol: The Policy Press, 2005.

CORSARO, William. Reprodução interpretativa e cultura de pares. *In*: MULLER, Fernanda; CARVALHO, Ana Maria Almeida (org.). *Teoria e prática na pesquisa com crianças.* São Paulo: Cortez Editora, 2009.

DEWEY, John. *Arte como experiência.* São Paulo: Martins Fontes, 2010.

EFLAND, Arthur. Imaginação na cognição: o propósito da Arte. *In:* BARBOSA, Ana Mae (org.). *Arte/Educação contemporânea*: consonâncias internacionais. São Paulo: Cortez Editora, 2005.

GASKELL, George. Entrevistas individuais e grupais. *In:* BAUER, Martin W.; GASKELL, George (org.). *Pesquisa qualitativa com texto, imagem e som.* Petrópolis: Vozes, 2013. p. 64-89.

HORN, Cláudia Inês; FABRIS, Eli Henn. Registro Docente Contemporâneo: infância e docência em tempos digitais. *Educação & Realidade,* Porto Alegre, v. 42, n. 3, p. 1103-1122, jul. 2017.

HORN, Maria da Graça Souza. *Sabores, cores, sons, aromas*: a organização dos espaços na educação infantil. Porto Alegre: Artmed, 2004.

MACEDO, Juliana Gouthier. A multiculturalidade e o ensino de Artes Visuais. *In:* DALBEN, Ângela et al. (org.). *Coleção didática e prática de ensino.* Belo Horizonte: Autêntica, 2010. p. 162-176.

MACHADO, Marina Marcondes. *Merleau-Ponty e a educação.* Belo Horizonte: Autêntica, 2010.

MERLEAU-PONTY, Maurice. *Fenomenologia da percepção.* São Paulo: Martins Fontes, 2018.

OITICICA, Hélio. *Aspiro ao grande labirinto.* Rio de Janeiro: Rocco, 1986.

SALLES, Cecilia Almeida. Gesto inacabado. *Princípios*, São Paulo, n. 45, p. 62-69, maio/jul. 1997.

SALLES, Evandro. Como conversar com obras de arte. *In:* SALLES, Evandro (org.). *Arte para crianças:* uma exposição de arte contemporânea para o público infantil. Brasília: Lumen Argo, 2007.

SARMENTO, Manuel Jacinto. As culturas da infância nas encruzilhadas da segunda modernidade. *In:* SARMENTO, Manuel Jacinto; CERISARA, Ana Beatriz (org.). *Crianças e miúdos*. Porto: Asa, 2004.

SARMENTO, Manuel Jacinto. Gerações e alteridade: interrogações a partir da sociologia da infância. *Educação e Sociedade*, Campinas, v. 26, n. 91, maio/ago. 2005.

SNEED, Gillian. Dos *happenings* ao diálogo: legado de Allan Kaprow nas práticas artísticas "relacionais" contemporâneas. *Revista Poiésis*, v. 12, n. 18, p. 169-187, dez. de 2011.

VIGOTSKI, Lev S. *Imaginação e criação na infância*. São Paulo: Ática, 2009.

Sobre as autoras e os autores

Analice Dutra Pillar

Doutora em Artes pela Universidade de São Paulo (USP) (1994), mestre em Artes pela USP (1990) e graduada em Artes Plásticas pela Universidade Federal do Rio Grande do Sul (UFRGS) (1983). Realizou doutorado na Facultad de Bellas Artes da Universidad Complutense de Madrid, Espanha (2012-2013). Bolsista de Produtividade em Pesquisa 1-D do CNPq. Professora titular da UFRGS. Experiência nas áreas de Artes, com ênfase no Ensino de Artes Visuais, formação de professores, leitura de imagens e infâncias, com alguns livros publicados sobre artes, leitura de imagens e infâncias.

Ana Mae Barbosa

Professora titular emérita da Universidade de São Paulo (USP). Atualmente ensina no Programa de Pós-Graduação da Universidade Anhembi Morumbi. Tem mestrado e doutorado nos Estados Unidos. Ensinou na Yale University e na The Ohio State University. Foi pesquisadora visitante da University of Central England, da Universidade do Texas e da Columbia University. Recebeu a Comenda Nacional do Mérito Científico do Ministério de Ciências e Tecnologia (MCT) e a Comenda Nacional do Mérito Cultural do Brasil; o Prêmio Edwin Ziegfeld, USA; o Prêmio Internacional Herbert Read; o Achievement Award pela contribuição e liderança na Arte-Educação nos Estados Unidos; o Prêmio Jabuti (2016); o prêmio Itaú Cultural, 30 anos (2017), entre outros. Escreveu 23 livros sobre Arte e Arte-Educação.

Gabriela Augustowsky

Doutora em Belas-Artes pela Universidad Complutense de Madrid. Mestre em Didática e Licenciada em Ciências da Educação pela Universidad de Buenos Aires. É professora titular regular de Didáctica de las Artes Visuales na Universidad Nacional de las Artes (UNA). Professora nos cursos de Pós-Graduação em "Carrera de Formación Docente" e no Programa de doutorado da FADU-UBA. Diretora de Pós-Graduação, em formação docente, na UNA, e Coordenadora Acadêmica do curso de Mestrado em Educação Audiovisual da FLACSO-Uruguay. Como professora convidada, ministra seminários e cursos em universidades na Argentina em outros países. É consultora externa da OEI e UNICEF. Realiza pesquisas no campo das Artes Visuais e pedagogia audiovisual; desenvolve programas e projetos de inovação didática em instituições públicas e na TV Educativa (Canais PakaPaka e Encuentro). É autora de publicações destinadas à formação e à atualização docente: *Las paredes del aula* (2005); *Enseñar a mirar imágenes en la escuela* (2008); *El arte en la Enseñanza* (2012); *La creación audiovisual en la infancia*; *De espectadores a produtores* (2017).

Gilvânia Maurício Dias de Pontes

Professora aposentada da Universidade Federal do Rio Grande do Norte (UFRN). Professora colaboradora voluntária, lotada no Núcleo de Educação da Infância Centro de Educação da UFRN. Vice-coordenadora do Laboratório de Ensino e Aprendizagem (LEA) do Centro de Educação da UFRN. Graduada em Pedagogia pela UFRN. Especialista em Administração Educacional pela UFRN. Mestre em Educação pela UFRN e doutora em Educação pela Universidade Federal do Rio Grande do Sul (UFRGS). Pós-doutorado em Educação pela UFRGS, desenvolvendo pesquisa sobre a mediação docente para o trabalho com Artes Visuais na infância. Desenvolve pesquisa no campo da Arte-Educação e Infâncias. Atua na formação de professores da Educação Infantil e do Ensino Fundamental com temáticas como: corpo e arte; experiência estética e linguagens artísticas; Artes Visuais e infâncias. É líder do Grupo de Pesquisa Arte & Infância (UFRN) e membro do Gearte – Grupo de Pesquisa em Educação e Arte (UFRGS).

Márcia Dárquia Nogueira da Silva

Doutora e mestra em Educação pela Faculdade de Educação da Universidade Fedral de Minas Gerais (UFMG). Graduada em Artes Visuais pela Universidade do Estado de Minas Gerais (UEMG). Professora de Artes Visuais na Educação Infantil e nos Anos Iniciais do Ensino Fundamental. Professora na Educação Infantil e alfabetizadora nos Anos Iniciais do Ensino Fundamental. Professora de Artes Visuais na ONG Laço, em parceria com a Escola Municipal Levindo Coelho, no Aglomerado da Serra em Belo Horizonte, e no projeto Valores de Minas. Professora em cursos de formação nas cidades de Diamantina e Virgem da Lapa, no Vale do Jequitinhonha (MG). Professora no Curso de Educação Integral e Integrada oferecido pelo Grupo TEIA – Territórios, Educação Integral e Cidadania da FaE-UFMG, em Governador Valadares, São João del-Rey e Montes Claros (MG). Coordenadora Pedagógica da Educação Infantil do Espaço Escola em Belo Horizonte.

Maria Helena W. Rossi

Licenciada em Desenho e Plástica, mestra e doutora em Educação pela Universidade Federal do Rio Grande do Sul (UFRGS). Professora titular aposentada do Curso de Artes Visuais da Universidade de Caxias do Sul. Professora de Arte aposentada da rede estadual de ensino do Rio Grande do Sul. Vice-líder do Grupo de Pesquisa em Educação e Arte (Gearte) – CNPq/PPGEDU/UFRGS. Membro da Federação de Arte-Educadores do Brasil (FAEB) e da International Society for Education through Art (InSEA). Autora do livro *Imagens que falam: leitura da arte na escola* (Editora Mediação, 2003; 2006; 2009; 2011; PNBE: 2011).

Marta Cabral

Professora na CUNY (Nova York). Trabalha com pessoas de todas as idades explorando materiais de arte, processos, brincadeiras e ideias em estúdios, salas de aula, galerias, universidades, empresas, salas de conferências e outros ambientes. Professora adjunta no Teachers College da Columbia University (NY), ministrando aulas de pós-graduação em arte, supervisão e coordenação do programa de arte para bebês, crianças pequenas e pré-escolares no University's Rita Gold Early Childhood Center.

Natália Medeiros de Oliveira

Mestranda no Programa de Pós-Graduação em Educação (PPGEd) da Universidade Federal do Rio Grande do Norte (UFRN), na linha de pesquisa Educação, Currículo e Práticas Pedagógicas. Graduada em Comunicação Social – Habilitação em Jornalismo (UFRN), licenciada em Pedagogia (Universidade Potiguar) e estudante no curso de Licenciatura em Artes Visuais (UFRN). Também é membro do Grupo de Pesquisa Arte e Infância vinculado ao NEI/CAp/UFRN, tendo interesse pelas áreas de Artes Visuais, Mídias e Educação Infantil.

Rita Maria Ricardi Noguera

Licenciada em Educação Artística (UNESP), especialista em Educação Artística pela Universidad Complutense de Madrid (UCM), mestre em Pedagogia Sistêmica com enfoque Bert Hellinger (Zentrum-CUDEC). Integrante do grupo de estudo EnterArte, grupo de renovação pedagógica, desde 2000. Coordenadora de ateliês de Arte-Educação para crianças, jovens, adultos e em família e formação de professores, com mais de 30 anos de experiência entre Brasil, Espanha e Estados Unidos. Mais de dez publicações relatando experiências realizadas nos ateliês de arte com alunos predominantemente de Educação Infantil. Autora de livros didáticos de arte.

Sidiney Peterson F. de Lima

Doutorado em Artes pelo Instituto de Artes (2020), mestre em Artes pelo Instituto de Artes da UNESP (2014); graduado em Pedagogia pela Unidade Acadêmica de Garanhuns (UAG)/Universidade Federal Rural de Pernambuco (UFRPE), 2010. Vice-presidente da Federação de Arte-Educadores do Brasil (gestão 2022-2023). Participante do Grupo de Estudos e Pesquisas em Arte/Educação Borrando Fronteiras (GEPABOF). Membro fundador e representante no Brasil do Centre de Recherche d'Éducation Artistique et Société (CREAS). Professor de Artes – Educação Básica – no Instituto Ieda Picon. Professor Colaborador do PROFARTES – IA/UNESP. Tem desenvolvido pesquisas com foco nas Histórias do ensino de Arte e formação docente, em Artes Visuais, no Brasil e América Latina, a partir de temas como: Escolinha de Arte de São Paulo (EASP); Curso Intensivo de Arte na Educação (CIAE); Escolinha de Arte do Brasil (EAB); Movimento Escolinhas de Arte (MEA); Arte-Educação; Formação de Professores de Artes Visuais no Brasil; Pesquisas em/com arquivos, memórias e histórias da Arte na Educação e Arte na Pedagogia.

Valéria Peixoto de Alencar

Graduada em História pela Universidade de São Paulo (USP) (1998), mestre em Artes (2008) e doutora em Artes (2015) pelo Instituto de Artes – UNESP. Experiência na área da mediação cultural em museus e exposições. Docente na Educação Básica e no Ensino Superior. Autora de diversas publicações, como o livro *Mediação cultural em museus e exposições de história: conversas sobre imagens/história e suas interpretações*, publicou artigo no *International Journal of Education through Art*, e na revista *Digital Art&*, ambos sobre narrativas visuais e História. O trabalho como professora de Artes em cursos de Pedagogia resultou no artigo "Jaxy Jaterê e Benedito: uma proposta de educação antirracista e decolonial que passa pela literatura infantil".